27/04/19

Ramiro:
espero qué lo disfr[...]
Gracias por la inv[...]
Un abrazo
Carmen Parés[?]

VENEZUELA, VÉRTIGO Y FUTURO

Werner Corrales Leal
Tanya Miquilena

VENEZUELA, VÉRTIGO Y FUTURO

Prólogo
Héctor Silva Michelena

dahbar

Venezuela, vértigo y futuro

Primera edición

© Editorial Dahbar
© Cyngular Asesoría 357, C.A.

Revisión editorial:
Lorena González Inneco

Corrección de pruebas:
Carlos González Nieto

Diseño de portada:
Jaime Cruz

Depósito legal: DC2018002200
ISBN: 978-980-425-032-3

Índice

Dedicatoria   11

Agradecimientos y reconocimientos   13

Prólogo   23

Prefacio. Nuestros motivos para repensar el país y escribir
para el futuro   45

Parte I
¿Cómo y por qué llegamos hasta aquí?   **59**

**Capítulo 1. 1920-1957: el comienzo de la era petrolera
y la transición a la democracia**   62

    El inicio de un nuevo patrón de desarrollo   63

    Avances en las primeras cuatro décadas del desarrollo
    rentista   71

**Capítulo 2. 1958-1998: florecimiento y ocaso
de un nuevo proyecto de país**   75

    El ciclo de vida del Proyecto de País de la
    Democracia Representativa   75

    ¿Por qué el éxito de los primeros veinte años?   82

    ¿Cómo se inició la decadencia?   83

**Capítulo 3. 1999-2018: el desarrollo bajo el socialismo
del siglo XXI**   92

    Los caminos recorridos para implantar el sistema
    de dominación   94

    Devastación del desarrollo en veinte años de revolución   98

    La emergencia humanitaria, el Estado fallido
    y la confrontación internacional   105

    Venezuela en el ojo del huracán   108

**Capítulo 4. ¿Cómo salir del vértigo
y construir un nuevo futuro?**   110

Es hora de cambiar lo que hemos vivido   110

Tres juicios sobre el origen de nuestra regresión
de cuarenta años   116

¿Qué estrategias necesitamos para emerger
y retomar el desarrollo?   119

**Parte II
La visión compartida: objetivos y estrategias
para nuestro desarrollo futuro**   **123**

**Capítulo 5. Los objetivos y estrategias
de la Visión Compartida de País**   126

Los siete consensos de La Venezuela que Queremos Todos   126

Rasgos fundamentales del nuevo estilo de desarrollo   128

La Estrategia de Creación de Capacidades   131

La Estrategia de Reforma Institucional   135

La Estrategia de Reconstrucción del Tejido Social   137

Capítulo 6. Robustecer el capital humano en nuestra gente   139

Garantizar la seguridad social y el acceso a servicios
de salud de calidad   140

Maximizar los impactos reales de la educación
en nuestro desarrollo   149

Las reformas en los niveles de educación inicial,
primaria y secundaria   151

**Capítulo 7. Fortalecer la educación superior y el sistema
científico y tecnológico**   164

Venezuela y la Cuarta Revolución Industrial   165

Unas universidades que apoyen nuestro desarrollo
en el siglo XXI   168

Ampliar y fortalecer el Sistema Nacional de Ciencia,
Tecnología e Innovación   177

Capítulo 8. La nueva economía que debemos desarrollar   189

El cambio de escala necesario y la construcción
de la nueva economía   190

La recuperación económica en la transición a la democracia 206

**Capítulo 9. El primer eje de la estrategia institucional:
la reforma del Estado**   218

Superar el rentismo populista clientelar que se opone
al desarrollo y la libertad   218

La reforma política y de administración del Estado   223

Reinstitucionalizar el sistema de justicia   229

**Capítulo 10. La reforma institucional para un nuevo rol
del Estado en el desarrollo**   235

Principios que sustentan las propuestas sobre el
nuevo rol del Estado   236

Los marcos regulatorios para dar soporte a la
nueva economía   238

Reformas de corto plazo para comenzar la reconstrucción
económica   241

Ajustes institucionales para apoyar las demás políticas
de creación de capacidades   243

Acoplamientos para dar soporte a la Estrategia de
Reconstrucción del Tejido Social   246

**Capítulo 11. Reformas y políticas para relegitimar a
Venezuela en el mundo**   250

Diplomacia y reformas en la transición relativas a
obligaciones internacionales   252

Renovar compromisos con las agendas de la paz,
la democracia y los derechos humanos   257

Hacia una nueva forma de insertarnos en la economía
global   259

Capítulo 12. La reforma institucional, la Fuerza Armada Nacional y la democracia   264

Los vicios y deformaciones introducidos en la institución militar por el régimen socialista   265

Recuperar la misión y la institucionalidad de la FAN en el corto plazo   267

Afirmar entre los militares valores republicanos y de lealtad activa a la Constitución   270

Reformas jurídico-institucionales mayores en la Fuerza Armada   271

Capítulo 13. La reconciliación con justicia   274

Objetivos estratégicos y líneas de acción de la reconciliación con justicia   277

Promover conductas de despolarización política y cooperación social   278

Contribuir a la reducción de la violencia   282

Un compromiso real con los derechos humanos y la justicia   287

Capítulo 14. Un *Pacto para el progreso de todos y la superación de la pobreza*   292

Un pacto relevante y realista   295

Propuesta de agenda y objetivos estratégicos del *Pacto*   298

Epílogo. Sobre la trama del libro y el desenlace de nuestra crisis   311

Bibliografía general   317

A nuestros hijos

Agradecimientos y reconocimientos

Mientras llevábamos adelante la iniciativa de construcción de una Visión Compartida de País, entre los años 2009 y 2017 fueron tomando cuerpo las propuestas que contiene este libro, alimentándose de los acuerdos que surgieron de talleres de líderes y diálogos de comunidades, e inspirándose en los intercambios sobre políticas de desarrollo que sostuvimos con especialistas de muchas áreas en distintos simposios, reuniones de expertos y consultas.

Si bien es cierto que la responsabilidad sobre las ideas que proponemos nos compete solamente a los autores, queremos agradecer aquí a quienes con sus apoyos hicieron posible la enorme movilización que implicó la iniciativa y reconocer los aportes de quienes compartieron con nosotros sus planteamientos sobre salidas a la crisis venezolana.

Hemos organizado en dos grupos la larga lista que debemos mencionar. El primero está dedicado a las organizaciones y personas que coordinaron, emprendieron o dieron un apoyo fundamental a la realización de los talleres de líderes, simposios, seminarios y encuentros de expertos, el cual presentamos por etapas de la iniciativa, incluyendo la última fase de producción de este libro; y el segundo, que presentamos por temas, está destinado a reconocer a los especialistas que hicieron valiosos aportes en las discusiones que organizamos sobre políticas para la reconstrucción de Venezuela.

La lista es muy extensa ya que hubo muchos apoyos valiosos a lo largo de los ocho años y fueron numerosos los expertos con quienes discutimos los temas del desarrollo venezolano. De una vez nos disculpamos si involuntariamente omitimos los nombres de algunas personas a las que debemos reconocimiento y gratitud.

Agradecimiento a quienes apoyaron la construcción de una Visión Compartida de País

La idea de construir una Visión Compartida de País surgió entre 2008 y 2009 de las reuniones semanales de una peña que congregaba a una veintena de venezolanos preocupados por los destinos del país, cuyos integrantes promovieron el manifiesto "Es hora de cambiar".

A partir de entonces, entre 2009 y 2012 una alianza integrada por siete organizaciones de la sociedad civil completó las dos primeras fases de la iniciativa, de las cuales resultaron los siete consensos de la Venezuela que queremos todos. Entre 2013 y 2016 se llevaron a cabo varias fases sucesivas de la iniciativa, las cuales incluyeron el trabajo arduo y enriquecedor de once equipos de expertos que discutieron opciones de políticas y reformas para hacer realidad los siete consensos, y en 2017 llevamos a cabo una consulta nacional sobre las propuestas, que nos encomendó la junta directiva de la Asamblea Nacional. Desde 2013 y hasta el presente la iniciativa ha mantenido, en alianza con la Universidad Metropolitana, el diplomado en Liderazgo Social y Político.

A continuación, hacemos mención de las personas a quienes debemos agradecimiento por haber dado el apoyo que hizo posible completar con éxito todas esas etapas.

Quienes idearon la construcción de una Visión Compartida de País

El manifiesto "Es hora de cambiar" recabó sus firmas durante 2009 y circuló como encarte del diario *El Nacional* en enero de 2010, suscrito por más de 1.300 intelectuales, académicos, comunicadores, políticos, diplomáticos, empresarios y profesionales de distintas áreas. Los más animosos promotores y quienes con su apoyo posibilitaron la concepción y difusión del manifiesto incluyeron a Luis Miquilena, Nelson Socorro, Ángel Oropeza, José Vicente Carrasquero, Armando Gaviria, Ítalo Pizzolante, Juan Carlos Roldán, Enrique Machado Zuloaga, Oscar Augusto Machado, Silvano Gelleni, Miguel Henrique Otero, Luis Eduardo Paúl, Carlos Navarro, Haydée Deutsch, Gerson Revanales, Carolina Jaimes Branger, Carlos Tinoco, Milos Alcalay, Pedro Pablo Aguilar y Lewis Pérez, así como Eduardo Fernández y Maxim Ross, quienes junto con nosotros habían puesto su empeño en la redacción y discusión de los borradores.

Carmen Beatriz Fernández, María de Oteiza y José Luis Vera contribuyeron con propuestas muy valiosas sobre las líneas que debían seguirse para convocar y motivar a los participantes de las discusiones que íbamos a iniciar y para comunicar los resultados de las mismas. Teresita Maggi y Jorge Tricas hicieron aportes de valor inestimable sobre los cuales fueron creadas las primeras metodologías que emplearíamos en los talleres de líderes.

El lanzamiento de la Iniciativa Democrática fue realizado en el Teatro Chacaíto en junio de 2009, con la participación de unas 300 personas en un acto muy emocionante y de mensajes profundos concebido por Óscar Lucien y Ricardo Benaim, en el cual los llamados a construir la nueva Visión estuvieron a cargo de Benjamín Scharifker, Ángel Oropeza, Rosiris Toro, Fernando Garlin y Guillermo Ramos Flamerich.

Todas las personas que hemos mencionado merecen nuestro más sincero agradecimiento porque lograr el nacimiento de una iniciativa como la construcción de la Visión Compartida de País requirió de la perspectiva, voluntad y solidaridad que todos ellos rebosaron. Adicionalmente, destacamos los apoyos permanentes y desinteresados de Óscar Lucien, Benjamín Scharifker, Ricardo Benaim y Guillermo Ramos Flamerich, quienes han acompañado la iniciativa desde su nacimiento hasta hoy.

2009-2012: los apoyos recibidos en las dos primeras etapas

Entre 2009 y 2012, una alianza integrada por siete organizaciones de la sociedad civil completó las dos primeras fases de la iniciativa, que comprendieron los talleres de líderes, la recolección electrónica de propuestas individuales, la realización de los primeros cinco simposios de académicos y expertos y la promoción de encuentros regionales de liderazgos. Iniciativa Democrática, el Observatorio Hannah Arendt, Ciudadanía Activa, Manifiesta, ProPaz, el Foro Interuniversitario y Pon Tu Ladrillo son las integrantes de la Alianza por la Venezuela que Queremos Todos.

Los equipos de las siete ONG en la etapa de Voces de la Gente

Los directivos, coordinadores y facilitadores de las siete ONG condujeron el proceso que comprendió talleres de líderes en 22 estados del país, la recolección de propuestas individuales por vías electrónicas y la organización de los cinco simposios: tres en alianza con el Centro de Estudios del Desarrollo de la UCV, uno con la Universidad Metropolitana y otro con la Universidad Simón Bolívar. En adición a ellos hubo muchos dirigentes regionales y locales de la sociedad civil en los distintos estados que hicieron posible la convocatoria y la logística de los talleres.

De Iniciativa Democrática debemos agradecer en esta etapa a Marisol Ramírez, Norma del Rosario, Carmen Cristina Romero, Lilian Quevedo y Belkis Insausti, facilitadoras de muchos talleres; a Elsa de Pericchi y Elina Dominici, quienes además de facilitadoras fueron creadoras de las metodologías que usó el grupo, y a Carmen Yolanda Moreno, que se ocupó de las comunicaciones. Y muy especialmente debemos agradecer el soporte espiritual que recibimos de Josefina Mata, también facilitadora de muchos talleres y el alma de todas las actividades en que se involucró, en esta y en etapas sucesivas, que fueron muchas.

Del Observatorio Hannah Arendt agradecemos el gran esfuerzo hecho en talleres en todo el país, facilitados por Juan Bautista González, Pedro González Marín, Ana Isabel Valarino, Sonia León y Alejandro Oropeza, quien además dirigió todo el programa, y Caroline Oteiza y Marta de La Vega, quienes hicieron aportes valiosos en metodologías. El inolvidable Heinz Sonntag dirigía entonces el Observatorio e inspiraba a todo el grupo.

Con Ciudadanía Activa y Manifiesta estamos en deuda por las producciones de gran impacto y valor estético de todos los eventos mayores de la iniciativa, por sus asesorías y diseños para comunicación durante toda la fase de talleres y los primeros simposios, que se ha extendido hasta hoy, así como por la facilitación de los talleres que ellos realizaron enfocados en la reconciliación. Óscar Lucien, Ricardo Benaim, Angélica Machado, Carlos Villasmil y Valentina Sánchez Gabaldón son especialmente acreedores de nuestra gratitud y nuestro reconocimiento.

ProPaz y el Foro Inter Universitario facilitaron un número importante de talleres de la primera etapa, promovieron la participación de profesores de las universidades en ellos y además realizaron eventos para los participantes centrados en los derechos humanos y la ética en el ejercicio de la libertad. Agradecemos a José Bernardo Guevara y el equipo de ProPaz, así como a Luken Quintana, Tosca Hernández, Carmen Luisa Reyna y el grupo del Foro, toda la dedicación y el ánimo que dieron a la etapa de Voces de la Gente y su participación muy sustantiva en los cinco primeros simposios de la iniciativa.

Pon Tu Ladrillo, a través del programa de TV y la página que mantenía en el periódico *Meridiano*, recogió todas las propuestas individuales de país que fueron recabadas por vía electrónica. A su equipo, integrado por Jeanette Vargas Lovelle, José Jacinto Muñoz y Rocío

Rebozo, debemos agradecer su esfuerzo y su capacidad de comunicación en esta etapa, y en adición a ello agradecer y reconocer a John García, quien dirigía el grupo, su visión, su tesón y su insistencia en dar cuerpo a una versión compilada de los consensos de La Venezuela que Queremos Todos.

Los organizadores de los talleres de líderes en las regiones

En 22 de los 23 estados del país se realizaron talleres en la etapa de Voces de la Gente, cuya convocatoria y preparación logística fue asumida casi siempre por grupos de líderes de las regiones mismas, quienes apoyaron a los facilitadores antes mencionados de las siete ONG. Sin los esfuerzos de todos ellos habría sido imposible llevar a cabo la iniciativa; nuestro agradecimiento será siempre insuficiente frente al enorme aporte que ellos dieron.

En la región integrada por el Distrito Capital y los estados Miranda y Vargas: Rosiris Toro, William Requejo, Ramón Suarez, Daniela Ruiz y Fernando Albán. En la región compuesta por Aragua, Guárico y Cojedes: Santiago Clavijo, Luis Carlos Solórzano, Edgar Capriles, José Gregorio Hernández, Francisco Russo, Marisela Rojas, Luis Blanco, Wilfredo Seijas, Jorge Rodríguez, Pedro Fernández, Francisco Seijas, Efrén Rodríguez, María Gabriela Landaeta, Juan B. Borregales, Gustavo Uzcátegui y Ernesto Mata Sordo. Y en el Estado Carabobo: Hugo Pérez Bonetti, Yván Serra, Cristina Roversi y Enrique Machaen; el equipo de Tren Venezuela, con Rubén Pérez Silva, Edison Durán y Carmelo Ecarri; el equipo del Ifedec, con Analisa Dalla Cia, Antonio Divo, Francisco Abreu y Juan Manuel Machuca.

En la región formada por los estados Zulia y Falcón: Carmen Cristina Romero, Adalberto Zambrano, Francisco López, Miguel Rincón, Elizabeth Molina y José Salas. En la región de Mérida, Táchira y Trujillo: José Mendoza Angulo, Genry Vargas, Raiza Andrade, Hans Breidembach, Belkis Arismendi, Leandro Calderón, José Colmenares, Levi Mora, Arturo Branger y Vladimir Galeazzi. En la región de Apure y Barinas: Igor Cuotto, Luis A. Miquilena y Pedro Pantoja. Y en la región de los estados Lara, Yaracuy y Portuguesa: Nelson Freitez, Miguel Nucete, Gustavo Machado, Egleyda Pérez, Romina Borgogni, John Segovia, Manuel Cols, Mireya Smith, Norah Faría, Josefina Espinoza, Vicente Blanco y Milagro de Blavia.

En la región integrada por los estados Anzoátegui, Monagas, Sucre y Nueva Esparta: Margarita Maurera, Alfredo Lander, Jesús Bolaño,

Amarilis Bravo, Yelipza Rodríguez, Oneida Guaipe, Richard Casanova, Aixa Díaz Lozano, Ramón Marcano, Lorena Rondón, Jesús Díaz, Robin Rodríguez, Iván González, Miguel Álvarez Victoria, Jesús Ramos Rivas, María Gabriela Hernández, Hugo Febres y Juan Pablo García Canales.

Los cinco primeros simposios

En el año 2011 el Centro de Estudios del Desarrollo (Cendes) de la UCV, del cual los autores del libro somos egresados, celebraba 50 años de fundado y la conmemoración fue realizada con tres simposios dedicados a la construcción de la Visión Compartida de País. En el 2012 hicimos otro simposio en alianza con la Universidad Metropolitana y un tercero con la Universidad Simón Bolívar. Debemos agradecer a las máximas autoridades de las tres universidades, Cecilia García Arocha, Benjamín Scharifker y Enrique Planchart, respectivamente, haber brindado su apoyo a la iniciativa entonces y haberlo seguido ofreciendo hasta hoy.

A lo largo de los tres programas del Cendes, tanto en la organización como en el desempeño de cada evento, el director del instituto, Carlos Walter, dio el más apreciado ejemplo de compromiso académico y ciudadano con el desarrollo de Venezuela y se comprometió efectivamente con el debate plural que allí se dio sobre las salidas a la crisis, lo que también debemos reconocer y agradecer. Lo mismo podemos decir de José Ignacio Moreno León de la Unimet y de Franco Micucci y Mariella Azzato de la USB.

Los ponentes de los cinco simposios, académicos y expertos del más alto nivel, hicieron aportes que apreciamos grandemente porque, compartiéndolos o no, enriquecieron nuestras ideas que fueron integrándose hasta llegar hoy a las páginas del libro. En las próximas secciones, que están organizadas por temas, mencionamos sus nombres en reconocimiento.

Los puentes entre liderazgos

Iniciativa Democrática, la ONG que habíamos creado para comenzar la primera etapa de la iniciativa, dejó de existir a partir de mediados del año 2012 y todas las actividades posteriores fueron emprendidas por la Alianza por la Venezuela que Queremos Todos (LVQQT). Con esa nueva identidad acordamos con la directiva de Fedecámaras y con la Asociación de Trabajadores, Emprendedores y Microempresarios (Atraem), un programa de eventos que denominamos Encuentros por el Progreso, el Emprendimiento y la Reconciliación, dirigidos a acercar los liderazgos económicos, académicos y juveniles de Venezuela alrededor de la Visión Compartida de País. Ese programa promovió 10 encuentros regionales entre líderes de los gremios empresariales y emprendedores populares, y facilitó un "retiro" entre veinte autoridades universitarias y capitanes de empresas.

De Fedecámaras agradecemos el empeño puesto en los acercamientos por Jorge Botti, Jorge Roig, Francisco Martínez, Ricardo Cusanno y Jorge Jezerskas; de Atraem reconocemos el compromiso solidario y el ejemplo de vidas entregadas a la organización popular y la autonomía ciudadana de Alfredo Padilla, Franklin Guzmán, Tania Ruiz, Ramón Suarez, Nelson Landáez y Gerardo Alí Poveda.

2013-2017: los apoyos recibidos durante la tercera etapa de la iniciativa

Entre 2013 y 2016 el trabajo de once equipos de expertos enriqueció la propuesta de Visión Compartida de País, labor que se realizó en buena parte en talleres y seminarios de especialistas que convocó y organizó La Venezuela que Queremos Todos (LVQQT). Junto con esas tareas, en 2015 nos tocó coordinar los trabajos de varios expertos que participaron en la preparación de las propuestas de políticas económicas y sociales para una Transición Pacífica a la Democracia que hicieron valientemente al país los líderes de los partidos Vente Venezuela, Alianza Bravo Pueblo y Voluntad Popular. Nuestros reconocimientos a todos esos profesionales los hemos concentrado en la última parte del presente texto, organizándolos por especialidades; aquí agradecemos a María Corina Machado, Antonio Ledezma y Freddy Guevara por la confianza que depositaron en las ideas que venían siendo cultivadas en la Visión Compartida de País.

También durante el año 2013, LVQQT propuso a las autoridades de la Universidad Metropolitana crear en su seno el Diplomado de Liderazgo Social y Político, el cual desde entonces es un eje central de la iniciativa y ha recibido a cinco cohortes sucesivas de jóvenes líderes. Nuestro agradecimiento se extiende nuevamente a Benjamín Scharifker; a Oscar Vallés, quien ha coordinado por años el programa y generado todas las condiciones para mantener muy alto su nivel académico, y a los profesores que con ellos han mantenido encendida en los jóvenes la llama de la esperanza y la voluntad de cambiar a Venezuela: Ysrrael Camero, Gerardo González, Yackeline Benarroch, Guillermo Aveledo Coll, Humberto Njaim, Deisy Hernández, Edgardo Mondolfi,

Miguel Martínez Meucci, Joaquín Ortega, Miguel Albujas, Rafael Arráiz Lucca e Inés Quintero.

Finalmente, en enero del año 2017, la Asamblea Nacional, en su resolución N.º 33-2017, nos ordenó realizar una consulta nacional del país que queremos todos, empleando para ello los espacios y los símbolos republicanos del Palacio Legislativo Federal. En respuesta a ese mandato y para hacerlo factible, creamos el proyecto Quiero Un País, al cual incorporamos a varios líderes jóvenes egresados de nuestro diplomado. A lo largo del primer semestre de ese año realizamos las consultas finales sobre las estrategias de desarrollo, en las cuales participaron muy distinguidos académicos, especialistas y líderes de la sociedad civil.

Tenemos que agradecer a Julio Borges, Freddy Guevara y Dennis Fernández, miembros de la Junta Directiva de la Asamblea Nacional, por la distinción y la confianza que implicó el mandato que recibimos del Poder Legislativo; a Kary Whaite, Lenin Pérez Pérez, Jorge González y Gloria Chibas por su apoyo en estrategias comunicacionales durante la consulta; a Rafael García Foliaco, Yonathan Carrillo, Abril Tovar, Jorge Márquez Gaspar, Lilian Quevedo, Oscar Vallés, Daniel Fermín, Ysrrael Camero, Abril Tovar y Adriana Narváez por su vocería, y a esta última por su invalorable y fogoso compromiso con el proyecto.

Los apoyos recibidos en la producción de este libro

Finalmente, este libro tiene un valor muy especial para sus autores, lo que creemos haber transmitido en el prefacio y en todos sus capítulos. La intervención de Lorena González Inneco, quien revisó de manera paciente, cuidadosa y creativa los manuscritos y nos asesoró en la transmisión de las ideas, elevó considerablemente la calidad de la comunicación que creemos haber logrado en él.

Reconocimientos a los especialistas que hicieron aportes sobre reformas y políticas

A lo largo de los seis años transcurridos desde 2011 hasta 2017, muchos especialistas en diversos campos participaron en talleres, seminarios y simposios que organizó nuestra iniciativa y en las consultas que hicimos en 2017 por mandato de la Asamblea Nacional. Nuestro reconocimiento por sus aportes a todos ellos, a quienes mencionamos a continuación por áreas temáticas.

Ambiente, ordenación territorial e infraestructuras de servicios públicos: Arnoldo J. Gabaldón, Virginia Jiménez, Antonio Delisio, Gilberto Buenaño, Elías Cordero, Ángela B. González, Elena Vegas Ribas, Nancy Baquero, Mauricio Phelan, Rosa María Chacón, Norberto Bausson, Belkis Echenique, Antonio Mendible, José María De Viana, Fernando Martínez Móttola, Miguel Lara, Leopoldo Baptista, Víctor Poleo, Efraín Carrera Saud, César Quintini, Miguel Méndez Rodulfo, Iñaki Rouss, Vicente Avella, César Quintini, Manuel Torres Parra, Gloria Tugues, Gerry Avella, Ricardo Godoy y Mery Rivero.

Conflicto político-social, reconciliación y derechos humanos: Heinz Sonntag, Milagros Betancourt, Víctor Rodríguez Cedeño, Luis Cedeño, Gonzalo Himiob, Frank Bracho, Jesús Machado, Tosca Hernández, Oscar Vallés, Herbert Koeneke, Luis Blanco, Carmen Luisa Reyna, Fernando M. Fernández, Óscar Lucien, Rosa Paredes, Héctor Briceño, Nelly Arenas, Edgardo Lander, Feliciano Reyna, Enrique Ter Horst, Gabrielle Guerón, María Elena Febres, Alejandro Oropeza, Ronnie Boquier, Eduardo Torres, Raúl Herrera S.J., Juan Bautista González, Marienz Correa, Consuelo Iranzo, Luis Gómez Calcaño, Thais Maingon, Yolanda D'Elía, John Magdaleno y Roberto Patiño.

Desarrollo urbano: Franco Micucci, Aliz Mena, Bernardo Dorbessan, Silvia Soonets, Marinés Pocaterra, Alfredo Cilento, Miguel Méndez Rodulfo, Zulma Bolívar, Mariella Azzato, Reinaldo Martínez, Loraine Giraud, Adriana D'Elía, Rosa Amelia González, Víctor Artis, Fernando Gonzalo, Carlos Romero M., Rafael García Planchart, Pedro Méndez, Hilda Torres, Ricardo Avella, Ana Cristina Vargas, Nila Pellegrini, Alejandro Haiek, Alexander González, Richard Casanova, Aquiles Martini, Miguel Carpio, Francisco Paúl, Alexandra González, Norberto Bausson, Belkis Echenique, Antonio Mendible, Rafael García Foliaco, Miriam Díaz y Teresa Borges.

Economía: Asdrúbal Baptista, Víctor Álvarez, Humberto García Larralde, Sary Levy, José Guerra, Ángel García Banchs, Ronald Balza, Ricardo Villasmil, Orlando Ochoa, Alejandro Grisanti, Juan Luis Hernández, Luis Delgado Bello, Alfredo Padilla y Jorge Botti.

Educación inicial, primaria y secundaria: Nacarid Rodríguez, Antonio Ecarri, Beatriz Borjas, Charles Lazzari, Mabel Mundó, José Miguel Cortázar, Leonardo Carvajal, Mariano Herrera y Rosa Paredes.

Educación superior, ciencia y tecnología: Carmen García Guadilla, Benjamín Scharifker, Ramón Casanova, José Miguel Cortázar, César Peña Vigas, Carlos Genatios, Marianela Lafuente, Humberto Ruiz Calderón,

Genry Vargas, Enrique Planchart, José Manuel Martínez, Nydia Ruiz, Walter Jaffee, Eduardo Capiello, Ignacio Ávalos, Rafael Rangel Aldao, Ángel G. Hernández, Víctor Álvarez, Jessy Divo y José Mendoza Angulo.

Petróleo: Humberto Calderón Berti, Arnoldo J. Gabaldón, Francisco Javier Larrañaga, Luis Soler, Diego González, Gilberto Morillo, Nelson Rodríguez, Sergio Sáez, César Hernández, Elizabeth Cruz, Carlos Rossi, Rafael Gallegos, Carlos Delgado, Antonio Méndez, Víctor Silva, Beatriz García, Heraldo Sifontes y Luis E. Santana.

Reforma institucional: Román Duque Corredor, Trino Márquez Cegarra, Margarita López Maya, Cecilia Sosa Gómez, Eduardo Porcarelli, Milagros Betancourt, Rocío San Miguel, María Teresa Belandria, Luis Buttó, Javier Elechiguerra, Nelson Acosta y José Mendoza Angulo.

Relaciones internacionales: Félix Gerardo Arellano, Víctor Rodríguez Cedeño, Elsa Cardozo, Fernando Gerbasi, Milos Alcalay, Rosario Orellana, Héctor Constant y Milagros Betancourt.

Seguridad social y salud: Carlos Walter, Jorge Díaz Polanco, José Félix Oletta, Ángel Rafael Orihuela, Douglas León Natera, Froilán Barrios y Absalón Méndez.

Prólogo
El futuro no está en otra parte

Héctor Silva Michelena

La tela que usted va a observar mide sesenta años. Este libro es una galería y la tela expuesta puede medirse en años, como si fuesen metros. Tiene tres segmentos de igual duración, veinte años cada uno.

El primero, brillante, puede ser representado por el retrato de *La dama de oro*, del austríaco Gustav Klimt, considerado una de las joyas más importantes de la historia del arte mundial. Sus aplicaciones en distintos tonos dorados lo hacen brillar y cautivan la atención del espectador.

El segundo es claroscuro, que se emplea en el ámbito de la pintura para nombrar el contraste que se produce entre las sombras y la luz en una pintura. Aquí lo representamos con dos obras de Caravaggio, uno de los grandes artistas que apeló al claroscuro. Hablo de *La flagelación de Cristo* y de la *Muerte de la virgen*, que evidencian el uso de esta técnica.

El tercero es negro, que represento aquí con la obra del ruso Kazemir Malévich *Cuadrado negro sobre fondo blanco*; su autor la llamaba "Dos negros peleando en una cueva", broma que no por ser racista deja de ser hilarante. Está sobre fondo blanco, no solo por el contraste blanco-negro, sino para afilar la broma.

Atroz, espantosa. ¿Son estas las palabras que retratan fielmente la situación que vivimos, padecemos? Contra nuestro país se han cometido y se siguen cometiendo atrocidades. Para muestra, un botón reciente. Muchos economistas pensamos que lo realmente crucial de todos los anuncios económicos de Maduro está en el demencial incremento del salario mínimo, que pasó de 5.196.000 bolívares fuertes a 180 millones (Bs. 1.800 soberanos), un aumento de 3.364 % a partir del 1.º de septiembre.

Respecto a esto, el destacado economista Enzo Del Bufalo publicó en Facebook, el 18 de agosto, este picante y lúcido comentario:

Las decisiones tomadas por Maduro no son neoliberales, como el modelo económico chavista no es socialista. Ya es hora de dejar de hablar despropósitos. Tanto el "neoliberalismo" como el "socialismo" comparten la idea común y moderna de que la economía es un SISTEMA. Maduro no. Maduro y el chavismo actúan políticas mercantilistas como cuando no se sabía que los fenómenos económicos están interconectados. La moderna teoría económica nació para explicarle al rey (ignorante como todos los gobernantes, pero no bruto) este simple hecho: no se pueden aumentar los salarios nominales sin que aumenten los precios de los bienes, a menos que la productividad aumente en la misma proporción, o que los beneficios bajen en esa medida. ¿Ustedes creen que un bárbaro, aunque vestido por Armani y con Rolex, pueda entender esto? ¿Qué creen entonces que pasará en este país con ese brutal aumento y con los márgenes de beneficio de las empresas productoras de bienes casi en cero y la productividad general del país por el suelo? Y de eso de anclar el bolívar soberano en la nube del fantasmagórico petro, como la nave de Peter Pan, ni siquiera vale la pena hablar. Más que economistas, que sí los necesita, Venezuela requiere con urgencia un movimiento CIVILIZADOR que acabe de una vez por toda con este horrible NEOARCAISMO que es el chavismo. Así que, hijo mío, si no entiendes a Maduro, es por una buena razón.

Recordemos que Peter Pan es un personaje ficticio creado por el escritor escocés James Matthew Barrie para una obra de teatro estrenada en Londres el 27 de diciembre de 1904 llamada *Peter Pan y Wendy*. Su enemigo: el capitán Garfio.

El segundo punto de enorme importancia que señala Enzo dice: "Venezuela requiere con urgencia un movimiento CIVILIZADOR que acabe de una vez por todas con este horrible NEOARCAISMO que es el chavismo". El daño más profundo y destructivo infligido a Venezuela por el chavismo-madurismo es la escisión y destrucción del tejido social, de una institucionalidad que, con sacrificios y sangre, construyeron, aunque sea a medias, los hombres y mujeres de nuestro corto siglo XX: dejar atrás las montoneras, la condición de segundones, de pardos y esclavos, sujetos al capricho del caudillo de turno, y establecer instituciones y normas de convivencia ciudadana que brillantemente cristalizaron en la Constitución de 1947, que dio paso a la soberanía popular mediante el sufragio universal, directo y secreto: voto a las mujeres, a los analfabetas, a los ciegos y discapacitados; en fin, a los "condenados de la tierra".

Al demoler las normas republicanas y abolir la soberanía popular (birlar el revocatorio en 2016, establecer una ANC ilegítima de origen

y fraudulenta en su terminación con una votación tramposa, reconocida aun por SmartMatic), se fijó con enorme anticipación la huella de
unas elecciones presidenciales inconstitucionales, el NEOARCAISMO
chavista, una ideología de retazos viejos, traída al presente, cuyo resultado es una mezcolanza y que puesta en práctica ha sumido al país en
una anomia que reimplanta, hoy en día, las revoluciones personalistas
de los caudillos del desgraciado siglo XIX venezolano.

Por si fuera poco, Maduro y su camarilla han dividido a la población
en habitantes de primera, de segunda y de tercera clase, mediante ese
bochornoso carnet de la patria, las decisiones de la ANC, el TSJ y la
Fiscalía. En síntesis, los carnetizados voluntarios, los a juro, los vivos
para obtener beneficios, los muy necesitados, los perseguidos y los pre-
sos políticos. Porque el mensaje de ese carnet es: "lo sacas o te mueres
de hambre".

Venezuela necesita economistas y tecnólogos. Pero más que estos
necesita emprender con urgencia un proceso *civilizador* contra la *barbarie*, como si estuviésemos en la época que estudió Julio César Salas,
en 1919, que Rómulo Gallegos describió brillantemente en su novela
Doña Bárbara, de 1929[1]. Necesita de un poderoso movimiento civilizador que acabe con la barbarie neoarcaica del chavismo-madurismo y
la anomia avasallante que nos ahoga, y vaya reconstruyendo, con pie-
dras nuevas y modernas, instituciones fuertes, inclusivas e incluyentes.

Prolegómenos

Se abre así ante mis ojos este estremecedor libro concebido y escrito
por Werner Corrales Leal y Tanya Miquilena, su esposa, fallecida en
marzo de 2016. La caída de Tanya y "la secuela que dejaron en mí –dice
Werner– estos dolorosos eventos frustraron el propósito hasta febrero
de 2018, cuando encontré las fuerzas necesarias para iniciar en firme
la escritura y cumplir así la promesa que le hice de hacer realidad el
libro". En sus manos, lector, está la realidad, este ensayo, su contenido
y su propósito: repensar el país y escribir para el futuro.

Repensar es reflexionar, pensar atenta y detenidamente sobre algo.
Refundar: 1. Volver a fundar algo. Refundar una ciudad. 2. Revisar la
marcha de una entidad o institución para hacerla volver a sus principios originales o para adaptar estos a los nuevos tiempos, define la

---

1   Gallegos tituló la primera versión de *Doña Bárbara* bajo el título de *La Coronela*, cap. 1, en
     1928, en Caracas, *Élite* 157.

RAE. No es lo mismo que repensar, que según la misma fuente tiene siete acepciones, siendo las dos primeras las siguientes: 1. Formar o combinar ideas o juicios en la mente. 2. Examinar mentalmente algo con atención para formar un juicio.

Insisto en estas definiciones para precisar que es distinto de lo que fue el propósito primordial del teniente coronel Hugo Chávez Frías cuando ganó fácilmente las elecciones presidenciales de Venezuela en 1998, efectuadas el domingo 6 de diciembre de ese año, con el segundo mayor porcentaje del voto popular en 4 décadas (56,20 %), sucediendo a Rafael Caldera en la Presidencia de Venezuela. Tal refundación quedó plasmada en el preámbulo de la Constitución de la República Bolivariana de Venezuela, aprobada en referéndum el 15 de diciembre de 1999.

A una pregunta formulada por una periodista, luego de conocerse los resultados por el desaparecido Consejo Supremo Electoral, sobre si su elección significaba el fin del Pacto de Puntofijo, Hugo Chávez respondió de manera enfática: "¡Indudablemente!". Y así ocurrió cuando la Asamblea Nacional Constituyente sometió a referéndum, el 15 de diciembre de 1999, la nueva Constitución de la República Bolivariana de Venezuela. Esta Constitución fue enmendada en cinco artículos, después de haber sido sometida a referéndum el catorce de enero de 2009, y sancionada por la Asamblea Nacional el quince de febrero del mismo año. Aquí se aprobó el polémico artículo 230, que dice: "El período presidencial es de seis años. El Presidente o Presidenta de la República puede ser reelegido o reelegida".

Recordemos que poco más de un año antes, el 2 de diciembre de 2007, Venezuela había dicho "no" a la reforma constitucional de Hugo Chávez. Por un estrechísimo margen, 50,7 % frente a 49,2 %, los opositores al presidente venezolano infligieron su primera derrota en las urnas en sus nueve años de Gobierno, rechazando una reforma que le hubiera dado un poder casi ilimitado. La reforma propuesta por Chávez pretendía el cambio de 69 artículos de la Constitución de 1999, una reforma que le habría dado un poder casi sin límites. Para empezar, habría permitido reelecciones ilimitadas para el presidente y ampliaba de seis a siete años el mandato presidencial. Además, le daba el control de las reservas de divisas extranjeras, del Banco Central, de la ordenación territorial del país y mayores poderes para expropiar propiedades o censurar medios de comunicación en situaciones de emergencia. También reducía a seis horas la jornada laboral y creaba un sistema de seguridad social para los trabajadores informales y autónomos.

Conocidos los resultados, Chávez declaró: "Nos venció la abstención (...), por ahora no pudimos", y aseguró que continuaría "haciendo la propuesta" de reforma constitucional, es decir, la mantenía, ya que, según dijo, es la vía para "acelerar" la instauración del socialismo en Venezuela.

"Seguiremos trabajando, haremos el esfuerzo más grande para lograr la máxima inclusión social, la igualdad como principio del sistema, ya buscaremos la manera. (...) Esta propuesta [de reforma constitucional] no está muerta, sigue viva, y yo no la retiro", subrayó Chávez. La reforma presentaba, por primera vez después de mucho pregonarlo, los propósitos del socialismo del siglo XXI, que nadie conocía. La idea no era original de Chávez; esa originalidad era reclamada por el sociólogo germano-mexicano Heinz Dieterich, quien algunos años después se convertiría en fuerte crítico de Chávez y, luego, de Nicolás Maduro.

Recuérdese también que la casi totalidad de los artículos rechazados fueron introducidos mediante el arbitrio de leyes habilitantes, autorizadas por la Asamblea Nacional, desde el 17 de diciembre de 2010 hasta el 21 de diciembre de 2010. Se aprobaron cuatro leyes, a saber: 1) Ley Orgánica de Contraloría Social, 2) Ley Orgánica del Poder Popular, 3) Ley Orgánica de las Comunas y, 4) Ley Orgánica del Sistema Económico Comunal; y el Reglamento Parcial de la Ley Orgánica del Sistema Económico Comunal. En síntesis, se proponía la creación del Estado comunal, a la manera de las comunas de Mao[2].

China: una digresión necesaria

Todo el mundo sabe (también los socialistas autoritarios y comunistas, pero juegan al avestruz, menos China) que el Estado comunal maoísta no solo fracasó rotundamente, sino que dejó a China en ruinas y con un saldo de millones de muertos y prisioneros. En 1978, el presidente Deng Xiaoping tomó las riendas del poder e hizo realidad su famosa frase "da igual que el gato sea blanco o negro, lo importante es que cace ratones", pronunciada en 1960, que tantas críticas le había ocasionado. A partir de 1979 se aceleraron las reformas económicas de tipo capitalista, aunque manteniendo la retórica de estilo comunista. El sistema de comunas fue desmantelado progresivamente y los campesinos empezaron a tener más libertad para administrar las tierras que cultivaban y vender sus productos en los mercados. Al mismo tiempo, la economía china

---

2   Examiné estas leyes y sus fines y consecuencias en mi libro *Estado de siervos. Desnudando al Estado comunal*, 2014, Bid & Co. Editores, Caracas.

se abría al exterior. El 1.º de enero de ese mismo año, Estados Unidos pasaba a reconocer diplomáticamente a la República Popular China, abandonando a las autoridades de Taiwán, y los contactos comerciales entre China y Occidente empezaron a crecer. Ya a finales de 1978, la empresa aeronáutica Boeing había anunciado la venta de varios aviones 747 a las líneas aéreas de la República Popular China y la empresa de bebidas Coca-Cola había hecho pública su intención de abrir una planta de producción en Shanghái.

A comienzos de 1979, Deng Xiaoping llevó a cabo una visita oficial a Estados Unidos, durante la cual se entrevistó en Washington con el presidente Jimmy Carter y con varios congresistas, y visitó el centro espacial de la NASA en Houston, así como las sedes de Boeing y Coca-Cola en Seattle y Atlanta, respectivamente. Con estas visitas tan significativas, Deng dejaba claro que las nuevas prioridades del régimen chino eran el desarrollo económico y tecnológico.

La devolución de Hong Kong, en 1997, y Macao, en 1999, por parte del Reino Unido y Portugal, respectivamente, se basaba en el principio político formulado por el propio Deng conocido como "un país, dos sistemas", que se refiere a la convivencia bajo una única autoridad política de territorios con sistemas económicos diferentes, comunista y capitalista. Desde 1980, China inició un impresionante crecimiento económico que la ha convertido, hoy en día, en la segunda economía del mundo en términos del producto interno bruto total, no per cápita, que en 2017 fue de US$ 8.827,0 frente a US$ 59.531,7 de Estados Unidos. Pero ha crecido desde US$ 81,5 en 1960, cuando EEUU tenía US$ 3.000,7. Comparable a México, con US$ 8.090,8 en 2017, y por debajo de Brasil, con US$ 9.821,4, de Argentina, con US$ 14.402,0, y de Rusia, con US$ 10.743,1 en el mismo año[3]. China es la segunda potencia económica del planeta, pero ocupa el puesto número 83 en términos de producto interno bruto (PIB) per cápita, según el Fondo Monetario Internacional (FMI). El Banco Mundial (BM), por su parte, estima que el país representó el 9,5 % del producto bruto mundial en 2010, el doble que hace cinco años, y duplicará el PIB estadounidense en 2030, si sostiene un crecimiento del 8 % anual[4].

Un instrumento un poco más refinado que el PIB es el poder adquisitivo, que mide el impacto del costo de vida en los ingresos, es

---

3   Fuente: Banco Mundial: https://datos.bancomundial.org/indicador/NY.GDP.PCAP.CD.

4   Fuente: http://gerencia.over-blog.com/article-ingreso-per-capita-en-china-70325070.html.

decir, qué se puede comprar exactamente con lo que se gana. Acá las cosas cambian. Aplicando esta medida, las tres fuentes consultadas por BBC Mundo –el FMI, el Banco Mundial y la CIA– ubican a China en tercer lugar después de la Unión Europea y Estados Unidos. Pero el poder adquisitivo tampoco resuelve la paradoja de la cena, porque no dice mucho sobre el crucial tema de la distribución. Ricos y pobres. El coeficiente Gini, usado para medir la disparidad de ingresos, muestra que China se encuentra entre los países más desiguales, superando incluso a Estados Unidos. Junto a los 115 multimillonarios chinos de la última lista Forbes, hay millones que ganan muy poco y tienen que elegir la migración como una salida a la pobreza. Según la Organización Internacional del Trabajo (OIT), China es –al menos en términos nominales– el país que exporta más fuerza laboral en el mundo.

Hsiao-Hung Pai, autora de *Chinese Whispers* ("Susurros chinos"), ha investigado el fenómeno de la migración interna y externa y le dijo a BBC Mundo que esta pobreza es evidente en la división campo-ciudad de China. "Son dos mundos diferentes. La migración rural genera una población fantasma urbana que busca mejores condiciones y no tiene ningún derecho, ni en China ni como emigrante ilegal en el exterior". En el interior chino ha habido una sacudida, como las que afectaron a Toyota y Foxconn (en este caso después del suicidio de 13 empleados) y que terminaron en alzas de salarios. El Gobierno mismo ha impulsado estas demandas salariales y ha concedido aumentos a los empleados estatales.

A partir de la crisis mundial de 2008, Pekín anunció que pasarían de un modelo de crecimiento exportador a otro más basado en el consumo. Sin embargo, para este modelo se necesita que los chinos tengan mayores ingresos. Con una población de casi 1.400 millones al 26/09/2018[5] y un sostenido crecimiento, China es una potencia mundial con cada vez más peso, pero la situación de sus habitantes dependerá de políticas distributivas que garanticen cuánto le toca a cada uno en la multitudinaria cena de su PIB.

Sobre *Venezuela, vértigo y futuro*: el libro que prologo

De una vez afirmo que se trata de una obra de enorme importancia para Venezuela, aquí y ahora, cuando padecemos la crisis societaria más larga, profunda y demoledora de nuestra historia republicana, incluidos el lapso devastador de la Guerra Federal. La Guerra Federal fue la lucha

---

5   Fuente: https://countrymeters.info/es/China.

armada que, con carácter de guerra civil, sostuvieron los liberales contra el Gobierno de los conservadores entre 1859 y 1863. Por su duración se llama también Guerra Larga o Guerra de los Cinco Años. El nombre de "Federal" se debe a que los liberales tenían como bandera el federalismo o autonomía de las provincias. Está a la vista que la autonomía de las provincias, hoy estados, ha sido abolida por los gobiernos socialistas de Hugo Chávez y Nicolás Maduro.

En el negro presente que vivimos, o más bien sufrimos, la federación ha sido abolida, en contra de lo que pauta la CRBV en su preámbulo y en su artículo 4 del título I, "Principios fundamentales", y sustituida por un desbordado centralismo, en beneficio de la casta militar y la alta burocracia civil que gobierna el país, a espaldas de toda norma y de nuestra ley suprema, la Constitución. La ilegítima y fraudulenta Asamblea Nacional Constituyente es solo un instrumento en manos de la oligarquía milico-civil para gobernar a discreción. Con razón afirman nuestros mayores constitucionalistas que "en Venezuela no hay Constitución". Es el reino de la anomia absoluta.

¿Por qué es de importancia capital este libro? Porque nos ofrece una concepción del desarrollo que se aleja radicalmente de la del "crecimiento explosivo", como esa que se basó en la acumulación acelerada de capital con enormes sacrificios para la gente, por la fuerte restricción del consumo y la explotación inmisericorde de los obreros y trabajadores, que sufrían embrutecedoras jornadas de 14 y 16 horas, incluidos niños, niñas y mujeres. Esto ocurrió en las primeras fases de expansión del capitalismo (salvaje) en Inglaterra, Holanda, Francia y Europa en general. Y muy acentuadamente en la URSS de Stalin, con su obsesión de "alcanzar y sobrepasar a los Estados Unidos".

Sobre la URSS, los éxitos del socialismo y la equidistribución. ¿Es socialista el "paquetazo"?

Estos párrafos están dedicados a Nicolás Maduro, a sus jefes y asesores económicos, socialistas, extranjeros (determinantes) y venezolanos (simples escuchas).

En efecto, al preparar su informe para el Decimosexto Congreso ("Informe político al Decimosexto Congreso del PCUS", 27 de junio de 1930, incluido en las obras de Stalin), Stalin había pedido, entre otras cosas, estadísticas que demostraran que al final del plan quinquenal la URSS "alcanzará y sobrepasará" al mundo capitalista. Se pueden encontrar rastros de las mismas en todo el informe. En cuanto al problema central del informe sobre las relaciones entre la economía soviética y la economía mundial, el informante se limitó, inesperadamente, a hacer la siguiente afirmación: "En lo que se refiere al nivel de desarrollo de la industria, nos encontramos terriblemente retrasados respecto de los países capitalistas adelantados". E inmediatamente agregó: "Solo una mayor aceleración del desarrollo de nuestra industria nos permitirá alcanzar y sobrepasar técnica y económicamente a los países capitalistas adelantados".

En diciembre de 1930, Lev Trotsky escribía:

> Todos los discursos y artículos referidos al segundo año del plan quinquenal hacen la siguiente caracterización: "La economía nacional del país ha entrado en la etapa del socialismo". Existen "los cimientos" del socialismo. Todos saben que la producción socialista, inclusive tan solo sus "cimientos", es una producción que satisface por lo menos las necesidades humanas elementales. En nuestro país, empero, con la terrible escasez de bienes, la industria pesada tuvo un crecimiento de 28,1 %, mientras que el de la liviana fue solo de 13,1 %, lo que impide el cumplimiento del programa fundamental. Aunque se afirme que esta proporción es la ideal –lo que dista de ser cierto–, de aquí surge que en aras de la "acumulación primitiva socialista" la población de la URSS se verá obligada a apretarse más y más el cinturón. Pero esto es precisamente un índice de que es imposible el socialismo con base en un nivel productivo bajo; solo se pueden tomar las primeras medidas preparatorias. ¿No es monstruoso? El país no puede superar la escasez de bienes, el desabastecimiento de alimentos es un hecho cotidiano, no hay leche para los niños... y los filisteos oficiales declaran: "El país ha entrado en la etapa del socialismo". ¿Existe alguna forma más fraudulenta de desacreditar el socialismo?[6].

Recuérdese que en la mañana del 15 de septiembre de 1959, el jefe del Gobierno soviético, entonces Nikita Jruschov, su familia y séquito llegaron en vuelo directo desde Moscú a la base aérea norteamericana de Andrews Field, iniciando así un intenso y largo recorrido por los Estados Unidos, que desde Washington lo llevaría, el 17, a Nueva York; el 19, a Los Ángeles; el 20, a San Francisco; el 22, a Des Moines; el 23, a Pittsburgh; el 24, nuevamente a Washington, para sostener conversa-

---

6   Fuente: http://www.ceip.org.ar/Los-exitos-del-socialismo-y-los-peligros-del-aventurerismo.

ciones con el presidente Eisenhower durante dos días en Camp David, y partir de regreso para Moscú el 27, también en vuelo sin escalas. En los estudios de la Fox, en Hollywood, el 19 de septiembre, Jruschov recordó que "un grupo de economistas de los Estados Unidos, estudiando las posibilidades de nuestro país en competición con el vuestro, llegó a la conclusión de que, en lo que respecta a la producción, la URSS alcanzará a los Estados Unidos hacia 1970". La visita al odiado Imperio yanqui tenía por objeto promover la política de "coexistencia pacífica" en medio de la Guerra Fría que se libraba en todos los campos.

Ya el 9 de abril de 1946, Stalin había dicho que "la cooperación es completamente posible y deseable entre sistemas económicos diferentes. Este es el deseo del pueblo y del Partido Comunista que aprueba este deseo. Cada pueblo tendrá el sistema que desee. Que el sistema de los Estados Unidos sea bueno o malo, es al pueblo americano al que corresponde decidirlo. La cooperación no exige que los pueblos tengan el mismo sistema. Es preciso respetar los sistemas aprobados por los pueblos. Solo con esta condición es posible cooperar. En cuanto a saber cuál es el mejor sistema, la historia lo demostrará". Y luego Malenkov y posteriormente Jruschov habrían de seguir esta nueva doctrina del "coexistencialismo", rectificando la teoría marxista-leninista de la guerra inevitable entre el socialismo y el capitalismo.

Y en el Club de Prensa de Washington, el 27 de septiembre de 1959, Jruschov hizo observar que "en la Unión Soviética hemos construido el socialismo y hemos emprendido la construcción del comunismo. Vivimos en la primera etapa de la edificación del comunismo". Y añadiría poco después en su discurso ante la televisión norteamericana: "Bajo el socialismo, la remuneración del trabajador está determinada por la cantidad y la cualidad de su trabajo para el bien de la sociedad. Cuando hayamos desarrollado todavía más la producción, acumulado más riquezas, entonces pasaremos a su reparto comunista: cada uno trabajará según sus capacidades y gozará de los bienes según sus necesidades". Las palabras finales de Jruschov repiten la fascinante, y contradictoria, sentencia de Marx en su despiadada y volteriana *Crítica del Programa de Gotha*, escrita por Marx en mayo de 1875 y publicada por primera vez por Engels en 1891. Nunca se pudo aplicar en ningún país socialista o comunista, en los que existieron y en los que quedan. ¡Maduro quiere imponerla en Venezuela!

La crisis de los misiles

Menos de un par de años después de esta visita a los EEUU, ocurrirían los sucesos violentos y antipolíticos de Playa Girón o Bahía de Cochinos. Y tres años más tarde se desataría la grave Crisis de los misiles. Hagamos historia. Cuba había sido un país estrechamente ligado a los intereses norteamericanos desde su independencia de España en 1898. La revolución de Fidel Castro en 1959, que en un principio no se definía como comunista pero que tenía una clara orientación nacionalista, comenzó a tomar medidas que lesionaban los intereses estadounidenses.

La reacción de Washington fue inmediata: rompió relaciones en 1961, impuso un bloqueo económico, logró la exclusión de Cuba de la OEA (Organización de Estados Americanos) y organizó, mediante operaciones secretas de la CIA, una fallida invasión de emigrados anticastristas en Bahía de Cochinos o Playa Girón en abril de 1961. En ese contexto, el régimen de Fidel Castro viró hacia el alineamiento con el bloque soviético y el establecimiento de una dictadura comunista en la isla.

En octubre de 1962, aviones espías norteamericanos U2 detectaron la construcción de rampas de misiles y la presencia de tropas soviéticas. El 22 de octubre, con el apoyo claro de sus aliados occidentales, Kennedy toma una medida de gran dureza: establece una "cuarentena defensiva", es decir, un bloqueo de la isla, desplegando unidades navales y aviones de combate en torno a Cuba. Si los navíos soviéticos intentaban forzar el bloqueo, el conflicto armado entre las dos superpotencias estaba servido.

Fue el momento de la Guerra Fría en que más cerca se estuvo del enfrentamiento directo entre la URSS y EEUU y de la hecatombe nuclear. Finalmente, tras negociaciones secretas, Jruschov lanza una propuesta aceptada por Kennedy: la URSS retiraría sus misiles de Cuba a cambio del compromiso norteamericano de no invadir la isla y de la retirada de los misiles Júpiter que EEUU tenía desplegados en Turquía. El mes siguiente la URSS desmonta y repatría su material bélico ofensivo y EEUU levanta el bloqueo, sin explicaciones a Fidel Castro.

La rápida solución de la crisis muestra la eficacia de la estrategia de la disuasión (la amenaza del holocausto nuclear frena el aventurerismo de las potencias) y la importancia del diálogo ente las dos superpotencias. En ese momento se instala una comunicación directa entre la Casa Blanca y el Kremlin para mejor desactivar cualquier crisis o malentendido: el "teléfono rojo".

Tras la crisis de Cuba, la coexistencia pacífica toma plenamente carta de realidad. La coexistencia entre los bloques se compatibiliza con la cohesión interna en ellos. Por un lado, Macmillan y De Gaulle no dudan en apoyar incondicionalmente a Kennedy; por otro, la Cuba de Castro se convierte en un fiel aliado de Moscú a cuyos intereses expansionistas va a servir en los años setenta enviando cuerpos militares expedicionarios a Angola, Mozambique y Etiopía.

"Nuestra concepción del desarrollo"

Comencemos por el título el prefacio: los autores exponen cuáles son los motivos "para repensar el país y escribir para el futuro". Y agregan: "Ver el futuro como esperanza implica creer en la posibilidad de realizarnos y ser felices en ese mañana". Ese futuro no está en otra parte, está a nuestro alcance. No es el de una sociedad donde la superabundancia convierta el trabajo en la primera necesidad vital, no como medio de vida, sino como medio de ocio o de hacer lo que se desea, habrán desaparecido la división del trabajo y el fetichismo de la mercancía[7], que será solo un valor de uso. No es como escribiera Marx: "En la producción social de su vida los hombres establecen determinadas relaciones necesarias e independientes de su voluntad, relaciones de producción que corresponden a una fase determinada de desarrollo de sus fuerzas productivas materiales. El conjunto de estas relaciones de producción forma la estructura económica de la sociedad, la base real sobre la que se levanta la superestructura jurídica y política y a la que corresponden determinadas formas de conciencia social. El modo de producción de la vida material condiciona el proceso de la vida social política y espiritual en general. **No es la conciencia del hombre la que determina su ser sino, por el contrario, el ser social lo que determina su conciencia**. Al llegar a una fase determinada de desarrollo las fuerzas productivas materiales de la sociedad entran en contradicción

---

7   Fetichismo de la mercancía: representación tergiversada, falsa e ilusoria del hombre acerca de las cosas, mercancías y relaciones de producción; surge cuando impera el régimen de la producción de mercancías basado en la propiedad privada, sobre todo bajo el capitalismo. La aparición del fetichismo de la mercancía se explica por el hecho de que los vínculos de producción entre los individuos, en la sociedad basada en la propiedad privada, no se establecen de manera directa, sino a través del intercambio de cosas en el mercado, a través de la compra y venta de mercancías, adoptan la envoltura de una mercancía (se materializan) y, como consecuencia, adquieren el carácter de relaciones entre cosas, se convierten aparentemente en propiedades de las cosas, de las mercancías. Fuente: http://www.filosofia.org/enc/ros/fetm.htm.

con las relaciones de producción existentes o, lo que no es más que la expresión jurídica de esto, con las relaciones de propiedad dentro de las cuales se han desenvuelto hasta allí. De formas de desarrollo de las fuerzas productivas, estas relaciones se convierten en trabas suyas y se abre así una época de revolución social. Al cambiar la base económica se transforma, más o menos rápidamente, toda la inmensa superestructura erigida sobre ella"[8].

Sin dudas, el ser social actúa sobre la conciencia; sin embargo, ha sido la conciencia del hombre la que ha determinado su ser, su plena realización. ¿No fueron la conciencia y la osadía de los bolcheviques las que determinaron el asalto al Palacio de Invierno? Al contemplar la toma del poder por parte de los bolcheviques desde la perspectiva de la historia, uno no puede menos que maravillarse de su audacia. Ninguno de sus dirigentes tenía experiencia anterior en la administración, y, sin embargo, iban a asumir la responsabilidad del Gobierno del mayor país del mundo. Tampoco la falta de experiencia y destreza empresarial les impidió apresurarse a nacionalizar, más bien estatizar, y por tanto a gestionar la quinta economía mundial.

Fue pensando sobre el país, y escribiendo para el futuro, que nuestros autores concibieron el desarrollo en general, y el que desean para Venezuela, con el fin especial de que nuestro país "tome una nueva senda de desarrollo":

Nos referimos al desarrollo como la expansión de las libertades reales de la mayoría de los miembros de la sociedad, considerando que una persona es realmente libre cuando cuenta con las capacidades necesarias para construir la vida que ella tiene razones para valorar y nada le impide usarlas con ese fin. Desde esta perspectiva, nuestro país se estará desarrollando a medida que más y más venezolanos vayan convirtiéndose en agentes de sus propias vidas.

Esta concepción es referida, también, al sistema social, a algunas de sus características, a los grupos sociales, hasta llegar a las personas. Leamos sus precisiones, de gran importancia:

---

8   Karl Marx, [1659] 1980, *Contribución a la crítica de la economía política*, Siglo XXI Editores, s.s. de cv. en coedición con Siglo XXI de España Editores, S.A., México y Madrid, pp. 2-3 (destacado nuestro).

La ampliación sostenida en las condiciones de libertad y bienestar es un criterio para juzgar resultados del proceso de desarrollo, pero ella sola no lo constituye. El desarrollo involucra además el incremento en la capacidad del sistema social para crear las circunstancias que hacen posible esa expansión continua.

Así, pues, se requiere la expansión sostenida de dos capacidades: la de las personas, por una parte, y las del sistema social, grupos y estratos, por la otra, sus estados y actividades valiosas para el bienestar de todos. El concepto de "capacidad", introducido por Sen desde 1985, ha sido objeto de importantes debates en su definición y operacionalización. Hoy en día se ha avanzado considerablemente en ambos aspectos. Son destacables los numerosos trabajos de Sabina Alkire, directora de la Oxford Poverty & Human Development Initiative (OPHI) en el Departamento de Desarrollo Internacional Queen Elizabeth House, Universidad de Oxford (Reino Unido), de Martha Nusbaum, Manu V. Mathai, Enrica Capelli Martinetti y, en Venezuela, de Ángel Hernández y Zuleyma Escala Muñoz.

Reducción de las capacidades, la autonomía y degradación de las instituciones

Werner y Tanya sostienen, con razón, que "la realidad actual de Venezuela dista mucho de esto, **porque los venezolanos no son en su mayoría agentes de sus propias vidas**, porque el grueso de la población está excluido de muchas oportunidades y porque el clientelismo y las prebendas apoyadas en la distribución de la renta petrolera no solo les restan autonomía y capacidades a las personas, ahogando su espíritu emprendedor, sino que degradan las instituciones y promueven la corrupción" (destacado nuestro).

Se trata pues de no solo enderezar esos entuertos, ya graves, sino de rehacerlos sobre bases realmente democráticas, garantizando que nadie sufra coerción o manipulación externa que le impida desarrollar la vida que valora y que ha elegido vivir. Esto me recuerda la frase final del Manifiesto del Partido Comunista (febrero de 1848) de Marx y Engels: "En sustitución de la antigua sociedad burguesa, con sus clases y su antagonismo de clases, surge una asociación en que el libre desarrollo de cada uno será la condición del libre desarrollo de todos"[9].

---

9   "An die Stelle der alten bürgerlichen Gesellschaft mit ihren Klassen und Klassengegensätzen tritt eine Assoziation, worin die freie Entwicklung eines jeden die freie Entwicklung aller is".

Esto en cuanto a la libertad: la libertad de cada uno como condición de la libertad de todos. Desde luego, nuestros autores no hablan de "sociedad burguesa" ni de "antagonismos de clase", terminología acuñada por Marx y los marxistas en su visión binaria de la sociedad: burguesía-proletariado. El curso de la historia demostró que esta visión simple, tal vez válida hace 140 años, quedó anulada por la complejización progresiva de la sociedad.

Esta visión se aparta de las tradicionales que sostenían que el crecimiento, o desarrollo, tiene como resorte fundamental el uso de la mayor proporción del excedente económico creado para la acumulación acelerada de capital, con la consiguiente restricción del consumo final de bienes y servicios para la satisfacción futura de las necesidades de la población. Un axioma marxista-leninista afirma que una sociedad socialista debe apoyarse en una base industrial poderosa; así ocurrió en la URSS de Stalin, la China de Mao y la Cuba de Fidel Castro.

Una vez completado ese esfuerzo, el socialismo adquiriría una economía de primer orden y una clase trabajadora de considerable envergadura. Stalin hizo avanzar considerablemente la industrialización, imponiendo una velocidad desenfrenada, a pesar de los altos costos humanos. En la URSS, el período peor terminó.

Se diferencia también de la "teoría del alto desarrollo", elaborada hace unos 30 años por Paul Krugman, basada en las aportaciones de Rosenstein-Rodan, y su teoría del "gran impulso" (Big Push)[10], consistente en un plan de inversiones masivas para impulsar el despegue del Mediodía italiano, muy atrasado en los años 1940, y su articulación con la teoría de los encadenamientos anteriores, posteriores y colaterales, de Albert Hirschman[11], que generan demanda creciente para una industrialización a buen ritmo. Significó un gran progreso, pero había aún un gran ausente: el factor humano.

Los autores de este libro recogen, asimilan y desarrollan, según su ángulo de estudio, experiencia y observación, los aportes imprescindibles del economista y escritor indio Amartya Sen, Nobel de Economía en 1998. Por eso fue llamado "El Nobel de los Pobres". Más allá del ma-

Fuente: http://gutenberg.spiegel.de/buch/manifest-der-kommunistischen-partei-4975/4. En español: *Obras escogidas*, 1960, Editorial Progreso, Moscú, p. 50.

10   PN Rosenstein-Rodan, 1943: "The Problems of Industrialisation of Eastern and South-Eastern Europe", en *The Economic Journal*, vol. 53.

11   Albert O. Hirschman, 1961: *La estrategia del desarrollo económico*, FCE, México, trad. de María Teresa Márquez de Silva Herzog.

tiz irónico, Sen dio un vuelco radical al enfoque tradicional del desarrollo, incluido el marxista. Para Marx, se trata de abolir la alienación que toma la forma de la venta de la fuerza de trabajo por un salario. La abolición de la alienación implicará un régimen de abundancia, que no debe ser definida por la plena satisfacción de todos los deseos. Tal abundancia se alcanza cuando el desarrollo de las fuerzas productivas es tal que hacen posible la satisfacción de las necesidades materiales de todo el mundo, sin que sea necesario remunerar a las personas por las actividades productivas que ejercen.

En otros términos, cuando este régimen es logrado, la sociedad podrá escribir en su bandera las palabras del último estado de la sociedad comunista, que ya hemos evocado: "¡De cada cual según sus capacidades, a cada cual según sus necesidades!". En efecto, se hará posible la satisfacción incondicional de las necesidades de todo el mundo con el producto de un trabajo suficientemente ligero o atractivo para aquellos cuyas capacidades productivas sean puestas en acción voluntaria y gratuitamente. En tal perspectiva, la superioridad que los marxistas asignan al socialismo con relación al capitalismo y a la propiedad pública con relación a la propiedad privada de los medios de producción es puramente instrumental. Recuérdese que, para alcanzar la fase avanzada de la sociedad comunista, Marx señala expresamente que debe haber un período de transición más o menos largo, durante el cual los obreros, ya en el poder, ejercerán la dictadura del proletariado, a fin de desalojar por la violencia a la burguesía de los medios de producción que no les hayan sido arrancados, todavía, de sus manos.

Son numerosos los libros, ensayos, artículos publicados por Sen, antes de 1990, cuando el Programa de las Naciones Unidas para el Desarrollo (PNUD) dio a conocer su informe pionero sobre el desarrollo humano, bajo la administración del estadounidense William H. Draper, y la coordinación del pakistaní Mahboud ul-Taq, que generó una revolución en el ámbito académico, particularmente en el mundo de las organizaciones internacionales dedicadas al desarrollo. Desde entonces el PNUD ha venido publicando un informe anual del desarrollo humano: *Una nueva visión del desarrollo humano internacional* (1992), *Participación de las personas y participación popular* (1993), *Género y desarrollo humano* (1995), que trató específicamente un tema casi ausente en estos estudios, la participación y aporte de la mujer en el desarrollo humano, *Informe sobre el desarrollo humano* (2003), *Los objetivos del desarrollo del milenio: un pacto entre las naciones para eliminar la pobreza* (2003) y, para cerrar aquí esta larga lista, *La verdadera riqueza de las naciones: caminos al desarrollo humano* (2010), una lectura heterodoxa de Adam Smith.

Según la Encuesta de Condiciones de Vida (Encovi, 2017), realizada por la UCAB, la UCV y la USB, la pobreza, en porcentajes, era así: [las cifras citadas en primer lugar corresponden al año 2014 y las segundas a 2017] Total: de 48,4 a 87,0; extrema: de 23 a 61,2; reciente: de 33,1 a 56,2; crónica: de 6,1 a 30,4. En 2017, las misiones desaparecen para dar paso a las cajas/bolsas CLAP. Más de 13 millones de hogares declararon ser beneficiarios. Pero Barrio Adentro atendió a menos de 200 mil personas, y vinculados al Carnet de la Patria había un 69,2 % de hogares.

Alimentación, 2107, porcentajes de hogares: 1) Ingreso insuficiente: 89,4; 2) Insuficiencia de alimentos: 70,8; 3) Recorte de comidas: al menos una vez, 63,2; 4) Ha comido menos: 79,8; 5) Ha comido menos por la escasez: 78,1; 6) Se acostó con hambre: 61,2; 7) Variación de peso 2017: perdió peso 64,3, es decir, 11,4 kg frente a 8 kg en 2014. 8) Ocho por ciento de los hogares sufre de inseguridad alimentaria. Bajo estas terribles condiciones de vida, ¿cómo ser realmente libres y felices?

Ante esta cámara de hambre, enfermedades y diáspora, Maduro lanzó un plan de "prosperidad". El muy calificado economista venezolano Leonardo Vera, profesor titular de la UCV e individuo de número de la Academia Nacional de Ciencias Económicas, en un notable ensayo en Prodavinci, el 21/08/2018, pregunta: "¿A dónde nos llevará el plan Maduro si los resortes de la sociedad no se activan?". Opino que en los últimos nueve capítulos de este libro hay firmes proposiciones que pueden servir para "activar los resortes" de la sociedad.

Según la Comisión Económica para América Latina y el Caribe (Cepal), Venezuela es el país más igualitario en ingreso de la región con cifras por debajo de los 0,4, claro que con 80 % de pobreza y 50 % de pobreza extrema. Es decir, los venezolanos se han ido igualando en el piso, en la miseria. Pero si uno calcula el coeficiente de Gini de otra manera, el resultado es muy distinto. Si usted toma el promedio de los ingresos del Alto Gobierno, la directiva de la Constituyente y los del Alto Mando Militar, y los compara con el promedio de ingresos de la población económicamente activa (PEA), la brecha de la desigualdad se multiplica por 10. Es decir, son diez veces más ricos que el resto de la PEA.

Según Sen[12], las razones por las cuales la libertad es fundamental para el proceso de desarrollo son:

- La razón de la evaluación: el progreso debe evaluarse, principalmente, en función del aumento que hayan experimentado o no las libertades de los individuos.
- La razón de la eficacia: las libertades sustantivas, es decir, el logro de los fines que estimamos valiosos, son determinantes en el impulso de las iniciativas individuales y la efectividad social. Una mayor libertad aumenta la capacidad de las personas para ayudarse a sí mismas, para influir en el mundo y promover cambios, aspectos centrales en el proceso de desarrollo.

Funcionamientos y capacidades[13]

Funcionamientos: aunque no mencionados, están tácitos en lo que se ha dicho sobre el desarrollo humano. Tiene una raíz aristotélica relacionada con la pregunta: ¿cómo vivir una vida próspera, una vida de excelencia? Para vivir bien se requiere tener un propósito o función como ser humano. Los funcionamientos son las diferentes formas de ser (seres/estados), así como las diferentes cosas que hacemos (haceres). Son el reflejo de lo que una persona podría valorar y ser. La vida es considerada como un conjunto de funcionamientos esenciales para el ser y la existencia de la persona. Son estados y actividades valiosas realizadas por los individuos de un grupo social, constituyen su bienestar individual y son constitutivos de su existencia.

Capacidades: las capacidades son las diversas combinaciones de funcionamientos (seres y haceres) que puede lograr una persona. Ampliando el concepto, la capacidad ha sido definida por Alkire como la libertad de una persona o grupo para la promoción o logro de funcionamientos valiosos. La capacidad incorpora la noción de libertad como un aspecto relevante. Sen lo resume así: "Son las libertades sustantivas que una persona posee y disfruta para conducir el tipo de vida que ella tiene razones para valorar"[14]. La noción de capacidad integra dos ele-

---

12   Amartya Sen, *Development as Freedom* (2001), New York, Alfred A. Knopf Press, p. 17.

13   Toda esta parte es tomada de la excelente obra *Enfoques de la capacidad y el desarrollo humano. Origen, evolución y aplicaciones,* de Ángel G. Hernández y Zuleyma Escala Muñoz, Arte Tip, C.A., diciembre de 2011, pp. 42-48.

14   Sen, *op. cit.,* p. 84.

mentos: la oportunidad real de alcanzar ciertos funcionamientos y la posibilidad de elegir entre diferentes opciones.

Tratemos de ilustrar estos conceptos.

Al lado izquierdo, imagine un círculo perfecto, más bien pequeño. En su interior coloque seis o siete asteriscos (*). Ellos representan seres y haceres no accesibles; no existe la oportunidad.

Al lado derecho, dibuje un círculo perfecto, de triple diámetro respecto al anterior. En la mitad derecha de este círculo, coloque ocho o 10 asteriscos (*). Ellos representan seres y haceres logrados, pero no valiosos. En la mitad derecha, coloque unos 6 o 7 asteriscos (*). Ellos representan seres y haceres valiosos y, por lo tanto, el conjunto de capacidades.

Hagamos ahora el siguiente esquema:

FUNCIONAMIENTOS............LOGROS. Los logros valorados.
CAPACIDADES...............OPORTUNIDADES REALES. Potencialidad. Elecciones.

La capacidad está estrechamente relacionada con la oportunidad de ser y hacer. Un funcionamiento es un logro, mientras la capacidad es y representa una posibilidad u oportunidad.

Ahora se comprenderá mejor el fondo de nuestra tragedia. Desde poco antes de 1980 hemos ido perdiendo autonomía, funcionamientos, capacidades y, por lo tanto, las libertades reales y sustantivas. Desde1930 hasta 1999, Venezuela vivió una época dorada en términos de crecimiento económico, global y per cápita, que superó al de los países desarrollados. El analfabetismo cayó verticalmente desde casi un 90 % en 1935 a un muy bajo 35 % en 1960. La escolaridad trepó desde un 0,7 a un 6,2 en una escala de 0,0 a 7,0. El índice de los salarios reales ascendió desde 61 % en 1935 a 165 % en 1998 (ver los cuatro cuadros de la fig. 1.1).

En el capítulo 2, bien titulado "1958-1998: Florecimiento y ocaso de un nuevo proyecto de país", se examinan las primeras dos décadas de la democracia, que fueron los años más brillantes de nuestro desarrollo (ver los cuatro gráficos de la fig. 2.1). Afirman Werner y Tanya: "Se puede afirmar que, en los primeros veinte años de la democracia, el futuro era visto con optimismo por los jóvenes venezolanos que se incorporaban a la vida adulta, al mercado de trabajo, a los talleres de la formación técnica y a las aulas de la educación superior". Años dorados que padres y abuelos cuentan a sus hijos y nietos, que escuchan con perplejidad.

Ver los cuatro gráficos de la fig. 2.2, titulados "Auge y retrocesos en los logros del Proyecto de País de la Democracia Representativa". Este fue el brillante lapso del Pacto de Puntofijo del Programa Mínimo Común, puestos en acción desde 1959. El Pacto fue una lúcida concepción de los partidos AD, Copei y, con reticencias, de URD, contra toda amenaza interna (golpes de Estado) y externa: el atentado contra el presidente Betancourt por agentes del dictador Rafael Leónidas Trujillo; la clara injerencia de Fidel Castro en la lucha armada, las guerrillas urbanas, los secuestros, el sangriento asalto al tren de El Encanto, la invasión de Venezuela por Machurucuto, un testimonio valiente y desgarrador relatado por Héctor Pérez Marcano y diestramente recogido e instrumentado por el historiador Antonio Sánchez García (Héctor Pérez Marcano fue uno de los protagonistas de semejante aventura, propiciada, preparada y financiada por el dictador cubano y su pandilla)[15].

Todavía se escucha el angustioso clamor de Arturo Uslar Pietri, "Sembrar el petróleo", artículo publicado el 14 de julio de 1936 como un editorial del diario *Ahora*. Son 82 años que han transcurrido desde la citada profética frase, la cual continúa vigente, puesto que ningún Gobierno hizo caso de la misma. O al menos no fue tomada muy en serio por los múltiples gobiernos que han administrado a Venezuela desde entonces.

¿Qué sucedió y cómo se manifestó el ocaso del proyecto de país y la quiebra del Pacto de Puntofijo? Dicen los autores que tuvo su origen en el agotamiento del modelo rentista de desarrollo que operaba desde la década de 1920 y que derivó hacia una lógica de "rentismo populista clientelar".

La razón de fondo reside, según Werner y Tanya, en la manera como se usó esa renta antes del *boom* de los precios petroleros en la década de los 70 y en cómo se ha usado desde entonces. Afirman que hubo tres grupos de decisiones que explican la nueva lógica de aplicación de la renta, lo que a su vez generó una ruta sostenida de inestabilidad, inflación, decrecimiento de las capacidades e incremento de la pobreza a partir, según mi criterio, de 1976. Yo creo que, aparte de las razones esgrimidas por los autores, hay una compartida por numerosos economistas: la decisión del presidente Carlos Andrés Pérez y su ministro de Cordiplan, Gumersindo Rodríguez, de aprovechar la gran masa financiera recibida en cambiar el rumbo rentista por uno de grandes

---

15   Cfr. Antonio Sánchez García y Héctor Pérez Marcano, *La invasión de Cuba a Venezuela. De Machurucuto a la revolución bolivariana*, Los Libros de El Nacional, 2007, Caracas.

inversiones en infraestructura que apoyasen un formidable proyecto exportador de insumos y maquinarias, logrado, solo a medias, en la fase difícil de la industrialización por sustitución de importaciones (ISI).

El Gobierno confió en la expansión de la integración económica regional (Aladi, Pacto Andino y acuerdos bilaterales) como demanda eficiente de los nuevos productos, de mayor complejidad y contenido tecnológico. El fracaso fue evidente. En un trabajo especial hecho para Aladi, pude comprobar que el comercio intrarregional era entonces (y lo sigue siendo) una matriz vacía. El resultado fue un enorme proceso de sobreinversión por trabajador, con su consecuente pobre productividad, capacidad y gastos de recuperación (*sunk costs*) desproporcionados, incluso superiores a los de Alemania, Inglaterra y los EEUU. Este fue el irredimible proyecto de "La Gran Venezuela".

El capítulo 3, de importancia decisiva, se titula "El desarrollo bajo el socialismo del siglo XXI". Este es un tema de hoy, candente, sobre el cual ya he escrito demasiado, al igual que la inmensa mayoría de mis colegas. En lo económico, este socialismo, que no es más que una mezcolanza de capitalismo de Estado, controles de precios y de cambios, expropiaciones y hostilidad a la empresa privada, a las universidades, asfixiadas en lo económico y maltratadas en su autonomía y remuneración de sus profesores, una desastrosa política económica sin brújula, ha llevado el país a la crisis societaria más importante, larga y profunda de su era republicana. Basta echar un vistazo a los cuatro gráficos de la fig. 3.1 para percibir a primera vista el colapso de nuestro país. Complete con el examen de la fig. 4.1 y verá cómo Venezuela lleva cuatro décadas de caída sostenida frente a los países avanzados.

No menciono la diáspora de 2,3 millones de personas porque no deseo más desasosiego y perplejidad. Pero mientras haya vida, hay esperanza. Y esa esperanza es real, es alcanzable. Werner y Tanya comprendieron que desde posiciones de ministros y de entrevistadores o interlocutores de la alta política no llegarían a buen puerto. Desarrollaron entonces un extenso y denso diálogo con líderes de base, de donde salen las propuestas contenidas de los capítulos 6 al 14.

No estamos hechizados. Por eso concluyo con estas memorables palabras de Novalis: "El mayor hechicero sería el que hechizara hasta el punto de tomar sus propias fantasmagorías por apariciones autónomas". ¿Lo estamos nosotros? No todo está en el presente, hubo un pasado y hay un futuro. Puede que aquí esté vislumbrado. Detrás de una nube negra brillan mil soles.

Cierro aquí, con entusiasmo, las reflexiones y pensamientos que generaron en mi cansado cuerpo, pero esa materia no es responsable de los extravíos en que haya incurrido. Al final del libro, Werner se pregunta: "¿Qué buscamos lograr con el libro y a quiénes lo dirigimos?". Habla en plural, pero Tanya está allá, allá en las maravillosas nubes. A donde vamos los viajeros, a los que amamos, con zozobra, la frase de Goethe: "Gris es la teoría, y solo es verde el árbol de oro de la vida".

Prefacio
Nuestros motivos para repensar el país y escribir para el futuro

Tenemos que entender las razones fundamentales que explican la tragedia venezolana de hoy, para ser capaces de imprimir a nuestro país un cambio de rumbo que lo lleve a retomar el desarrollo. Nuestra catástrofe es la culminación de una crisis cuya gestación se inició durante el *boom* de los precios del petróleo de la década de 1970, la cual fue tomando cuerpo en los últimos veinte años de la democracia y desembocó en una grave escisión social que aprovechó la revolución socialista para llegar al poder y afianzarse en él hasta el presente.

La crisis tiene con nosotros cuatro décadas, no nació hace tres años ni comenzó con el socialismo del siglo XXI, el cual evidentemente la profundizó para reinar sobre los odios que no ha dejado de sembrar.

Viviendo los años en que germinaba la crisis, a finales de la década de 1970 nació en Tanya y en mí la motivación por contribuir a reorientar nuestro desarrollo, motivación que se fue elevando a medida que advertíamos con angustia cómo la crisis se profundizaba. La ansiedad surgía tanto de los trances que debimos enfrentar como pareja en los momentos de mayores dificultades como de las cavilaciones y las búsquedas que cotidianamente compartíamos sobre cómo superar la pobreza, cómo revertir la degradación cultural y cómo frenar el deterioro de la política; deformaciones del desarrollo venezolano que crecían ante nuestros ojos.

En fin, nuestras reflexiones y búsquedas sobre la recuperación de nuestro país fueron una constante desde el día en que Tanya y yo nos conocimos hasta la última vez que pudimos hablar, porque desde muy jóvenes y hasta ese momento final, reencauzar el desarrollo de Venezuela constituyó para nosotros una necesidad vital.

Entre las exploraciones que ella y yo asumimos desde muy temprano, en adición a las que habían implicado nuestros estudios de posgrado en temas del desarrollo, estuvo el examinar las experiencias de muchos países desde las perspectivas de diversas escuelas de pensamiento. Eso nos convenció hace muchos años de que un nuevo rumbo para

Venezuela tenía que implicar mucho más que retomar el crecimiento estable de su economía.

Nuestro afán por la reorientación de nuestro desarrollo vivió tres hitos capitales que abarcan el período entre la década de 1980 y la emergencia humanitaria que comenzó en 2015. Todo esto nos fue impulsando hacia una militancia cada vez más activa por el cambio de rumbo.

El primer impulso tuvo lugar entre 1989 y 1993 a raíz del intento que hizo el segundo Gobierno del presidente Carlos Andrés Pérez por modificar el modelo de desarrollo de Venezuela; el segundo ocurrió entre 1994 y 1996, durante el Gobierno del presidente Rafael Caldera, cuando desde una posición de mayor influencia tratamos de contribuir a que Venezuela cambiase el curso que llevaba; y el tercero y último lo hemos venido viviendo desde 2009.

A finales del año 2009 comenzamos juntos la experiencia social y política más enriquecedora que llegamos a tener, la que sirvió de principal fuente de inspiración para este libro. Iniciamos entonces la construcción de una Visión Compartida de País, un proyecto centrado en la búsqueda de consensos sobre el futuro de Venezuela, en interacción con muchos líderes de base, con activistas de la sociedad civil y con especialistas en distintos temas del desarrollo.

A mediados de 2015 y teniendo ya seis años comprometidos con esta iniciativa, decidimos escribir este libro y habíamos comenzado a poner en orden nuestras ideas, pretendiendo asumir el proyecto que en varios momentos habíamos acariciado. Pero la enfermedad de Tanya descubierta en septiembre, su fallecimiento seis meses más tarde y la secuela que dejaron en mí estos dolorosos eventos, frustraron el propósito hasta febrero de 2018, cuando encontré las fuerzas necesarias para iniciar la escritura y cumplir así la promesa que le hice a ella, de hacer realidad el libro.

Con la introducción al libro que aquí comienza, quiero exponer a nuestros lectores, por Tanya y por mí, cuál es la noción de ese desarrollo al cual quisiéramos se oriente la vida de Venezuela y a través de qué vivencias fue creciendo y perfilándose nuestra intención de propiciar cambios de rumbo en nuestro país, así como exponerles cuál fue la fuente principal de inspiración de nuestras propuestas.

Nuestra concepción del desarrollo

Nos referimos al desarrollo como la expansión de las libertades reales de la mayoría de los miembros de la sociedad, considerando que una persona es realmente libre cuando cuenta con las capacidades necesarias para construir la vida que ella tiene razones para valorar, y nada le impide usarlas con ese fin. Desde esa perspectiva, nuestro país se estará desarrollando a medida que más y más venezolanos vayan convirtiéndose en agentes de sus propias vidas.

La ampliación sostenida en las condiciones de libertad y bienestar es un criterio para juzgar resultados del proceso de desarrollo, pero ella sola no lo constituye. El desarrollo involucra además el incremento en la capacidad de la sociedad para crear las circunstancias que hacen posible esa expansión continua[i].

Este enfoque está alejado de las simplificaciones que reducen el desarrollo al crecimiento y la complejización de la economía o a ciertas formas de progreso material, supuestamente explicadas por unas pocas causas últimas y por derrames de ese progreso que esparcirían los beneficios del mismo sobre toda la sociedad. En particular y pensando en las estrategias que deben emplearse para promover el desarrollo, este enfoque considera ineficaz la propuesta mecanicista que plantea limitar el protagonismo de las estrategias a solo una o dos de las dinámicas implícitas, asumiendo que las demás las seguirían "en cascada" en un movimiento virtuoso, porque está ampliamente demostrado que tal cosa no suele suceder.

Muy concretamente, abrazar el concepto del desarrollo como libertad implica no confiar en que existen mecanismos naturales por los cuales el crecimiento de la economía "se derrama" automáticamente sobre todos los miembros de la sociedad en forma de oportunidades para su realización, ni descansar tampoco solo en políticas económicas, creyendo que "la mejor política social es una buena política económica", o finalmente estar dispuestos a aceptar la vertiente errónea de que la política y la libertad puedan ir por un lado y el desarrollo deseado por otro. La concepción del desarrollo que abrazamos se basa en la autonomía y la capacidad de agencia de cada quien para alcanzar su realización y por lo tanto rechaza también que haya que "distribuir la riqueza de la que todos somos dueños" sin haber comprometido libremente nuestras capacidades humanas en los procesos de producción de la misma.

En síntesis, nuestra visión del desarrollo, que impregna todas las propuestas de este libro, tiene una motivación inspirada en la posibilidad de trasladarse hacia la acción, orientada a la expansión de las libertades de *todos* los miembros de la sociedad, y nunca restringiendo las de algunos o menospreciando la expansión de las de otros. No pretende ser una aproximación valorativamente neutra a la realidad de la sociedad ni se acerca a ella aceptando la existencia de leyes mecánicas inmanentes a su funcionamiento, a cuyo arbitrio habría que dejar el desarrollo.

Tres hitos en nuestro compromiso

La motivación para contribuir a cambiar el desarrollo de Venezuela, que creció en Tanya y en mí en las últimas décadas, progresó a la par que se elevaba nuestro convencimiento de que la viabilidad política de esos cambios había que buscarla en las bases de la sociedad y en los jóvenes líderes, y no en los dirigentes de la mayoría de los partidos que estaban cada día más entregados a la práctica de la política cortoplacista y centrada en pequeños intereses.

Los líderes venezolanos que implantaron la democracia en el siglo XX tenían un compromiso con el desarrollo. Su mirada oteaba hacia el futuro, imaginaban una sociedad siempre mejor y concebían el poder político como un instrumento para superar la pobreza, para que todos los niños de Venezuela se educasen, para erradicar las endemias, para que todos disfrutásemos de libertad y para que nuestra cultura fuese de alma democrática y pacífica.

Algo pasó durante los últimos veinte años del siglo XX que transformó este lapso en una etapa en la que los líderes políticos no solo dejaron de cuidar nuestra democracia, sino que asumieron una práctica de la política reducida tan solo a los procesos electorales y a la maniobra pequeña para acumular poder. Muy pocos dirigentes políticos nacionales desde entonces se han motivado por el desarrollo de nuestra sociedad o se han comprometido con la resolución de los cambios profundos que han sido planteados en Venezuela desde 1989 en adelante.

Entre 1989 y 1993, a raíz de las reformas que planteó "El Gran Viraje" propuesto en el segundo Gobierno del presidente Carlos Andrés Pérez y de su salida del poder en medio de una aguda crisis política, junto al descalabro del sistema financiero que sobrevino seguidamente, Tanya y yo decidimos participar activamente en las reformas y las políticas públicas que debían llevar al país a una nueva senda de desarrollo.

Fuimos testigos de excepción del "Caracazo" de 1989 y de la quiebra de pequeñas y medianas empresas que fueron acaeciendo entre ese año y 1992, eventos resultantes de la aplicación de las primeras reformas con las que se inauguró el Gobierno del presidente Pérez. Esas medidas estaban dirigidas a corregir deformaciones que traía desde hacía años nuestro modelo de desarrollo; su concepción había sido impecable desde una perspectiva económica y habían sido ideadas por equipos muy calificados de expertos. Pero los efectos inmediatos del programa del presidente Pérez generaron en las mayorías una actitud de rechazo que se extendió por años y les restó viabilidad.

Hubo tropiezos de implementación que explican que el primer impacto de las medidas superase los niveles máximos deseables, pues lamentablemente los auxilios sociales necesarios y las medidas de reconversión productiva requeridas no estuvieron allí a tiempo para la implementación de los ajustes.

Sin embargo, hubo otras razones que pesaron aún más. En primer lugar, la gente común venía sufriendo penurias, desconfiando de los políticos y movilizándose en protestas desde hacía varios años. Frente a ello, el nuevo Gobierno no había asegurado compromisos políticos suficientes que apoyasen las reformas, las cuales tendrían una primera fase dolorosa. Por otra parte, en el mundo de las dinámicas del poder inmediato se impuso la política mezquina, esa de los provechos económicos egoístas y de las intrigas y los celos pequeños que se colocan por encima de los intereses del país; todo ese mundo conspiró contra las reformas.

De esas experiencias surgió la decisión de Tanya de incorporarse a los programas sociales que implementó el Gobierno del presidente Pérez después del Caracazo, como jefa del programa que financiaron el Banco Mundial y el BID para la mejora de la calidad de la educación básica, y junto a su inquietud comenzó la mía para tomar parte activa en la formulación del programa de desarrollo industrial que ofreciese al país el Dr. Rafael Caldera en su "Carta de Intención", desplegado en la campaña que lo llevó a la Presidencia en las elecciones de 1993.

En febrero de 1995, ya en el Gobierno del presidente Caldera, me tocó como ministro de Cordiplan preparar el IX Plan de la Nación y entregarlo al Congreso Nacional, y meses más tarde propuse al presidente promover un Pacto Antiinflacionario y obtuve su autorización para hacerlo. De este modo, Tanya y yo nos entregamos a las dos iniciativas con ahínco y establecimos conversaciones frecuentes y no pocas veces intensas con muchos actores políticos, con dirigentes empresariales y sindicales, y hasta con líderes de la Iglesia católica, en busca de apoyos para las reformas.

La formulación del IX Plan fue realizada por varios equipos de especialistas del más alto nivel con la coordinación general de Tanya, quien lo hizo *pro bono* abandonando para eso todos sus compromisos profesionales. Con plena conciencia habíamos titulado el IX Plan "Un

Proyecto de País: Venezuela en Consenso", porque considerábamos que superar la crisis que ya vivíamos obligaba a transformar profundamente al país y exigía de los liderazgos establecer compromisos basados en las conciencias y las voluntades de toda la sociedad.

El plan proponía retos que iban mucho más allá de estabilizar la economía, y por eso se centraba en cinco estrategias de desarrollo para cambiar a Venezuela, para hacer realidad un nuevo proyecto de país.

Sintetizando los objetivos concretos que perseguían sus estrategias y sus políticas, anoto algunos puntos de los objetivos trazados por el IX Plan[ii]:

> Queremos contribuir decisivamente a transformar nuestro país (...) para que cada uno de los venezolanos encuentre posibilidades ciertas de realizar el potencial que tiene como persona y como ciudadano según su propia voluntad (...) Construir una sociedad más justa, que brinde oportunidades a todos para educarse y desarrollarse, para insertarse en el empleo productivo (...) Revertir la exclusión y reducir la pobreza (...) superar las desigualdades que aún enfrenta la mujer (...) Desarrollar una democracia mejor y más profunda, en la cual todos podamos confiar más (...) concebida sobre el respeto y la garantía de los derechos humanos. (...) Es necesario que transformemos el Estado para establecer una nueva relación entre él y los individuos (...) Si logramos esa transformación, las instituciones serán otra vez capaces de fortalecer su legitimidad y de ganar el reconocimiento de la sociedad.
>
> (...) Ese nuevo país requiere que modernicemos las bases de nuestra economía actual, (...) la consolidación de un aparato productivo que innova y se moderniza constantemente, cuyo factor fundamental es el sector privado y que logra insertarse exitosamente en la economía global.

El Pacto Antiinflacionario que intentamos en 1995 también era una iniciativa de consensos y compromisos, con la cual pretendíamos reducir a un mínimo las causas que explicaban la inflación que llevaba imperando en Venezuela desde hacía casi 20 años. Empresarios y trabajadores debían contribuir a reducir la dinámica inflacionaria aminorando la anticipación de precios y las exigencias de incrementos de salarios, a la par que el Estado debía reducir sensiblemente el déficit fiscal y detener el vertiginoso aumento de la liquidez que había crecido con los auxilios al sistema financiero en medio de la crisis bancaria que hizo eclosión entre 1994 y 1995.

El último Gobierno de la democracia invirtió su capital político en asegurar la gobernabilidad durante su mandato, es decir, en garantizar que en ese período no se perdiese la república, un objetivo que mantenía más o menos unidos a los partidos y a las figuras políticas que lo integraban. Pero a pesar de que el jefe del Estado se comprometía en dar inicio inmediato a un nuevo proyecto de país porque entendía cabalmente esa necesidad, aquellos partidos y figuras participantes no dieron prioridad a los pasos que eran necesarios para que la república no se perdiese inmediatamente después[iii].

Los más importantes de esos pasos estaban claramente señalados en el IX Plan e incluían desaparecer las causas de la pobreza, sentar las bases de una nueva economía basada en el conocimiento y poner el Estado al servicio del ciudadano, a lo que se sumaba el paso inmediato de reducir de una vez la inflación a través de un pacto entre empresarios, trabajadores y Gobierno.

Después de varios meses de diálogos que me tocó facilitar entre los líderes de los trabajadores y los empresarios, así como en conversaciones que sostuve como miembro del directorio del Banco Central de Venezuela con el resto de la junta, todos estos actores habían aceptado unas bases para el acuerdo y esperaban que el ministro de Hacienda se sumara con los compromisos que tocaban al Gobierno, lo que constituía el primer paso indispensable.

¿Era ya tarde en 1995 para evitar que 20 años continuados de pobreza y exclusión rindieran los provechos que atesoró más adelante el régimen del teniente coronel Chávez en la disolución social y la muerte de la democracia? ¿De todas formas se iba a perder la democracia sin importar que se iniciase o no la implementación de las estrategias de mayor profundidad o se derrotase la inflación en aquel momento?

Evidentemente no puedo dar respuesta a esas interrogantes, pero sí me atrevo a afirmar que no fueron esas dudas las que motivaron que algunos políticos en roles de alto Gobierno negasen la prioridad que el IX Plan daba a esas estrategias o saboteasen abiertamente el Pacto Antiinflacionario. Lo que explica todo ello es la falta de visión de mediano plazo que había en esos políticos y en sus aliados de la oposición que constituían la coalición informal que apoyaba al Gobierno en el Congreso.

Nuestra crisis de desarrollo ya llevaba para ese entonces algo más de quince años de gestación cuando vivimos las experiencias y aprendimos las invalorables lecciones de esos años, las cuales incluyeron entender en profundidad la crisis y los intereses que impedían resolverla. Los trabajadores sufrían desde 1979 una caída indetenible del salario real y la pobreza se incrementaba notablemente; la violencia social y la actividad delictiva crecían año tras año de manera alarmante; se había reeditado la práctica de los golpes militares que había desaparecido desde la década de 1960; las protestas de calle se elevaban y eran cada vez más políticas, mientras las instituciones dejaban de funcionar y perdían credibilidad.

La realidad era una, muy dramática y amenazante, y las conductas de los políticos para cambiarla eran escasas y débiles. Pocos líderes parecían darse cuenta de que nuestra democracia estaba en grave peligro, y algunos que lo entendían temían que las reformas disparasen la ingobernabilidad o no encontraban aliados para enfrentar los riesgos, porque –en general– muy pocos actores políticos estaban dispuestos a asumir el reto que les correspondía enfrentar.

Todos conocemos lo que le pasó a Venezuela en los últimos años del siglo XX por haber dejado de hacer las reformas y cambios de rumbo que eran necesarios; también conocemos el tipo de régimen con el que se inició el siglo XXI como consecuencia de la misma omisión, que ha destruido la democracia y nos ha llevado a la emergencia humanitaria que hoy sufrimos. Más aún, todos hemos sido víctimas de la confrontación social que ha alimentado la revolución socialista durante veinte años, valiéndose del hecho de que la democracia dejó crecer la pobreza y la exclusión social por no asumir seriamente la responsabilidad de cambiar el rumbo del desarrollo que llevábamos.

El desencanto con el que concluyeron nuestras vivencias del IX Plan y el Pacto Antiinflacionario, como consecuencia de no haber puesto en marcha sus propuestas, se convirtió en decepción profunda ante la mayor parte de nuestra clase política, cuando las maniobras mezquinas de los partidos tradicionales, sostenidas hasta unas semanas antes de las elecciones de 1998, permitieron el acceso al poder del teniente coronel Chávez Frías.

Desde entonces, llegamos al convencimiento de que nuestro compromiso con el desarrollo de Venezuela solo podría tener algún fruto tangible si lo asumíamos rebosando el cauce que habíamos mantenido hasta entonces. Decidimos que en el futuro nuestras propuestas deberían dotarse de legitimidad política a partir de las bases de la sociedad, y no depender principalmente de la intermediación de los dirigentes de partidos políticos.

A finales del año 2008 Tanya y yo regresamos a vivir en Venezuela, después de doce años de ausencia, y al año siguiente habíamos creado

Iniciativa Democrática, una ONG que se unió a otras seis organizaciones de la sociedad civil para promover en toda Venezuela talleres de liderazgos de base, dirigidos a generar consensos sobre el país futuro en el que queríamos vivir.

Al iniciar nuestro trabajo en Caracas habíamos tomado contacto con Ciudadanía Activa y Manifiesta, otras dos ONG que aportaron mucho en la definición de mensajes y métodos para las jornadas de motivación y los talleres de líderes, y en los primeros eventos que hicimos participaron Foro Inter Universitario, una red de profesores de la UCV, la USB y la UCAB, y Pon Tu ladrillo, una ONG que tenía un programa de TV y venía recogiendo por vía electrónica propuestas de país. Más adelante, en los viajes que hacíamos por toda Venezuela empezamos a encontrarnos con frecuencia a equipos de ProPaz y del Observatorio Hannah Arendt, que también andaban por el país haciendo talleres de líderes.

A finales de 2010, dándonos cuenta de que las siete ONG estábamos realizando tareas parecidas y complementarias, comenzamos a considerar entre todas la creación de una alianza que compartiese trabajos y resultados, y ya a finales de 2011 habíamos procesado de manera común lo que habíamos hecho hasta entonces y formalizamos la Alianza por la Venezuela que Queremos Todos, la cual concluyó las dos primeras etapas de la construcción de la Visión Compartida de País.

Nuestra fuente principal de inspiración: la Visión Compartida de País

Sería engañarnos el decir que nuestra Constitución vigente representa una Visión Compartida de País sobre la cual sea posible convocar la voluntad de todos para sustentar los esfuerzos futuros por la paz y el desarrollo. La última vez que realmente compartimos una visión de país y la convertimos en realidad tangible fue durante la construcción de la democracia moderna de Venezuela, en los años 60 y 70 del siglo XX, las dos décadas más brillantes de nuestra historia.

En esos años los entonces jóvenes vibrábamos participando en la construcción de una sociedad que nos entusiasmaba y que asumíamos como reto propio, un futuro mejor que se hacía realidad en nuestra cotidianidad, cuando cada día nos despertábamos con horizontes más amplios para nuestras vidas y alcanzábamos más y mejores logros que los que habían sucedido el día anterior.

La Venezuela que Queremos Todos (LVQQT) es la propuesta de visión de país que comenzamos a construir a finales de 2009, levantada sobre consensos reales que fueron logrados en las bases de la sociedad, construida con la participación de todos los sectores y nutrida por perspectivas políticas diversas. Las estrategias de desarrollo que proponemos en este libro pretenden hacer realidad esa visión, construir sobre los cimientos de esos consensos las estructuras que puedan hacer viable la edificación de ese futuro.

La motivación que puso en marcha la iniciativa es el convencimiento de que una visión así construida favorecerá el desarrollo de una nueva cohesión de los venezolanos para la acción futura. Un proceso de movilización de la sociedad como el que necesitamos requiere de una visión clara del objetivo a alcanzar, no solo de lo que rechazamos, sino fundamentalmente de lo que perseguimos.

Más de 1.300 venezolanos suscribieron en 2009 el manifiesto "Es hora de cambiar", con el que se dio oficialmente inicio al proyecto de construcción de una Visión Compartida de País. Sus palabras iniciales muestran lo que perseguíamos:

> El destino de Venezuela, como futuro en el que todos podamos convivir, está seriamente en riesgo. Por eso, ningún esfuerzo debe dejar de intentarse para construir un proyecto que nos comprometa a todos porque todos nos vemos realizados en él, que nos permita edificar el mañana al cual tenemos derecho y que supere el odio y la exclusión para abrir paso a otro tiempo por vivir (...) Nos planteamos sumar nuestro esfuerzo al de todos los hombres y mujeres de nuestro país y en especial al de los jóvenes que han despertado a sus ilimitadas potencialidades, para fundar un consenso que marque el rumbo alternativo del país que queremos y en el cual inscribamos las luchas por venir.

Con esos propósitos en mente y desde que comenzamos el trabajo, la iniciativa convocó y contó con la participación abierta de comunidades, líderes y especialistas opositores, "no alineados" y los que se alineaban con el "proceso" que encabezaba el teniente coronel Hugo Chávez.

Las Voces de la Gente y los siete consensos de La Venezuela que Queremos Todos

La iniciativa completó entre 2009 y 2012 su primera etapa, que denominamos "Voces de la Gente", a lo largo de la cual las ONG miembros de la Alianza por la Venezuela que Queremos Todos llevaron a cabo 309 talleres de día y medio de duración en los que participaron 6.310 líderes de base, del chavismo, de la oposición y de los "no alineados", y además recogieron por vía electrónica propuestas individuales de más de 5.000 personas. En adición a ello, en una iniciativa independiente y autónoma, llevada a cabo por líderes que habían participado en nuestros talleres, ellos reportaron haber realizado un total de 1.714 diálogos de comunidades en distintas regiones del país, orientados a los mismos fines[iv].

Los talleres de Voces de la Gente no partían de propuestas iniciales de los promotores ni intentaban inducción alguna, y solo se consideraban conclusiones de cada reunión aquellas que fuesen compartidas por todas las personas; es decir, sus resultados expresaban consensos provenientes de la dinámica interna del grupo y no las opiniones diferenciales de "mayorías" como lo hacen las encuestas.

Los siete consensos comprenden hacer realidad nuestra reconciliación con justicia; realizar un pacto entre los diversos actores de la sociedad cuya ejecución lleve al progreso de todos y a la desaparición de la pobreza; construir una nueva economía que genere muchas oportunidades de emprendimientos y de empleos decentes; hacer de la educación y la generación de conocimiento una palanca primordial de ese progreso; humanizar las ciudades y elevar la calidad del ambiente para el disfrute de todos sin exclusión; y hacer que el Estado esté al servicio del ciudadano y no al revés, desapareciendo el rentismo populista clientelar que se opone a nuestro desarrollo.

Los simposios, talleres de expertos y consultas nacionales que siguieron a las Voces de la Gente

En la segunda etapa de la iniciativa llevamos las aspiraciones que habían sido expresadas en las Voces de la Gente a la consideración de académicos y expertos, pidiéndoles sus juicios y sugerencias para convertir los objetivos en propuestas realistas para una estrategia de desarrollo.

La iniciativa realizó para ello cinco talleres de expertos y seis simposios en alianza con varios centros académicos, el Cendes de la Universidad Central de Venezuela, la Universidad Simón Bolívar y la Universidad Metropolitana de Caracas, en los cuales participaron más de 500 profesionales y fueron panelistas y expositores 143 académicos y especialistas, cercanos tanto al "proceso" como a la oposición.

En paralelo, durante el año 2012, en alianza con la junta directiva de Fedecámaras y con la Asociación de Trabajadores, Emprendedores y Microempresarios (Atraem), la Alianza promovió 10 encuentros regionales entre líderes de los gremios empresariales y emprendedores populares, y facilitamos un "retiro" en que veinte autoridades universitarias y capitanes de empresas acordaron una agenda común para cooperar en proyectos de economía del conocimiento, de elevación de la calidad y la pertinencia de la enseñanza superior, y de reducción de la pobreza.

En 2013 comenzó la tercera etapa de la construcción de la Visión Compartida de País, que duró tres años y fue dedicada a enriquecer la propuesta con la labor de once equipos de expertos que discutieron variadas propuestas de reformas y políticas públicas.

También durante ese año 2013 se hizo realidad una idea que había nacido en nuestras reuniones con estudiantes universitarios y jóvenes políticos durante la etapa de Voces de la Gente. Fundamos en alianza con la Universidad Metropolitana el Diplomado de Liderazgo Social y Político, la iniciativa que más nos llena de esperanzas para el mañana, porque el diplomado está formando líderes para el futuro comprometidos con valores democráticos, conocedores del desarrollo y de la historia política de Venezuela, capaces de ejercer la política en dimensiones trascendentes, siempre motivados por la libertad y la realización de todos los venezolanos.

Simultáneamente, en el año 2015 coordinamos el trabajo de varios equipos de especialistas que prepararon las propuestas de reformas y de políticas económicas y sociales para una Transición Pacífica a la Democracia que hicieron valientemente al país los líderes de los partidos Vente Venezuela, Alianza Bravo Pueblo y Voluntad Popular.

Finalmente, en un llamado que nos honra, en enero del año 2017, la directiva de la Asamblea Nacional nos dio el mandato de realizar una consulta nacional del país que queremos todos, empleando para ello los espacios y los símbolos republicanos del Palacio Legislativo Federal. A lo largo del primer semestre de ese año realizamos doce sesiones de consulta final sobre nuestras propuestas de estrategias de desarrollo, en las cuales participaron muy distinguidos académicos, especialistas y líderes de la sociedad civil.

En los nueve años que han pasado entre 2009 y 2018, son muchos los líderes políticos, luchadores sociales, dirigentes juveniles, autoridades académicas y líderes empresariales con los cuales nos relacionamos, realizando alianzas dirigidas a promover la nueva visión de país.

De la relación con todos ellos se ha fortalecido nuestro compromiso con el cambio de rumbo y se ha elevado nuestra expectativa de que son los líderes jóvenes de hoy quienes serán capaces de conducir nuevamente a Venezuela por una senda de desarrollo y libertad.

i   Nuestras concepciones sobre la libertad y el desarrollo se inspiran en las ideas de Philippe Van Parijs (Van Parijs, 1996) y de Amartya Sen (Sen, 1985, 2000 y 2006) y están resumidas en nuestro trabajo de 2013 (Miquilena y Corrales, 2013). Compartiendo las perspectivas teóricas de la complejidad, consideramos que el desarrollo puede ser visto como una propiedad emergente de la sociedad, la cual es un sistema adaptativo que tiene la capacidad de proveer complejidad autoorganizada (Beinhocker, 2006; Chan, 2001; Urteaga, 2008; Luhmann, 1998a, 1998b, 2006). La ampliación continua de las capacidades resulta de que el sistema social se complejiza, viviendo un proceso de adaptación y evolución que es endógeno; no es posible construir deliberadamente esa complejidad desde fuera, lo que sí es posible para acelerar el desarrollo es provocar un entorno político-institucional propicio para que ella evolucione (Barder, 2012a, 2012b, 2012c).

ii   El IX Plan establecía la necesidad de generar consenso alrededor de cinco líneas de acción, en cada una de las cuales se proponían conjuntos de políticas: la inserción estratégica del país en el contexto internacional; la transformación del aparato productivo; el Proyecto de Solidaridad Social; la transformación de la educación y del conocimiento; y la reforma del Estado (Cordiplan, 1995: pp. 36 *pass.*)

iii   Las reformas de tipo económico que había iniciado el Gobierno del presidente Pérez –entre ellas la apertura comercial, la privatización de empresas del Estado y el establecimiento de organismos promotores de la competencia– fueron todas mantenidas en el IX Plan y en realidad la implementación de las mismas se completó en el Gobierno del presidente Caldera y no antes. Más allá de eso, la Apertura Petrolera planteada en el IX Plan se perfeccionó exitosamente y sus ingresos extraordinarios permitieron pagar antes de lo originalmente planteado el financiamiento que facilitó el FMI para la Agenda Venezuela. Pero si bien el Gobierno del presidente Caldera avanzó en reducir el protagonismo del Estado en la economía no petrolera y en la inserción en la globalización, no existió el impulso necesario para posicionar políticamente las grandes estrategias transformadoras de un nuevo proyecto de país que planteaba el IX Plan. Tampoco se llegó a actuar decididamente para derrotar la inflación y salvar, como era necesario, una de las más importantes trampas que explican la condición crónica de pobreza de ingresos en que vive la mayor parte de nuestra población.

iv   Los 1.714 diálogos de comunidades fueron reportados por 1.284 de los 6.310 líderes que habían tomado parte en los talleres de la alianza. De todos los casos reportados por ellos, 946 ofrecían información sobre conclusiones (consensos) y en su conjunto informaban sobre la participación de 18.808 personas. Los restantes 768 eventos habrían llegado a 36.229 personas, pero sus reportes no contenían resultados explícitos sobre acuerdos.

Parte I
¿Cómo y por qué llegamos hasta aquí?

La miseria de la Venezuela de hoy no es solo consecuencia de que estamos en un foso económico y político, ella muestra una crisis de nuestro desarrollo, el cual se paralizó y comenzó a replegarse hace aproximadamente cuarenta años. Desde entonces la economía dejó de crecer sostenidamente, nuestros jóvenes ya no encontraron las mismas oportunidades de realización y los venezolanos en general empezamos a ver que las capacidades con las que contábamos no nos permitían progresar, que nuestras libertades reales habían dejado de expandirse para comenzar a retroceder.

Por cincuenta años consecutivos del siglo XX nuestra sociedad había progresado con un ritmo admirable en términos económicos, sociales, culturales y político-institucionales, llegando a sobresalir económicamente por encima de todos los países de América Latina y superando en producto per cápita a muchos países reconocidos como desarrollados. Pero hace cuarenta años comenzamos a vivir una larga y sostenida regresión que nos ha traído hasta la espantosa situación de hoy, territorio árido en el que reina la precariedad material y donde muchos indicadores de bienestar y derechos humanos han vuelto a los órdenes de magnitud que tenían hace setenta u ochenta años. Ahora los venezolanos se enfrentan obstinadamente unos a otros o huyen del país en busca de la libertad y la seguridad material que nuestra patria no les ofrece. Entender cómo llegamos hasta aquí puede ayudarnos a decidir qué hacer para salir de la crisis y brindarnos las posibilidades de abrir una nueva senda de progreso en paz y en libertad.

Esta primera parte del libro analiza los cambios que vivió Venezuela desde que se inició la era petrolera hasta nuestros días, tratando de explicar en sus cuatro capítulos tanto los éxitos que ella obtuvo cabalgando el modelo rentista, como también la manera en que se gestó la degradación de ese modelo y por qué no se corrigió a tiempo el rumbo destructivo que llevaba, dejándolo descomponerse hasta llegar a la crisis que vivimos en la actualidad.

Los análisis y juicios que aquí ofrecemos se apoyan en el comportamiento de indicadores de diversa índole que cubren todo el período que va desde la década de 1920 hasta nuestros días[16], así como en reflexiones de reconocidos investigadores que han estudiado desde distintas perspectivas el devenir venezolano de los siglos XX y XXI. Esos análisis y juicios tocan muy variados hechos porque parten de la concepción del desarrollo como un proceso complejo de transformaciones y logros en lo económico, social, cultural, político e institucional, transcurso en el cual cada miembro de la sociedad debe crear capacidades que le permitan realizarse, para llevar al proceso que genera finalmente la expansión de las capacidades y las libertades de todos.

El primer capítulo de este libro se dedica a estudiar procesos que marcaron el período 1920-1957 como la etapa inicial del desarrollo rentista y la época en la que sucede la transición a la democracia moderna de Venezuela, después de largas décadas de dictadura. El segundo capítulo se concentra en exponer y explicar los grandes cambios sucedidos entre 1958 y 1998, etapa marcada por la implementación del proyecto de país de la democracia representativa, el cual alcanzó su cenit a fines de la década de 1970 y llegó a su completo ocaso con el final del siglo XX. El tercer capítulo caracteriza y hace un seguimiento a los procesos que han sido provocados entre 1999 y el presente como parte de los intentos de implantación del socialismo del siglo XXI.

Finalmente, el capítulo cuarto compendia las principales lecciones que aprendimos de los casi cien años de desarrollo rentista. Gracias al estudio de los cambios sucedidos en el modelo a través del tiempo, podemos llegar a entender las razones de la tendencia regresiva que hemos vivido desde la década de 1980, destacando entre ellas la sustitución de la lógica de creación de capacidades que había dominado en los primeros cincuenta años del rentismo, por un modelo de populismo clientelar que persistió hasta finales del siglo XX y que se ha prolongado en el presente siglo a través de una versión perversa de populismo autoritario, cuyas estrategias de implantación han sembrado el odio en el seno de nuestra sociedad y destruyen sistemáticamente capacidades e instituciones.

---

16   La mayor parte de los indicadores empleados en los cuatro primeros capítulos del libro provienen de la investigación de Corrales (2017) "Perspectiva conceptual y sistema de indicadores para evaluar el desarrollo de Venezuela", la cual reconstruyó series interanuales referidas a 76 variables económicas, sociales, políticas, institucionales y ambientales, muchas de las cuales se inician en la década de 1930 y otras nacen con los inicios del siglo XXI.

Concluimos ese capítulo asomando los objetivos y estrategias de desarrollo que proponemos para la construcción de un nuevo futuro para Venezuela, enfrentándolos de manera muy breve a las lecciones aprendidas sobre nuestros éxitos y retrocesos del pasado. En el prefacio del libro explicamos sucintamente cómo los objetivos de desarrollo de esa nueva Visión Compartida de País surgieron de talleres de líderes de posiciones muy diversas que realizamos por toda Venezuela y de diálogos de comunidades que muchos de aquellos líderes llevaron a cabo a lo largo y ancho del país, mientras en la segunda parte del libro desplegaremos de manera sistemática las estrategias fundamentales que componen nuestra propuesta.

Capítulo 1
1920-1957: el comienzo de la era petrolera y la transición a la democracia

Los procesos de desarrollo que estaban en marcha en Venezuela cuando comenzaba la segunda década del siglo XX podían caracterizarse a través de unos pocos rasgos que sugieren a una sociedad un tanto estática.

La población venezolana casi no aumentaba, tenía una esperanza de vida de no más de 35 años, continuaba aquejada por las endemias propias de la pobreza[17] y seguía siendo analfabeta en un 75 %.

El PIB per cápita era un 20 % menor que el promedio de los países mayores de América Latina y la economía tenía, en la práctica, la misma estructura que traía desde el siglo XIX, no crecía ni mostraba crisis después de superar el caos fiscal que quince años antes había dejado el Gobierno de Castro.

El escenario de lo público en Venezuela tenía entonces un solo actor protagónico, el Gobierno dictatorial, y, según Aveledo (2007), esa nación de latifundio, palúdica, de ciudades mínimas y aisladas no constituía propiamente una comunidad política.

Pero en realidad sí estaban sucediendo cambios para ese momento; venían en marcha reformas institucionales que más tarde mostrarían ser un soporte de la nueva dinámica basada en la economía petrolera.

Aún no se percibían en toda su magnitud los efectos que tendrían esos cambios de principios de siglo, pero ya estaban gestándose allí la centralización del poder del Estado y el inicio de lo que más tarde sería el continuo fortalecimiento de las Fuerzas Armadas Nacionales, las cuales exigirían un rol preponderante en la modernización. Ambas transformaciones fueron posibles cuando se puso fin a las guerras del siglo XIX después de la batalla de Ciudad Bolívar en 1903 (Caballero, 2003).

Tampoco era visible aún la influencia que tendría –por sesenta años– la reforma de la Hacienda Pública, la cual se había iniciado en 1913 como

---

17   Para mediados de la década de 1920 había anualmente más de 7.000 muertes por paludismo, unas 3.500 por tuberculosis y más de 400 por anquilostomiasis (Carquez, 2008).

respuesta a la crisis de la deuda externa de 1908 y en previsión de los enormes ingresos fiscales provenientes de la renta petrolera que ya el Estado avizoraba.

Apenas diez años después, en la década de 1930, el país ya era otro, desplegaba un conjunto de rasgos que caracterizarían, durante medio siglo, a una sociedad que se modernizaba aceleradamente en muchos aspectos y que también se complejizaba en términos económicos, sociales y políticos.

El inicio de un nuevo patrón de desarrollo

Entre 1930 y 1957 vivimos dos procesos interdependientes de transición que explican la modernización, la complejización y el dinamismo que adquirió el desarrollo venezolano a lo largo del siglo XX.

El primero de estos procesos fue el paso hacia una nueva lógica económica y social, la cual se apoyaba en nuestra conexión a una economía mundial que vivía la Segunda Revolución Industrial, dinamizada por la energía de los hidrocarburos.

El segundo fue la transformación profunda de las formas en que los actores políticos venezolanos disputaban y ejercían el poder, desplegándose en tendencias discontinuas hacia la conformación de un sistema democrático.

Ambos procesos contribuyen a su vez a explicar importantes cambios que se produjeron en los imaginarios venezolanos de aquel período y sobre los cuales se afincaron las transformaciones que siguieron en lapsos posteriores.

La evolución a la nueva lógica económica

Para 1930 la economía venezolana había comenzado a acelerarse, llegando las exportaciones de hidrocarburos a conformar un 61 % del total de las exportaciones, luego de haber partido de casi cero en 1920. El PIB per cápita había dado un salto del 149 % en el mismo lapso. A mediados de la década de 1930 ya se había desatado una dinámica más amplia de crecimiento, que se mantendría vigorosa durante cincuenta años y la cual llevaría a cambios demográficos, económicos y sociales profundos, así como a una nueva forma de relaciones e intercambios más complejos de Venezuela con el resto del mundo.

En particular, a partir de 1936 puede identificarse una sucesión de transformaciones que es promovida por reformas institucionales y políticas públicas que pretendían ir más allá del solo crecimiento económico, apoyándose en la construcción sistemática de capacidades, en la creación de instituciones por parte del Estado y en una estabilidad macroeconómica basada en mantener los grandes principios que habían sido establecidos en la reforma fiscal de 1913.

Los principales cambios sucedidos en la economía, en el período que va de 1930 a 1957, pueden resumirse comentando nuestra nueva conexión al resto del mundo y describiendo las variaciones habidas en unos pocos parámetros sectoriales.

A inicios de la década de 1930 Venezuela ya estaba conectada a la economía internacional a través del petróleo, su *commodity* más estratégico y más demandado ya que era el núcleo que dinamizaba todos los procesos de la Segunda Revolución Industrial.

Durante todo el período 1930-1957 la agricultura perdió peso relativo frente a las actividades económicas urbanas, que movidas por el gasto público y la inversión del Estado en infraestructuras comenzaban a inducir mercados interesantes para manufacturas y servicios. La productividad media de la economía y las de la manufactura y las finanzas casi se cuadruplicaron, mientras las capacidades productivas nacionales –expresadas en PIB per cápita– se triplicaban para los hidrocarburos y la manufactura, se duplicaban para la construcción, el comercio y el sector financiero e inmobiliario, y se multiplicaban por 5 en el sector proveedor de electricidad, gas y agua. En resumen, en menos de 30 años la economía venezolana había dado un vuelco que no se limitaba tan solo a tener más divisas para importar.

El progreso institucional que daba apoyo a estos cambios económicos fue continuo en el período de diez años que transcurrió entre 1936 y 1945; posteriormente este desempeño se aceleró, se amplió y se profundizó en el ciclo 1945-1948; y no retrocedió durante la década del régimen militar 1948-1957. La dictadura militar dio una gran importancia al uso de la renta petrolera en la creación de capital físico destinado a infraestructuras, mantuvo los mecanismos de fomento de la industria y la agricultura y no reparó en dar continuidad a la ejecución de ambiciosos planes para el desarrollo de industrias básicas en manos del Estado, que habían sido concebidos en el trienio 1945-1948.

Los nuevos marcos políticos encarrilaron en sus inicios la lógica del modelo rentista, con un evidente protagonismo del Estado y comprometiendo a las élites privadas con objetivos ambiciosos de modernización.

En los primeros dos lapsos mencionados se pusieron en funcionamiento reglas, políticas públicas y organismos estatales que se alinearon de manera explícita con un progresismo que las autoridades gubernamentales del momento justificaban, como reseña Caballero en su obra *Las crisis de la Venezuela contemporánea* (Caballero, 2003), haciendo referencia a los "fracasos del liberalismo".

Los más destacados de esos procesos de construcción de instituciones comenzaron entre 1936 y 1944 con las políticas de poblamiento, salud y educación del "Programa de Febrero"; con la puesta en vigor de las reglas impositivas de 1943 que pusieron fin a la incertidumbre que existía sobre concesiones petroleras y regímenes fiscales (Manzano, 2008), y con la fundación de los primeros organismos especializados en política económica y supervisión del Estado, creados entre otros fines para financiar la manufactura, hacer contraloría de la gestión estatal y presidir las políticas monetaria y cambiaria.

Las iniciativas de reformas y políticas de desarrollo se ampliaron en el "Trienio Adeco" para abrirse a perspectivas económicas y sociales de mediano y largo plazo, en sintonía con la agenda que dominaba en los países mayores de América Latina, la cual contemplaba una profunda reforma agraria, avances sociales en la legislación laboral, la industrialización por sustitución de importaciones (ISI) y la democratización de la educación, entre otros objetivos (Arráiz Lucca, 2011; Aveledo 2007).

Modernización y tradición, cambios en el imaginario político

Para finales de la década de 1940 ya tenía un dominio mayoritario en la población venezolana lo que pudiese denominarse una ideología democrática. Pero esa ideología llegaba integrada con elementos del mito fundacional de la nación, con componentes del discurso de las guerras del siglo XIX y con la obsesión modernizadora que creció durante veinte años en la élite y en la clase media emergente. Dos hechos merecen ser destacados en esos cambios de los imaginarios.

El primero de ellos es la adopción de elementos del lenguaje político nacionalista y antiimperialista inaugurado en los discursos de los jóvenes líderes, símbolos y palabras que se entretejían con ideas tradicionales de la independencia y de la lucha anti oligárquica del siglo XIX:

Somos un país rico (o tenemos derecho a la riqueza natural del país), pero hemos sido despojados por el capitalismo internacional que se apropia del petróleo (por el oligarca latifundista que impide que el pobre tenga tierra o se la arrebata)[18].

(...)

La lucha (democrática, popular y nacionalista) es una sola, por las reivindicaciones del pueblo y por hacer realidad la independencia, dos conquistas que quedaron inconclusas o fueron traicionadas por los oligarcas que después de la Guerra de Independencia se apropiaron de la patria y se aliaron con (se pusieron al servicio de) poderes extranjeros.

El segundo suceso es la superposición de las ideas de progreso y modernidad que compartían las élites y la clase media que emergía, por una parte, y, por la otra, elementos del imaginario y de las condiciones de poder preexistentes, que se fundían para dar origen a nuevos componentes, que revalidaban roles protagónicos a los actores políticos tradicionales y limitaban la extensión y la velocidad de las reformas modernizadoras. Tres grupos de ideas presentes en el discurso ilustran estas amalgamas.

La primera es el apoyo a "lo moderno" identificado con la recreación local de iconografías de los países desarrollados a través de la importación de costumbres y manifestaciones artísticas de estos, la capacitación de la gente y la evolución del consumo a su semejanza, la transformación del medio físico y la simultánea negación de reformas modernizadoras en lo político que fuesen culturalmente armónicas con aquellas estampas progresistas.

La segunda es el reforzamiento de la visión de algunos jefes fundamentales de la Independencia, de que todo debía ser construido de nuevo, partiendo de cero.

Y la tercera es el reconocimiento a las "Nuevas Fuerzas Armadas" como un actor llamado a contribuir para que la modernización de la república se realice sin caer en riesgos, ya que ellas integrarían la tradición libertadora y la herencia bolivariana con los fundamentos tecnocráticos y las virtudes ciudadanas que las inspirarían a hacer las cosas bien, con eficiencia y sin permitir el caos social.

---

18   "El petróleo nos pertenece" se incorpora a la subjetividad sustituyendo a la tierra-botín que en el siglo XIX se ofrecía a los jóvenes campesinos que reclutaban los caudillos en sus marchas hacia Caracas. La oferta del nuevo líder en su partido (del caudillo regional en su marcha) es reapropiarse del petróleo (de la tierra) y hacer al pueblo partícipe de la riqueza recuperada.

La transición a la democracia

Los inicios de la transición a la democracia pueden rastrearse desde finales de la década de los años 20. En 1928, una renovadora élite de poder en gestación, los jóvenes universitarios, influidos por el pensamiento socialista, habían inaugurado un nuevo estilo de acción política nada común en la Venezuela de entonces, que incluía la agitación y la movilización popular de calle, esto motivó que los llevaran a la cárcel como el colofón de algo que había comenzado con las festividades de carnaval del año.

Apenas muerto el dictador Juan Vicente Gómez en diciembre de 1935, los jóvenes líderes promovieron movilizaciones populares que dos meses después generaron una enorme protesta callejera en la ciudad de Caracas. En febrero de 1936 se produjo un estallido popular que conmovió a toda la sociedad, desembocando en muertes de manifestantes y generando en el Gobierno de Eleazar López Contreras una disposición inmediata a iniciar reformas sociales y políticas. El Gobierno puso en vigor su Programa de Febrero, el cual contenía planes de salud, educación, agricultura y cría, política fiscal y comercial, así como proyectos relativos a las Fuerzas Armadas, entre otros, los cuales fueron posteriormente perfeccionados en su Plan Trienal.

Caballero (2003) señala el 14 de febrero de 1936 como el inicio de una crisis histórica de la que nacen la democracia venezolana y la política de partidos. A partir de entonces puede hablarse de mutaciones importantes en la política, que diez años después se insertarán en la mayoría de la población, configurando las formas de una ideología fundamentalmente democrática.

En los veinte años que transcurren entre 1936 y 1957 se completaron las condiciones para la transición hacia la democracia, soportadas en los componentes modernizadores que se estaban imponiendo en el imaginario y en medio de contradicciones que provenían de la pugna existente entre tres polos: dos actores que eran portadores de proyectos de reforma democrática y un actor institucional que pretendía erigirse en árbitro y reclamaba protagonismo. Los dos proyectos de reforma eran el *progresivo*, cuyos líderes fueron los presidentes López Contreras y Medina Angarita, y el del *tránsito rápido*, cuyos abanderados eran los jóvenes civiles de 1928, los líderes sindicales y la intelectualidad progresista. El actor que pretendía imponerse como árbitro-protagonista se materializaba en la oficialidad modernizadora de las Fuerzas Armadas.

En los primeros años posteriores a la muerte del dictador pugnaba un tercer proyecto, el del mantenimiento del *statu quo*, pero este perdió rápidamente vigencia y sus recursos políticos se sumaron al proyecto de la reforma progresiva o al proyecto de poder de las Fuerzas Armadas.

Hasta 1945 se venía recorriendo la ruta de la *reforma progresiva* y se vislumbraba que los cambios podrían proseguir en ese camino. En efecto, durante el período presidencial de López Contreras se había logrado una reforma electoral que institucionalizaba el sufragio directo de todos los adultos varones que supieran leer y escribir, para elegir concejales y legisladores regionales, y el sufragio indirecto para elegir parlamentarios nacionales y presidente de la república. Para 1945, casi concluido el mandato de Isaías Medina Angarita, parecía haberse logrado un entendimiento entre los dos proyectos de democratización cuando el presidente y los líderes de AD convinieron una agenda que incluía la sucesión de Medina por un presidente civil que sería postulado en común junto al compromiso de realizar reformas radicales que incluían el voto universal, directo y secreto.

Pero en octubre de 1945 las Fuerzas Armadas, en alianza con Acción Democrática (AD) –para ese momento el partido de los promotores del *tránsito rápido*– interrumpen el camino que llevaban las reformas. Se inicia el "trienio populista" o Trienio Adeco, cuya primera etapa de dos años es regida por una Junta de Gobierno integrada por líderes militares y civiles, para dar paso después a un Gobierno civil que por nueve meses encabezó el intelectual más prestigioso de su época, el maestro Rómulo Gallegos, electo en los comicios de 1947. Estas serían las primeras elecciones universales y abiertas de la historia de Venezuela; fueron directas, secretas y con la participación de toda la población adulta.

Entre 1945 y 1948, con la conducción de los gobiernos del trienio populista, se avanzó en las reformas sociales y políticas, en logros de carácter material y en concepciones avanzadas sobre el desarrollo futuro de la sociedad venezolana. Para 1947 se creyó que la transición a la democracia se había completado, pero no había sido así, ya que en noviembre de 1948 el Gobierno del presidente Gallegos fue derribado por un nuevo golpe, esta vez exclusivamente castrense.

Tratando de explicar por qué se interrumpe abruptamente lo que se creía que era el arribo de la democracia, se ha discutido mucho acerca de la insistencia que mostró AD durante el trienio con respecto a dos ideas: en primer lugar, no construir sobre lo anterior sino iniciar todo nuevamente como si se partiese de cero ("el país está naciendo de nuevo"), y, en segundo término, la velocidad con la que se pretendió implementar las reformas. Ha habido, además, suficiente evidencia histórica de una retórica desmesurada y de un exceso de confrontación y sectarismo que promovió el partido de gobierno en las relaciones con sus opositores.

Los párrafos precedentes permiten apreciar el rol que jugaron las Fuerzas Armadas en la transición a la democracia. Habían sido ellas el gran elector en 1936 y 1941, cuando López Contreras y Medina Angarita fueron designados presidentes; la oficialidad *modernizadora* del Ejército derrocó a Medina en 1945 porque el presidente demoraba en las transformaciones y para cuidarse de las conspiraciones de los conservadores que querían retrasar los cambios; estos mismos actores militares deponen a Gallegos en 1948 porque este se niega a extrañar del poder a los líderes de AD, que supuestamente promovían el caos social al pretender imprimir un ritmo demasiado acelerado a las reformas. La dictadura militar que sigue hasta enero de 1958 es terminada también por las Fuerzas Armadas cuando perciben que el dictador se había establecido sobre un proyecto personalista y había dejado de representar la ideología y la visión corporativas.

Podría decirse, adoptando otra perspectiva, que las Fuerzas Armadas fueron las verdaderas sucesoras de Gómez en el poder, y que había en su seno quienes querían ejercerlo directamente, como también, fuera de ellas, quienes estaban dispuestos a conspirar para incluirlas en sus propios proyectos políticos (Aveledo, *op. cit.*).

Es importante a esta altura hacer un inciso sobre la relación que tuvo la geopolítica del petróleo con la transición venezolana a la democracia, a lo largo de la Segunda Guerra Mundial y de los primeros años de la Guerra Fría. Durante las décadas de 1940 y 1950 coincidieron los intereses de las potencias occidentales con las tendencias de los gobiernos de Venezuela, concurrencia que estos aprovecharon con inteligencia y rapidez.

A lo largo de la Segunda Guerra Mundial, el petróleo venezolano elevó su importancia estratégica para los aliados occidentales, lo que mejoró la posición negociadora del Gobierno de Medina Angarita, quien logró elevar a un 50 % la participación de Venezuela en las ganancias del negocio de los hidrocarburos. Durante las administraciones de la Junta de Gobierno y de Rómulo Gallegos (el Trienio Adeco), la importancia estratégica de nuestro petróleo se mantuvo como consecuencia de la Guerra Fría que se iniciaba, mientras la capacidad de negociación venezolana se elevaba aún más a través de mejoras en la información sobre los niveles de producción y de exportación de las empresas petroleras, datos que el Estado no manejaba antes.

Los nueve años que suceden al golpe militar de noviembre de 1948 constituyen un largo accidente en la transición a la democracia, evento del cual Venezuela asimila lecciones importantes y deja otras pendientes por aprender, como comentaremos más adelante. Pero el progreso material logrado en esos años fue usado posteriormente por los gobiernos de la democracia como un soporte fundamental para alcanzar el esplendor en las dos décadas más brillantes del desarrollo venezolano, las comprendidas entre 1959 y 1978.

Durante los gobiernos militares que sucedieron a Rómulo Gallegos se consolidaba la estrategia política de los EEUU, focalizada en apoyar a las dictaduras latinoamericanas para detener el avance del comunismo, proyectándose también condiciones favorables en el mercado petrolero internacional que le permitieron a Venezuela elevar la producción de hidrocarburos y multiplicar sus ingresos fiscales.

En efecto, la exportación venezolana de petróleo se elevó en más de 100 % entre 1949 y 1957, y Venezuela se consolidó como un proveedor confiable de los grandes países capitalistas pasando a través de dos sucesos que acaecieron en el Medio Oriente y que pusieron en riesgo la seguridad energética de Occidente: el derrocamiento del Sha de Irán por el golpe de Mossadegh en 1953 y la nacionalización del canal de Suez por Nasser, seguida de la Guerra del Sinaí en 1956. Estas circunstancias y el otorgamiento de nuevas concesiones petroleras entre 1956 y 1957 permitieron a Venezuela generar beneficios fiscales del mismo orden de magnitud de los que habían ingresado en los diez años anteriores (Aveledo, 2007).

Con los ingresos acrecentados de esa manera, entre 1952 y enero de 1958 el Estado acentuó sus inversiones en la transformación del medio físico; realizó muchas obras públicas y dio inicio a proyectos de gran importancia económica que fueron emblemáticos de la dictadura perezjimenista, aunque algunos de ellos habían sido concebidos en el trienio anterior, como la autopista Caracas-La Guaira, la Ciudad Universitaria de Caracas y los proyectos energéticos y metalúrgicos de Guayana, entre otros.

En términos de libertades políticas, el Gobierno que concluyó el 23 de enero de 1958 fue una dictadura militar tradicional que mantuvo, durante toda su vigencia, un régimen de miedo, a través de arrestos, torturas y asesinatos a quienes fuesen sospechosos de hacerle oposición.

De hecho, ya la forma de ascensión de Pérez Jiménez al poder mostraba su talante. Apenas dado el golpe que derroca a Rómulo Gallegos, el presidente depuesto, sus ministros y altos dirigentes del partido fueron detenidos y expulsados del país; se disolvieron el partido AD y la Confederación de Trabajadores de Venezuela (CTV); se clausuró el Congreso Nacional, se crearon campos de concentración y por muchos años se apresó en ellos a dirigentes de las fuerzas políticas. En 1950 fue asesinado el presidente de la Junta Militar; en 1951 fueron detenidos y desterrados los líderes de una huelga universitaria; en 1952 se irrespetaron los resultados de una elección general, se creó una Asamblea Constituyente espuria que puso en vigor una nueva Constitución y se eligió como "presidente constitucional" al dictador Pérez Jiménez.

En su obra *La 4ta. República: la virtud y el pecado*, Ramón Guillermo Aveledo (2007) menciona cuatro lecciones que la sociedad venezolana debió haber aprendido de su accidentada transición a la democracia, algunas de las cuales, añadimos nosotros, son aún asignaturas pendientes por asimilar:

> El adversario no puede ser negado sino respetado; mayoría y minoría son situaciones sujetas a modificación; sectarismo y exclusivismo producen resultados escasos y efímeros.
>
> (...) Los sectores distintos a la política no deben ser ignorados. Son preferibles los problemas derivados de muchos participantes a las ventajas de administrar el poder.
>
> (...) Lo mejor para las Fuerzas Armadas es que estas sean profesionales, apolíticas, obedientes y no deliberantes.
>
> (...) Los cambios necesarios no pueden ser ejecutados con tal lentitud que la gente se desespere, ni con tal velocidad que la gente se asuste.

Avances en las primeras cuatro décadas del desarrollo rentista

Tres ideas básicas nos permiten sintetizar los cambios en la lógica del desarrollo que se produjeron internamente en Venezuela en el período que va de 1920 a 1957. Nuestra nueva forma de inserción en la economía global constituye el marco que los hizo posibles.

Esos cambios se expresaron a su vez en modificaciones muy notables de la demografía y de la dinámica económica y social del país.

Los cambios fundamentales en la lógica del desarrollo

El primer cambio interno a destacar en la lógica del desarrollo venezolano es que desde mediados de la década de 1920 el Estado asumió el rol de promotor principal del progreso apoyándose en el empleo de la renta que obtenía de la exportación petrolera, lo que en el futuro le hizo poco necesario preocuparse por negociar políticas y reformas institucionales con otros actores.

La segunda idea que debe acentuarse en esa lógica del desarrollo es que la estrategia del Estado que consistía en la creación de capital humano y capital económico a partir de la renta petrolera alcanzó un éxito importante que sostuvo por más de treinta años el progreso material y la paz social del país.

Y la tercera idea que debemos subrayar se refiere a los imaginarios. A lo largo del período 1920-1957 la vocación de modernidad, la ideología democrática y la aceptación del rol protagónico del Estado se hicieron dominantes en las élites y en la creciente clase media, como también quedó latente en ellas el reconocimiento al rol arbitral de las Fuerzas Armadas.

Como marco de todo lo anterior, a lo largo de esos años se tejió un denso entramado de relaciones internacionales de comercio e inversión, en el cual sobresalía con mucha fuerza la exportación venezolana de hidrocarburos, pero donde también destacaban el volumen y la diversidad de nuevos nexos importadores que fueron desarrollados, principalmente con los Estados Unidos.

Algunos indicadores del progreso material

La afirmación de que el progreso de Venezuela fue notable en todos los órdenes es avalada por la variación habida en una serie de indicadores sociales y económicos.

De tener un PIB per cápita inferior a la media de América Latina en 1920, Venezuela había pasado en diez años a superar los 7.000 USD de 2014[19], que es más del doble del promedio regional en ese momento, y en 1957 a casi 19.000 USD, superior al triple de la media latinoamericana. La mejoría de nuestro PIB per cápita fue tal que en 1957 llegó a representar el 171 % del mismo indicador para el promedio de los países

---

19   A lo largo de todo el libro las magnitudes del Producto Interno Bruto per cápita (PIBpc) y las de otras variables macroeconómicas son expresadas en dólares constantes de 2014 para facilitar la comparación entre los valores de años muy alejados entre sí, entre los cuales pueden haber sucedido cambios importantes en los niveles de precios.

que a partir de los años 60 se hicieron miembros de la OCDE, es decir de los países desarrollados.

El índice de desarrollo humano (IDH), que sintetiza indicadores de progreso en los ingresos reales, la educación y la salud de la población, tiene una variación importante en todo el período. Partiendo de un nivel inferior a 0,17 en 1930, el IDH llega a ser 0,30 en 1945 y 0,48 en 1957.

El país rural, pobre, analfabeto y plagado de enfermedades había dado un vuelco. Entre 1930 y 1957 la esperanza de vida al nacer había aumentado de 34,0 a 56,3 años como consecuencia de haber controlado las endemias y haber reducido las tasas de mortalidad en proporciones cercanas al 40 %, y el analfabetismo de la fuerza de trabajo había descendido de más de 75 % al 35 %.

En este período comenzaron a crecer ampliamente los salarios reales, los que casi se sextuplicaron, y la fracción que representaba el empleo formal en la población activa, que pasó de ser un 16 % en 1936 a representar un 41 % en 1957. Puede decirse que fue entonces cuando apareció la clase media en Venezuela.

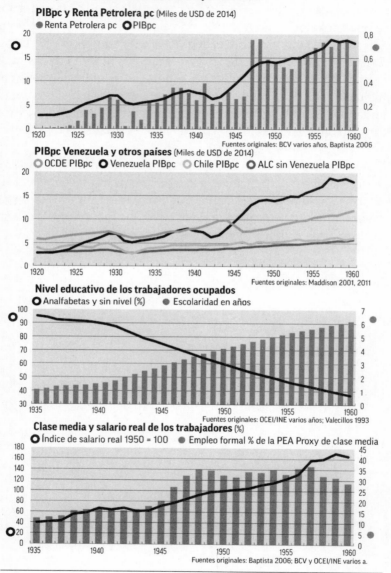

FIGURA 1.1

Algunos indicadores del progreso material de Venezuela en las primeras décadas de la era petrolera[20]

PIBpc y Renta Petrolera pc (Miles de USD de 2014)
● Renta Petrolera pc ○ PIBpc

Fuentes originales: BCV varios años, Baptista 2006

PIBpc Venezuela y otros países (Miles de USD de 2014)
○ OCDE PIBpc ○ Venezuela PIBpc ○ Chile PIBpc ○ ALC sin Venezuela PIBpc

Fuentes originales: Maddison 2001, 2011

Nivel educativo de los trabajadores ocupados
○ Analfabetas y sin nivel (%) ● Escolaridad en años

Fuentes originales: OCEI/INE varios años; Valecillos 1993

Clase media y salario real de los trabajadores (%)
○ Índice de salario real 1950 = 100 ● Empleo formal % de la PEA Proxy de clase media

Fuentes originales: Baptista 2006; BCV y OCEI/INE varios a.

---

20   Todos los indicadores económicos, sociales, políticos e institucionales presentados en los gráficos del libro provienen del trabajo de Corrales (2017). Al pie de cada figura se mencionan las fuentes originales que el autor procesó.

Capítulo 2
1958-1998: florecimiento y ocaso de un nuevo proyecto de país

Aunque hasta el año 1957 el país había vivido décadas de un progreso material sostenido –que todos los venezolanos percibían–, es a partir de enero de 1958 cuando Venezuela comienza a disfrutar una experiencia nueva y excitante, con expansión de las libertades políticas y con enormes oportunidades de educación y de realización material para las mayorías. Las evidencias y reflexiones que aquí presentamos demuestran que Venezuela había comenzado a vivir sus veinte años más brillantes, tendencia que cambiaría abruptamente desde los años 80, para sorpresa y frustración de la mayor parte de los venezolanos.

En el presente capítulo intentamos caracterizar lo que sucedió en los cuarenta años que van desde 1958 hasta 1998, para así responder qué produjo el auge y el posterior ocaso del proyecto de desarrollo nacional que se implementó junto con la consolidación del régimen democrático venezolano.

En reconocimiento a todos los rasgos de dicho proyecto que más adelante caracterizamos, y al hecho de que el mismo comprometió a todas las instituciones y a la mayor parte de la sociedad venezolana con el desarrollo y con las libertades que preconizaba la democracia, nos referiremos a él como el Proyecto de País de la Democracia Representativa.

El ciclo de vida del Proyecto de País de la Democracia Representativa

Entre los objetivos centrales del Pacto de Puntofijo y del Programa Mínimo Común que fueron puestos en vigor a partir de 1959, estaban la consolidación de la democracia, la modernización productiva a través de la industria y la agricultura, la ampliación de la educación, el soporte al proceso de urbanización para asegurar una mayor calidad de vida en las ciudades, y la realización de las más amplias reformas sociales y políticas tendentes a la equidad y la democracia.

El pacto y su programa no constituían solamente un marco para los planes de gobierno, se trataba del proyecto común de una alianza de élites que comprometía a los líderes de los partidos políticos, a los empresarios, a los trabajadores e incluso al liderazgo de la Iglesia católica. Un gran proyecto para la modernización, la paz y la justicia que se concretaba en objetivos y estrategias para el progreso material de las mayorías, la educación, la salud y la complejización económica del país.

En términos políticos se trataba de un proyecto nacional civilista, que al poco tiempo fue dotado de una nueva Constitución que instauraba la democracia, capaz de defenderse de las conspiraciones militares y la subversión revolucionaria y de consolidar así el nuevo estilo de desarrollo sobre instituciones estables.

Muy pronto, los discursos de la alianza cubrían aquellos objetivos con una visión ideológica nacionalista, de justicia social y de progreso económico, heredera de las propuestas de los jóvenes de la generación de 1928. Había tomado cuerpo el Proyecto de País de la Democracia Representativa, el cual se venía fraguando en el imaginario venezolano por más de un cuarto de siglo.

Para mediados de la década de 1960 los objetivos del Proyecto de País habían tomado protagonismo y, para finales del mismo decenio, su implementación había generado dos cambios fundamentales en la historia de Venezuela. Se habían creado prolíficas y nuevas oportunidades de movilidad social y los militares habían pasado de tutelar la sociedad a ser garantes y defensores de la institucionalidad democrática.

El dinamismo de la economía, que se había reducido coyunturalmente desde el último año de la dictadura de Pérez Jiménez, se había recuperado a mediados de los años 60 y apoyaba la nueva tendencia. A finales de la misma década habían cedido los focos de la lucha armada, aventura que pocos años antes había iniciado sin éxito una fracción de la izquierda venezolana; con lo cual ya no se producían los intentos de golpes militares, muy frecuentes a principios de los años 60.

A partir de 1973, toda esa dinámica positiva, que había sido soportada con iniciativas estatales y con una contribución no despreciable de los empleos que generaba la inversión privada, recibió un impulso formidable del primer *boom* de los precios internacionales del petróleo. En el quinquenio que va de 1971 a 1976 el valor de las exportaciones petroleras per cápita, expresadas en dólares de 2014, se había triplicado, pasando de 18.598 a 54.372.

El primer Gobierno del presidente Carlos Andrés Pérez, contando con el enorme poderío económico que le daba este *boom*, decidió lanzarse a construir "La Gran Venezuela" implementando un ambicioso plan de inversiones que pretendía llevarnos a superar el subdesarrollo en muy corto tiempo.

Un reto de esta vastedad habría requerido de una cooperación sostenida con aliados y de una formidable coordinación entre agentes, pero su motor y protagonista casi único fue el Estado; en un momento tan álgido se replanteó el esquema de gobernanza[21] que había conducido con éxito los primeros tres lustros de la ejecución del Proyecto de País.

En efecto, para el momento de inaugurarse el Gobierno de Pérez ya se habían superado los peligros de la conspiración militar y la guerrilla revolucionaria y se disfrutaba de la bonanza fiscal del *boom*, por lo que el *establishment* político ya no sentía los incentivos para la cooperación que había tenido quince años antes en el Pacto de Puntofijo. La nueva situación imperante disparó conductas populistas y clientelares que promovían el fraccionamiento en los actores políticos; el Gobierno se lanzó a la nueva empresa "invadiendo" campos que habían sido convenidos como ámbitos del capital privado en los pactos precedentes.

Entre 1959 y 1978 Venezuela experimentó un enorme progreso material y amplió sus libertades como nunca antes lo había hecho, como consecuencia de los cambios que se producían en la estructura de la economía y las reformas sociales y políticas que venían haciéndose desde los años 60. Los efectos del *boom* de precios internacionales del petróleo sucedido en la década de 1970 se notaron en una aceleración del crecimiento, lo que no necesariamente apoyó el desarrollo que se estaba viviendo en las primeras dos décadas de la democracia, como veremos más adelante.

La esperanza de vida al nacer se elevó de 56,9 años en 1959 a 67,1 años en 1978 y el grado de escolarización de los trabajadores pasó de 5,9 a 8,2 años en el mismo período, mientras la cobertura estable de

---

21   En todo el libro usamos el concepto de gobernanza en la manera como lo define Stoker (1998), para identificar la dependencia que se da entre las instituciones relacionadas con la acción colectiva, en las cuales son difusos los límites y las responsabilidades de actores del Estado y la sociedad civil en la atención de los temas sociales y económicos, y en las cuales la capacidad de realizar las acciones planeadas no recae en el poder del Gobierno para mandar o usar su autoridad. Con el término "gobernanza" nos referimos al conjunto de instituciones y actores que provienen del Gobierno, pero que también están más allá de él, ya que tiene que ver con las redes autogobernables de los actores.

Las primeras dos décadas de la democracia, los años más brillantes de nuestro desarrollo[22]

Nivel educativo y salario real de los trabajadores
● Años de escolaridad de los ocupados ○ Índice de Salario Real (1950=100)

Fuentes originales: Baptista 2006; BCV y OCEI varios años

PIBpc de sectores dinámicos (Miles de USD de 2014)
○ Ind. Manufacturera   ○ Finanzas, inmuebles y servicios a empresas
○ Transporte y Comunicaciones   ○ Construcción

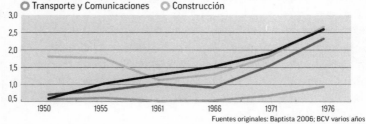

Fuentes originales: Baptista 2006; BCV varios años

Índice de Libertad Económica
○ Chile   ● Venezuela   ○ Dinamarca

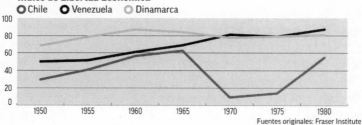

Fuentes originales: Fraser Institute

Calidad del Régimen de Gobierno Polity (-10 a +10)
○ Chile   ● Venezuela   ○ Dinamarca

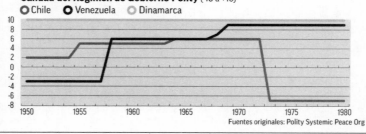

Fuentes originales: Polity Systemic Peace Org

---

22   Todos los indicadores presentados en los gráficos provienen del trabajo de Corrales (2017). Al pie de cada figura se mencionan las fuentes originales que el autor procesó.

electricidad se elevaba de 57 % a 86 % de la población venezolana y el número de centros de estudios superiores se multiplicaba por 10.

Entre 1959 y 1978 el PIBpc anual pasó de 18.383 USD a 20.908 USD de 2014, el salario real promedio casi se duplicó, la tasa de desempleo abierto se redujo hasta niveles inferiores al 5 %, la pobreza llegó a su mínimo histórico y la clase media alcanzó a ser más del 62 % de la población, viniendo del 32 %[23].

A finales de la década de 1970 se había completado la modernización institucional del Estado (Lombardi, 1985), internacionalmente Venezuela era vista como un país de gran libertad económica y como una democracia estable; los venezolanos vivían un vértigo embriagador de bienestar, los destinos turísticos del mundo se habían abierto a millones de miembros de su clase media y las aulas de las mejores universidades del planeta acogían a decenas de miles de sus muchachos que querían formarse en ellas, recibiendo un generoso apoyo del Estado para hacerlo.

Se puede afirmar que en los primeros veinte años de la democracia, el futuro era visto con optimismo por los jóvenes venezolanos que se incorporaban a la vida adulta, al mercado de trabajo, a los talleres de la formación técnica y a las aulas de la educación superior. Para ellos y para sus familias cada día de esos años había sido mejor que el anterior, y este superior al precedente. Los éxitos económicos, sociales y políticos de veinte años habían hecho que en los imaginarios comenzara a cristalizar el mito de la democracia, y que los dos mayores partidos del estatus, Copei y AD, acaparasen más del 80 % de los votos que se recogían en las elecciones.

Pero el 18 de febrero de 1983, sorpresivamente para la inmensa mayoría de la población, el país se enteró de que no podía seguir progresando y de que buena parte de los logros recientes eran insostenibles y se iban a perder. Ese día, conocido desde entonces por los venezolanos como el "viernes negro", el Estado anunció el inicio de un programa de ajustes económicos que perseguía tres objetivos: enfriar la economía, que venía "sobrecalentada" desde los años del *boom* de los precios del petróleo, enfrentar los compromisos económicos que superaban sus capacidades y detener la enorme fuga de capitales que se estaba viviendo.

---

23 A lo largo de todo el libro se emplea como *proxy* de la proporción de la clase media en la población total el porcentaje que representan los empleos formales en la población económicamente activa (PEA).

La gente sintió cómo se contrajo la economía, se elevó el desempleo y se dispararon los precios como consecuencia de la devaluación del bolívar, junto a una drástica reducción del gasto público y la paralización de las contrataciones del Estado. Desde entonces Venezuela fue distinta.

De inmediato y hasta 1998 los niveles de inflación crecieron multiplicando los precios por más de 160 en 15 años. Se ampliaron el desempleo abierto y la precariedad laboral; entraron en franco deterioro la seguridad ciudadana, la calidad de las infraestructuras y los servicios públicos de salud y educación; y el salario medio real cayó sin parar.

La clase media, protagonista principal e hija del progreso de los primeros veinte años de la democracia, tomó una ruta de empobrecimiento progresivo, ya no pudo viajar más, se vió obligada a rebajar su calidad de vida y encontró, con amarga frustración, que la educación pública ya no podía ofrecer a sus hijos las brillantes oportunidades que años antes le había dado a ella.

De hecho, ya para finales de la década de 1980, la pobreza se había elevado hasta niveles del 54 %, los servicios públicos de salud estaban en decadencia, el salario medio real se había reducido en 65 % con respecto a su máximo valor alcanzado en 1978 y el desempleo abierto rondaba el 11 %. El multipartidismo era débil, los partidos mayoritarios AD y Copei habían entrado en agotamiento y retroceso, y los empresarios y políticos se veían mutuamente con recelo (Aveledo, *op. cit.*); la clase media, habiendo interiorizado que "La Gran Venezuela" había sido una quimera, se hizo vocera del desengaño de los venezolanos, quienes estaban cuestionando abiertamente el sistema de gobernanza representado en los dos partidos mayoritarios. Jóvenes y adultos percibían que el Proyecto de País que se había implementado desde los años 60 ya no tenía nada que ofrecerles, que sus abanderados se habían corrompido y que había que cambiar el estado de cosas que imperaba.

Para 1988, las elecciones mostraron el descontento de los ciudadanos con el sistema de gobernanza a través de los niveles de abstención y del voto antiestatus, que juntos arribaron a 24 %, viniendo de 17 % en 1973. Nuevamente se hablaba de conspiraciones en las Fuerzas Armadas y regresaban a la mente de muchos venezolanos valoraciones que habían estado adormecidas en el imaginario durante los veinte años anteriores. Retornaba la idea de que era necesaria una intervención militar que acabase con la corrupción e hiciese regresar al progreso, inicialmente en los grupos de menores ingresos y progresivamente en la clase media.

En este contexto, las elecciones de 1988 regresaron al poder al presidente Carlos Andrés Pérez, cuya imagen y discurso de campaña habían sido asociados a la bonanza económica de su primera administración. El recién inaugurado Gobierno puso en vigor un programa de ajuste estructural acordado con el Fondo Monetario Internacional que buscaba corregir los desequilibrios de la economía y cuyas primeras medidas provocaron una violenta escalada de precios. Esto colmó la capacidad de absorción de una población que llevaba más de seis años de empobrecimiento y penurias y sucedió el "Caracazo", sonado movimiento de una reacción popular violenta que invadió por varios días la ciudad capital y que dejó un saldo lamentable de muertes y destrucción.

El segundo Gobierno del presidente Pérez no fue capaz de asegurar la viabilidad política de las reformas que intentó introducir a pesar de contar con un tren ministerial integrado por especialistas en políticas públicas de primer nivel. Su Gobierno no procuró el apoyo de los partidos ni aseguró alianzas con empresarios o sindicatos y sus medidas se desacreditaron en la mayoría de los grupos sociales, desencadenando la descomposición acelerada de todo el entramado político del país que desde la década anterior perdía eficacia y estaba siendo cuestionado.

Como secuela de esa descomposición, el Gobierno del presidente Pérez sufrió dos intentos de golpes militares en 1992, junto a una serie de intrigas civiles que terminaron sacándolo del poder a mediados de 1993.

El corto Gobierno interino del presidente Ramón J. Velásquez y los cinco años del período constitucional del presidente Rafael Caldera transcurrieron sin que Venezuela lograse detener el colapso institucional ni retomar una senda asertiva de progreso. En los seis años que van de 1993 a 1998 se vivió la agonía de aquel Proyecto de País.

Para fines del siglo XX ya habían transcurrido más de dos décadas desde que las propias decisiones de las élites políticas venezolanas –en medio del *boom* de precios petroleros– habían iniciado una nueva lógica del modelo de desarrollo que a la larga lo llevó a la postración y a la muerte.

Cuando se produjeron las últimas elecciones del período de la democracia representativa ya los venezolanos veían cerradas sus oportunidades de progreso y atribuían la culpa de ello a un desempeño nefasto de la clase política, que habría sido incapaz de orquestar una salida concertada al agotamiento del modelo rentista que tenía ya muchos años en marcha.

Caballero (2003), López Maya (2005) y Aveledo (2007) coinciden en señalar el Caracazo como el hito definitivo que marca un antes y un después en la actitud del venezolano frente al Proyecto de País que se había implementado bajo la democracia, cuyo perfil en el imaginario pasó a tener desde entonces una connotación negativa, antipopular y corrupta.

¿Por qué el éxito de los primeros veinte años?

Del análisis de varios grupos de indicadores podemos confirmar que entre 1959 y 1978 el país acrecentó su ritmo de creación de capacidades y el desarrollo de Venezuela vivió las dos décadas más brillantes de la historia venezolana. Así mismo podemos afirmar que hasta poco antes de iniciarse el *boom* de precios del petróleo de los años 70, Venezuela había mantenido la calidad de sus instituciones en niveles que facilitaron el crecimiento económico con estabilidad.

La creación de capacidades

En esos veinte años se intensificaron las inversiones en capital humano y capital económico al punto que la fracción de los analfabetos y quienes no habían completado la educación básica se redujo de 40 % a menos del 15 % del total de ocupados, y el acervo neto de capital fijo per cápita pasó de 45.000 a casi 70.000 USD de 2014. Las capacidades productivas de sectores emergentes de la economía, caracterizadas a través de los PIB per cápita de la industria manufacturera y del sector de finanzas e inmuebles, se multiplicaron por 2,5 en el período. Para 1978 Venezuela tenía una de las mejores redes de infraestructuras de América Latina, después de haber empleado por 20 años seguidos un promedio de 4,4 % de su PIB en desarrollarla (De Viana, 2017).

La calidad de las instituciones

Al inaugurarse la democracia en 1958, la apreciación que se tenía internacionalmente de la calidad del régimen de gobierno, valorada a través del Índice Polity, se había hecho positiva por primera vez en la historia del país, pasando de -3.0 puntos a +6.0 puntos. El índice se elevó nuevamente a fines de los años 60 para colocarse por casi 30 años en +9.0 puntos, el 90 % de la valoración máxima en el mundo.

En términos sociales, Venezuela se convirtió en un país de clase media como consecuencia de la elevación de la calidad de los empleos, que pasaron de un 30 % a más de un 60 % de formalidad, y del incremento del índice de salario real que se duplicó entre 1959 y 1978.

Todo lo anterior puede sintetizarse al decir que en esos veinte años Venezuela se colocó entre los países del mundo que ostentaron un índice de desarrollo humano medio alto; no solo fueron dos décadas continuas de logros en bienestar y en libertades de la sociedad venezolana, sino que el Proyecto de País expresado en el Pacto de Puntofijo se validaba políticamente día a día.

Esa legitimación afianzaba el liderazgo que conducía las estrategias del Proyecto de País y fortalecía la democracia desde las bases. Continuaba funcionando la lógica de crear capital económico, capital humano, capital político e instituciones, y se mostraban coherentes las propuestas y estrategias que la élite había prometido en ese proyecto con los logros de progreso, bienestar y libertad que efectivamente percibía la población.

Es básicamente el desempeño eficaz de esta lógica lo que hace la diferencia entre las dos primeras décadas y las dos últimas del ciclo de vida del Proyecto de País de la Democracia Representativa.

¿Cómo se inició la decadencia?

El deterioro económico y social de los últimos veinte años del siglo XX y sus consecuencias políticas tienen su origen en el agotamiento del modelo rentista de desarrollo que operaba desde la década de 1920, el cual derivó hacia una lógica de rentismo populista clientelar.

La deriva mencionada del modelo se manifiesta en un cambio fundamental de la manera como se usaba la renta antes del *boom* de los precios del petróleo de la década de 1970 y cómo se ha usado desde entonces, lo que intentamos resumir en el primer aparte de la presente sección, dedicado a la nueva lógica rentista.

Las razones por las cuales cambió esa lógica pueden encontrarse en las tres estrategias económicas que explicamos en el segundo aparte de esta sección. Se trata de la estrategia básica de maximización de la renta por barril que ha dominado el comportamiento del Estado desde la década de los años 60 hasta hoy, y de las decisiones que fueron asumidas por el Gobierno en medio del *boom* y en los programas de ajuste macroeconómico que le siguieron.

Finalmente, dedicamos el último aparte de esta sección y del capítulo a comentar los severos impactos sociales con los que se manifestó el agotamiento del modelo ante la sociedad venezolana y a las respuestas políticas con las que ella reaccionó decretando la defunción del Proyecto de País de la Democracia Representativa.

La nueva lógica rentista del populismo clientelar

Antes de suceder el *boom* de precios internacionales del petróleo de la década de 1970, la utilización de buena parte de la renta propiciaba el cambio estructural que llevó a los frutos de los primeros cincuenta años y, en particular, a los logros del período 1959-1978. Esa utilización generaba capital económico, financiando la inversión productiva y creando infraestructuras, además de propiciar la acumulación de capital humano en las personas; todo ello en un ambiente no inflacionario. La lógica se convertía así en el soporte de una elevación sostenida de las capacidades personales de los venezolanos y de la productividad de los sectores no petroleros, dos logros destacables de los primeros veinte años de la democracia.

La racionalidad dominante desde la década de 1970 hasta nuestros días consiste en elevar el protagonismo económico del Estado en la economía y alimentar cadenas clientelares desde él. Por una parte, se facilita la captura de una alta proporción de la renta por aliados que participan del ejercicio del poder político o económico, y, por la otra, se distribuye renta que incremente el consumo final de los grupos sociales más débiles, quienes son vistos como "electores" a quienes conquistar, independientemente de que esa forma de aplicación de la renta contribuya o no a elevar sus capacidades humanas.

La nueva lógica lleva implícitas altas presiones inflacionarias y la inhibición de inversiones productivas privadas, lo que implica reducir el ingreso real de una proporción muy alta de los hogares y limitar el crecimiento de la productividad y del empleo. Pero, además, ella constituye un círculo vicioso de estatismo y clientelismo, que fortalece por una parte el protagonismo del Estado en la economía y, por la otra, usa la estrategia del populismo para mantener el poder político en manos de quienes manejan circunstancialmente el Estado.

El Estado no dejó de crear capacidades con la renta a partir de los años 80 del siglo pasado porque desease no hacerlo, sino porque desde entonces encontró que la renta no le alcanzaba para conservar la nueva lógica de estatismo y clientelismo y a la vez mantener altas tasas de inversión en capital económico y capital humano[24]. La

---

24 A partir de los años 80 son notorias la reducción de la inversión pública per cápita en salud y la caída de la inversión en infraestructuras como fracción del PIB. En cuanto a la educación, su presupuesto no ha caído como proporción del total del presupuesto estatal, pero han descendido notablemente la eficiencia y la eficacia del gasto. Las cargas burocráticas han crecido como fracción del total mientras se ha descuidado a los docentes en calidad, cantidad

opción de realizar reformas institucionales que rompiesen los círculos viciosos de la nueva lógica siempre encontró dos escollos desde los años 80: el temor del *establishment* político de perder el apoyo de las mayorías a quienes favorecía el gasto populista clientelar y la resistencia de grupos políticos y económicos a cuyos intereses no convenía la reforma.

Las estrategias económicas que dieron inicio a la declinación

Tres conjuntos de decisiones estratégicas explican cómo se inició la nueva lógica de aplicación de la renta, que a su vez dio origen a la ruta sostenida de inestabilidad, inflación, decrecimiento de capacidades e incremento de la pobreza posterior al auge de los precios petroleros de la década de 1970.

El primero de esos conjuntos constituye el núcleo de la estrategia petrolera que ha mantenido Venezuela desde la década de 1960; sus decisiones habían sido implementadas antes del *boom* y han sido sostenidas hasta el presente.

Las decisiones del segundo grupo fueron instrumentadas durante el auge de los precios petroleros y parte de ellas se hicieron piezas principales de la lógica que hoy todavía persiste.

Finalmente, las decisiones del tercer conjunto fueron puestas en práctica en los programas de ajuste que siguieron al *boom*, especialmente después de 1983.

Todas esas decisiones fueron acompañadas de la reluctancia y el desagrado que reinaba en buena parte de las élites políticas, los empresarios y las organizaciones de trabajadores de los años 70, 80 y 90, quienes se negaban a realizar las reformas institucionales que habrían sido necesarias para dar soporte a una economía moderna, más libre, de múltiples iniciativas no estatales y en consecuencia más resiliente.

La estrategia de maximizar la renta por barril

El primer grupo de decisiones, el cual como dijimos constituye una estrategia que viene de los años 60, está inspirado en las ideas de conservar el recurso petrolero que entonces se estimaba muy escaso –lo

---

y remuneración; los modelos del financiamiento educativo se han hecho inviables y ha sido notoriamente decreciente la calidad de la educación pública.

que más tarde se probó equivocado– y de maximizar la renta por barril exportado, lo que llevaba a concertar en la OPEP niveles controlados de exportación y por lo tanto a no elevar la producción de crudo.

Al iniciarse el *boom* de precios de los años 70, esas ideas daban además soporte a una hipótesis que más tarde también se probó errónea: la suposición de que los precios internacionales del petróleo se mantendrían altos después de la guerra del Yom Kippur y del embargo árabe que habían provocado la escalada del valor del crudo entre 1973 y 1974. Sobre la base de esa conjetura no importaba mucho que cayese nuestra capacidad de producción de petróleo, como de hecho cayó en los años 70 a consecuencia de la reducción de inversiones de las empresas petroleras[v].

La estrategia de no elevar la producción de crudo e incluso de reducirla tuvo en las décadas de 1970 y 1980 consecuencias claras en el propósito que se tenía años antes en Venezuela de diversificar y complejizar su economía productiva no petrolera. La consecuencia de la que hablamos es haber impedido la creación de amplios tejidos industriales y clústeres innovadores alrededor de la actividad de hidrocarburos, lo que pudo haberse enlazado aguas arriba con las industrias mecánicas, la industria de bienes de capital, los servicios de ingeniería y de construcción industrial y otros servicios de alto contenido de conocimientos[vi].

De haberse elevado la producción petrolera y haberse promovido esos complejos con empresas privadas, podría haberse desencadenado una dinámica de diversificación productiva y una mayor agregación de valor en la industria manufacturera y los servicios en general, dinámica que era muy necesaria en la década de 1970, cuando ya se notaba el agotamiento de la política de industrialización por sustitución de importaciones (ISI).

Esa habría sido una vía para que la actividad petrolera comenzase a tener efectos no rentistas, pero la estrategia de controlar la producción en lugar de elevarla nos encerró y ha seguido encerrándonos en un círculo vicioso de rentismo y monoexportación.

El salto a "La Gran Venezuela"

El segundo grupo de decisiones, que da origen al sesgo estatista y la orientación política fundamentalmente clientelar que se dio en lo sucesivo a la economía, se expresa en el protagonismo del Estado empresario y la priorización de políticas públicas populistas.

Este marcado sesgo se inició desde mediados de los años 70, se mantuvo por toda la década de los años 80 y solo se intentó cambiar en los años 90, para más tarde profundizarse con mucho ahínco a lo largo de las dos décadas del siglo XXI que han transcurrido hasta hoy.

La primera expresión de ello fue la pretensión de acometer durante el *boom*, desde el Estado y en un cortísimo plazo, proyectos de inversión enormes y complejos, sin forjar alianzas que elevasen la coherencia y la viabilidad del cometido, mientras se incrementaba el fraccionalismo en el sistema político (Di John, 2008), lo que llevó a formidables fallas de coordinación en esos años y al eventual desmantelamiento de las capacidades de gestión del Estado a partir de entonces.

Durante ese tiempo el Estado no solo nacionalizó la industria petrolera, iniciativa de por sí formidable, sino que se convirtió en empresario de grandes industrias metalúrgicas y cementeras, entre otras, y acometió enormes programas de construcción de infraestructuras que en su conjunto debían servir de "gran impulso" a nuestra economía y supuestamente la salvarían del agotamiento que ya mostraba la ISI (industrialización por sustitución de importaciones).

Una segunda expresión del sesgo mencionado fue la exagerada expansión del gasto público que se implementó en programas sociales, muy difíciles de reducir una vez establecidos.

A fines de la década de 1970 había en marcha muchos proyectos de inversión y de gasto social, y la bonanza del *boom* ya se reducía, lo que llevó al Gobierno a endeudarse nacional e internacionalmente contando con la hipótesis que antes mencionamos de precios petroleros altos en un futuro previsible.

A partir de entonces el Estado rompió las tradiciones de disciplina fiscal y la moderación monetaria que la república había traído desde el Gobierno de Juan Vicente Gómez (Ochoa, 2009), echando así las bases de la inflación crónica que nos acompaña desde entonces.

Los ajustes macroeconómicos posteriores al *boom* de la década de 1970

El tercer grupo de decisiones que contribuye a explicar el cambio de lógica del modelo rentista tiene que ver con la política de ajustes económicos que implementó el Estado a partir de 1983.

Esas decisiones respondieron en un primer momento a tres fenómenos principales, lo que entonces se describía como un "recalentamiento" de la economía, la incapacidad del Gobierno para financiar con tributos los gastos y el servicio de la deuda en bolívares, y una alarmante fuga de capitales que se anticipaba a la devaluación del bolívar que todo el país esperaba desde 1982.

Las medidas de 1983 constituían una estrategia de ajuste procíclica que perseguía frenar el recalentamiento y que devaluaba el bolívar rompiendo la estabilidad del tipo de cambio que se había mantenido por 20 años, intentando detener la fuga de capitales y contribuir a financiar el gasto del Estado en bolívares.

Desde una perspectiva macroeconómica, la estrategia generaba efectos recesivos pero no corregía la indisciplina fiscal ni restablecía una sana política monetaria, por lo que no detenía la inflación; desde un punto de vista productivo, ella generó un "enfriamiento" exagerado de la economía (Escobar, 1985) que dio inicio a una desindustrialización prematura de la misma (Vera, 2010) y a un proceso de destrucción de capacidades que condujo a una caída cercana al 30 % de la productividad en las actividades no petroleras (Pineda y Rodríguez, 2008).

Los efectos sociales y la respuesta política de la gente al agotamiento del modelo

Desde la década de 1960 y hasta poco antes del *boom*, el PIB per cápita crecía sostenidamente a pesar de la tendencia a la baja que se producía en los precios internacionales del barril de crudo; había simultáneamente un incremento de la producción de petróleo y una tendencia a la elevación de la productividad en las actividades económicas no petroleras, lo que llevaba a una caída porcentual del componente rentístico del PIB convencional, el cual llegó a representar apenas un 1,11 % en 1970, viniendo desde un nivel de casi 5 % en 1960.

Esa tendencia a crecer mientras se reducía la fracción rentística del PIB cambió a partir del auge de los precios petroleros. Concluido el apogeo y hasta 1998, el precio del barril mantuvo niveles que eran casi el triple de los previos al *boom*, mientras el PIB per cápita caía en el orden de un 20 %, iniciando una tendencia aciaga de la cual no nos hemos recuperado. El PIBpc venezolano se alejó cada día más del promedio de los países desarrollados, distanciándose de un nivel que había superado hasta 1978, y comenzó de nuevo a acercarse a la media de América Latina y el Caribe, de la cual se había despegado desde la década de 1930.

Desde 1979 comenzó a contraerse la fracción que representa la clase media en la población total, siguiendo la misma tendencia que adquirieron los salarios reales, los que en 1998 llegaron a ser el 28 % de

FIGURA 2.2

Auge y retrocesos en los logros del Proyecto de País de la Democracia Representativa[25]

PIB per cápita varios países (Miles de USD de 2014)

○ Países desarrollados (OCDE) ● Venezuela ◐ ALC sin Venezuela ○ Chile

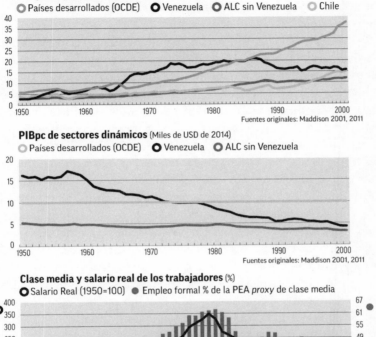

Fuentes originales: Maddison 2001, 2011

PIBpc de sectores dinámicos (Miles de USD de 2014)

○ Países desarrollados (OCDE) ● Venezuela ◐ ALC sin Venezuela

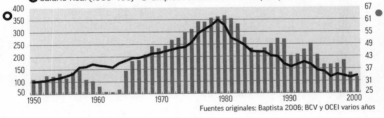

Fuentes originales: Maddison 2001, 2011

Clase media y salario real de los trabajadores (%)

○ Salario Real (1950=100) ● Empleo formal % de la PEA *proxy* de clase media

Fuentes originales: Baptista 2006; BCV y OCEI varios años

Resultados de elecciones presidenciales (%)

● Polo "estatus" (AD+Copei) ● Anti-Status ◐ Abstención

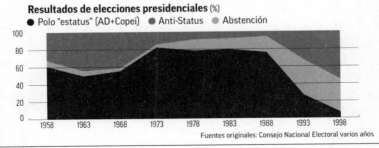

Fuentes originales: Consejo Nacional Electoral varios años

---

25 Todos los indicadores presentados en los gráficos provienen del trabajo de Corrales (2017). Al pie de cada figura se mencionan las fuentes originales que el autor procesó.

lo que habían sido en 1978; las oportunidades de empleo formal se redujeron a la mitad comparadas con el momento de mayor auge; la población en pobreza de ingresos se elevó a más de un 60 % del total; el índice de desarrollo humano se estancó durante la década de 1980 y las condiciones sociales y políticas se siguieron degradando hasta finales del siglo XX.

La reacción de la gente se expresó políticamente en los reclamos de calle y en las elecciones. A partir de los años 80 las protestas se hicieron más frecuentes, las que tenían motivación socioeconómica se acercaron al 80 %, mientras las que se hacían confrontacionales o violentas pasaban de representar un 40 % en 1984 a un 80 % a fines de los años 90 (López Maya, 2005). Los partidos del estatus, Acción Democrática y Copei, sufrieron un marcado deterioro progresivo en los comicios de 1988, 1993 y 1998, en el último de los cuales sus votos quedaron reducidos a un magro 6,64 % de los electores inscritos.

A pesar que los trabajadores venezolanos continuaron elevando sus niveles de escolaridad durante los años 80, no se pudo impedir la reducción del producto por persona empleada, debido a la inelasticidad del empleo derivada de las sobrerregulaciones que habían sido establecidas en el mercado de trabajo, ni se pudo tampoco detener la caída continuada de los salarios reales debido a una inflación que se había hecho crónica. Es notorio el deterioro que se dio en ese período en los estándares de servicios públicos de salud y en la seguridad ciudadana, captado este último mediante el número de homicidios por cada 100.000 habitantes, un índice alarmante que se triplicó para finales del siglo XX.

Un deterioro parecido se produjo en los temas de derechos humanos y libertad que sintetiza el índice de libertad de Freedom House, según el cual Venezuela se ubicaba bastante por encima de Brasil, Chile y Colombia para los años 70 y 80, pero cae por debajo de ellos a lo largo de la última década del siglo XX. Desde 1984 el Gobierno había roto en el Congreso Nacional el pacto institucional por el cual correspondía a la oposición ejercer la contraloría sobre la gestión del Ejecutivo, y se hacían mas frecuentes y graves las violaciones de derechos humanos así como las presiones gubernamentales sobre la prensa independiente[vii].

Para finales de la década de 1980, y en mayor grado aún para la última década del siglo XX, parecían haberse acumulado sobradas razones para que los venezolanos se sintiesen insatisfechos con sus condiciones de vida y le retirasen su apoyo a un sistema político-social que, según su percepción, ya no les ofrecía oportunidades de progreso, bienestar y seguridad. Para finales del siglo XX, el sistema de gobernanza y las propuestas institucionales de los partidos ya no satisfacían a los venezolanos.

En fin, 20 años continuados de pérdida de la calidad de vida, de incremento de la pobreza y la exclusión social y de una percepción creciente de corrupción de las élites políticas, llevaron a los venezolanos a decretar la muerte del Proyecto de País de la Democracia Representativa.

---

v   Desde finales de la década de 1960, las empresas transnacionales habían venido reduciendo las inversiones en exploración y las necesarias para mantener la capacidad de producción, ante la expectativa de que las concesiones serían revertidas antes de su expiración, cosa que se confirmó con la Ley de Reversión puesta en vigor en 1971. Debido a eso, el horizonte de reservas probadas se había reducido y se estaban explotando intensamente los yacimientos tradicionales, pero no se estaba ampliando la capacidad de producción. A finales de la década de 1980 ya sabíamos de las inmensas reservas de petróleo y gas con que contamos, y sin embargo la estrategia fundamental de no elevar la producción para maximizar la renta se mantuvo hasta hoy.

vi   La experiencia que Pdvsa promovió a partir de 1982, limitada a los servicios de ingeniería y construcción, tuvo efectos formidables, creando capacidades nacionales en empresas privadas venezolanas que pasaron de producir 225 millones de dólares al año en 1982 a generar más de 1.500 millones en 1992; esas empresas exportan hoy servicios de ingeniería y construcción a muchos países petroleros.

vii   Tres eventos escandalosos marcan el clímax de este deterioro de la conducta democrática del Estado a finales de la década de 1980; se trata de la represión excesiva de los disturbios ocurridos en Mérida en 1987, la matanza de pescadores en El Amparo en 1988 y el descubrimiento en 1989 del engaño que había sido urdido por el Gobierno saliente contra la opinión pública, referido a la negociación de la deuda externa y la verdadera situación económica que vivía el país (López Maya, 2005).

Capítulo 3
1999-2018: el desarrollo bajo
el socialismo del siglo XXI

El siglo XX del desarrollo venezolano se cerró en franco deterioro del bienestar de la sociedad, en medio de una pérdida notable de su cohesión, con la muerte del "sistema populista de conciliación" (Rey, 1991) y con las expectativas de las mayorías apostando por un cambio radical del régimen político.

Febrero de 1999 no marcó la tradicional transición democrática entre administraciones que había vivido Venezuela en ocho oportunidades desde 1958, sino el inicio de una experiencia nueva que muy pronto se definiría a través de una ruta que implicaba suplantar toda la institucionalidad para establecer el denominado "poder popular".

Ampliado inicialmente con intelectuales y algunos dirigentes empresariales, y con políticos y tecnócratas históricamente civilistas que poco después lo abandonarían, el Gobierno comenzó de inmediato el intento de implantar un sistema general de dominación política.

En el primer período de la construcción de este sistema, que va de 1999 a 2003, el autoritarismo con el que el Gobierno intentó las transformaciones y la politización clientelar que comenzó a desarrollar en la Fuerza Armada[26] lo llevaron a enfrentar una fuerte oposición de la clase media, los medios de comunicación y un sector institucional de la FAN, que generaron un golpe de Estado, una huelga general y un paro de la industria petrolera.

La segunda fase, que se extiende de 2004 a inicios de 2013, se dio simultáneamente con un nuevo *boom* de los precios internacionales del petróleo que permitió al Gobierno socialista lograr avances notables en la implantación del sistema de dominación; se inició con un intento fallido de la oposición de revocar el mandato presidencial y concluyó con el fallecimiento de Chávez y el agotamiento del auge petrolero.

---

26 A partir del presente siglo, la designación tradicional de Fuerzas Armadas cambió por la referencia Fuerza Armada.

Fortalecido con los resultados del referendo revocatorio de 2004 y con la elevación que tuvieron los precios internacionales del petróleo, para el año 2005 el nuevo régimen ya había asumido claramente tres estrategias con las que se dedicaría a construir el sistema de dominación mencionado, y había desplegado un talante autoritario que combinaba con elecciones frecuentes y unos vastos programas de gasto social instrumentados a través de las "misiones".

Por varios años dichas misiones elevaron considerablemente la cobertura poblacional del servicio de educación, desde niveles de alfabetización hasta los estratos de la educación superior, y atendieron necesidades reales de salud de los grupos populares que venían siendo desatendidas desde la última década del siglo XX.

En la dimensión política, después del 2005 el régimen revolucionario se afincó en tres apoyos en los cuales se integraban estrategias que más adelante explicaremos. En primer lugar, el Gobierno militarizó el Estado, apoyándose en la transformación de la Fuerza Armada Nacional como un instrumento de la revolución, propiciando además el uso de grupos civiles violentos para desestimular la protesta ciudadana y la manifestación opositora callejera; en segundo término se estabecieron nuevas alianzas internacionales con Cuba, China y Rusia; y por último, se desplegó el discurso bolivarianista que apelaba sistemáticamente al nacionalismo, el antiimperialismo y la confrontación de clases, en concordancia con un imaginario que se intentaba construir. La práctica frecuente de ejercicios comiciales que nunca le eran adversos creaba para el Gobierno un conveniente ropaje de democracia socialmente reformista, atuendo que lució exitosamente ante el mundo hasta el año 2013.

La tercera fase se desarrolla entre 2014 y el presente. En este lapso no hay la bonanza fiscal de la fase anterior y el régimen ya no cuenta con el carisma de Chávez. Comenzó entonces a debilitarse la antigua promesa de liberación y justicia social del socialismo del siglo XXI, se revelaron claramente los procesos sostenidos de represión y las violaciones sistemáticas de derechos humanos propias de un proyecto totalitario, con lo cual tomó cuerpo la emergencia humanitaria compleja a la que hemos llegado desde 2017. En la emergencia se manifestó con notoriedad a nivel local y global la presencia de un Estado frágil, con lo cual huyeron del país hasta mediados de 2018 más de dos millones de venezolanos, para llegar aproximadamente a un conteo de cuatro millones de ciudadanos que han emigrado de Venezuela desde que se inauguró el régimen socialista.

La conclusión de esta última etapa no podría imaginarse más dura. En el año 2017 fue elegida de manera inconstitucional y arbitraria una Asamblea Nacional Constituyente que funciona según los cánones fascistas de aquella Europa de la década de 1930. Este organismo forajido ha usurpado todos los poderes del parlamento legítimo y ha consolidado las conductas de violación sistemática de los derechos políticos. En el orden económico interno, a comienzos del año 2018 estalló un proceso hiperinflacionario que se espera supere el umbral de 2.000.000 % anual de incremento de los precios. El Gobierno socialista ha tomado una serie de medidas supuestamente dirigidas a la estabilización que llevan en realidad a la destrucción de la producción capitalista y el incremento del éxodo de profesionales, gerentes, empresarios y en general la diáspora de personas de clase media. Por último, en la dimensión internacional, Venezuela se ha convertido en una fuente de serios problemas para los países suramericanos a los cuales ha llegado una enorme oleada de emigrantes depauperados, y ha pasado a estar en el centro de la confrontación económico-política entre China y los Estados Unidos.

Bajo la égida del socialismo del siglo XXI, Venezuela –que hace cuatro décadas era el país más rico de America Latina–, se ha convertido en uno de los países de menor PIB per cápita y con mayor proporción de población bajo la línea de pobreza. Y por encima de todo esto, nuestro país ha caído presa de un sombrío mecanismo que lo ha convertido en el más violento del hemisferio, dominado por una clase gobernante a la cual el mundo reconoce como aliada del crimen internacional y el terrorismo.

Los caminos recorridos para implantar el sistema de dominación

Desde su inauguración en 1999, el Gobierno socialista comenzó a aplicar tres estrategias que perfeccionó e intensificó después del fallido referendo revocatorio de 2004, líneas con las que perseguía instalar un sistema general de dominación política. El nuevo sistema mantendría algunos mecanismos del rentismo populista clientelar que se había instalado en Venezuela a partir de la década de 1970, pero le daría un contenido ideológico revolucionario al populismo y colocaría a todas las instituciones del Estado y a los principales sectores de la actividad económica del país a su servicio. Esas estrategias han sido sostenidas a lo largo de veinte años, con algunas variantes que se amoldan a las circunstancias de cada momento.

La primera de estas estrategias es de carácter ideológico-cultural y se ha dirigido a construir un nuevo imaginario; la segunda de ellas despliega un amplio control del Estado sobre toda la economía buscando ejercer a través de ese control la dominación sobre todos los actores sociales[viii], y la tercera ha tratado finalmente de cambiar la gobernanza mediante el desmontaje sistemático de las instituciones de la democracia liberal.

La Fuerza Armada Nacional (FAN) ha cumplido un papel instrumental destacado en todas las estrategias, lo que el régimen ha logrado comprometiéndola ideológica y políticamente a través de tres procesos claramente definidos: el clientelismo militar que por veinte años ha acompañado con oportunidades de corrupción a los altos mandos; una transformación legal de la estructura y los conceptos de seguridad de la nación –en los cuales destaca la identificación del "enemigo interno" al cual la FAN debe enfrentar en defensa de la patria– y su empleo abierto en la represión y la violación constante de los derechos de los disidentes.

La construcción de un nuevo imaginario

La construcción del nuevo imaginario ha estado dirigida a tres fines muy claros, en gran medida alcanzados al sustentarse en los mitos fundacionales de la república y apuntalar el reconocimiento de los militares como herederos casi ancestrales de la construcción de la patria.

El primer objetivo ha sido desacreditar y desterrar de la mente del venezolano las ideas de la conciliación, el consenso, los pactos y la negociación como vías para buscar la libertad, el desarrollo y la paz. En cambio, se han posicionado las ideas de confrontación y aniquilación política del adversario-enemigo como actitudes pretendidamente necesarias para el progreso del pueblo.

El segundo fin ha sido comprometer a la FAN con los pensamientos antes mencionados y con los fines de la revolución, que supuestamente no serían político-partidistas sino de "construcción de patria".

Y el tercer objetivo ha sido crear un culto cuasi religioso del líder de la revolución como el coloso defensor de los desposeídos, un vengador de la memoria del Libertador que habría sido traicionada por la oligarquía y por los líderes de los cuarenta años de la democracia, cuyos herederos políticos serían los "enemigos internos" de hoy.

El nuevo imaginario es la herencia más perversa que dejará el régimen socialista en nuestra sociedad. El tejido social venezolano, que venía lacerado por la pobreza y la exclusión de los últimos veinte años de la democracia, lleva ahora embebida la ponzoña de la confrontación violenta que inoculó en él la revolución.

El control de la economía

La estrategia de control de la economía por parte del Estado se había comenzado a implementar tímidamente antes del golpe de Estado de 2002 y adquirió una renovada intensidad a partir de la segunda etapa comprendida entre 2004 y 2013. Se puede afirmar que ha sido exitosa en términos políticos aunque haya llevado a Petróleos de Venezuela, Pdvsa, al borde de la quiebra, generando la postración del aparato productivo del país y minando los cimientos de la economía capitalista al desaparecer los incentivos que puedan tener los individuos para innovar y esforzarse en elevar su remuneración.

La implementación de la estrategia de control de la economía se ha llevado a cabo por tres vías complementarias.

La primera de ellas ha sido poner bajo gestión del Estado, y mayoritariamente en manos militares, una buena parte de la producción o del comercio de sectores considerados estratégicos como lo son la banca, las telecomunicaciones, la industria pesada, el petróleo, la minería y la importación de alimentos e insumos para la agroindustria. Si bien Pdvsa es propiedad estatal desde su fundación en la década de 1970, su gestión se mantuvo alejada de la política partidista y no fue parte de la estrategia de control de la economía hasta después del paro petrolero en el año 2003.

La segunda vía ha sido perfeccionar el clientelismo interno sobre la base de dos instrumentos: los subsidios a los sectores populares implementados con la fachada de las "misiones", núcleos condicionados a la lealtad política a la revolución, junto a controles crecientemente coercitivos sobre los productores, entre ellos controles de precios y de acceso a las divisas.

Finalmente, la tercera vía empleada para el control de la economía ha sido la construcción de apoyos geopolíticos internacionales, algunos establecidos con pequeños países como Nicaragua, Bolivia, Cuba y varios miembros del Caricom, con los cuales el Gobierno socialista empleó donaciones y subsidios para ganar su apoyo político en el juego hemisférico. Con países poderosos como China, Rusia, Irán y por un tiempo Brasil, el Gobierno buscó mercados finales, inversiones y tecnología para los "sectores estratégicos". Ya en los últimos años, el régimen de Maduro logró algún éxito en involucrar a China en el conflicto que mantiene con el Gobierno de los Estados Unidos, firmando más de veinte nuevos acuerdos de inversión y comercio que involucran la entrega de las riquezas minerales de Guayana y convierten a nuestro país en un peligroso escenario de confrontación de las superpotencias.

Pdvsa jugó un papel importante en la implementación de la estrategia de control económico y se ha involucrado en las tres vías mencionadas, lo que explica que la mayor parte de las "misiones" alimentarias fuesen implementadas a través de ella y que las finanzas de Pdvsa fuesen empleadas en fines muy distintos a la producción de hidrocarburos, con lo cual finalmente se explica que la empresa haya llegado muy cerca del colapso en los últimos años.

En 1998 la industria petrolera venezolana producía más de 3,5 millones de barriles diarios y tenía planes ciertos para elevar la producción a 5,0 millones. Para entonces Pdvsa seguía siendo considerada un proveedor internacional confiable y tenía 20 refinerías en el mundo con capacidad para procesar 3,0 millones de barriles al día. Siete grandes refinerías estaban en los EEUU y surtían a más de 15.200 estaciones de servicio que ostentaban la marca Citgo y manejaban el 10 % del mercado de gasolina de ese país. Todo eso se ha perdido, Pdvsa es hoy el séptimo productor de la OPEP, está sobreendeudada y apenas produce para el año 2018 la cantidad de 1,3 millones de barriles al día.

El cambio del sistema de gobernanza

El cambio del sistema de gobernanza, según expresara un ministro del Gobierno que fue uno de sus principales ideólogos hasta la muerte de Chávez, perseguía "sustituir la superestructura del antiguo régimen" y dar apoyo institucional a las transformaciones revolucionarias que debían ser logradas con las dos primeras estrategias.

Ese cambio ha sido instrumentado a través del desconocimiento de las normas que soportaban el Estado de derecho en general y la protección de los derechos humanos en particular, y de la reversión de aquellas reformas que habían sido iniciadas en la última década del siglo XX, las cuales perseguían la descentralización, una mayor participación de las bases en la gestión de lo público y la transparencia de la gestión pública.

La implementación del cambio tuvo un primer paso en la promulgación del nuevo texto constitucional y el desconocimiento de todos los poderes que habían sido electos legítimamente en 1998, pero la mayor parte de sus avances ha tenido lugar después de 2004, con la captura política de los poderes electoral, judicial y ciudadano que han sido transformados en instrumentos de la revolución socialista. A esto se le ha sumado la implantación de órganos paralelos e inconstitucionales como son todos los del poder comunal y la Asamblea Nacional Constituyente elegida en 2017, y finalmente las reformas legales de la Fuerza Armada Nacional, situación que la ha colocado al servicio de la revolución creando nuevos conceptos de seguridad de la nación que identifican a un supuesto "enemigo interno" al cual la FAN debe enfrentar.

En la realidad actual no hay control del Poder Ejecutivo por parte del Poder Judicial, y por el contrario el sistema de justicia no atiende casos de violaciones de derechos humanos o de abusos cometidos por el Gobierno contra el derecho de propiedad, usando instrumentos procesales y judiciales para perseguir a enemigos políticos del régimen socialista ante la pasividad cada vez más acentuada de la Defensoría del Pueblo.

Desde el referendo constitucional del año 2007, cuando el pueblo venezolano rechazó la propuesta de implantación de un sistema socialista, hasta diciembre de 2015, la Asamblea Nacional y el Poder Ejecutivo se acompañaron mutuamente en serias violaciones de la Constitución, de lo cual son ejemplos las leyes llamadas del Poder Popular, así como las decisiones y declaraciones expresas de ambos poderes para afirmar que la economía venezolana se encontraría en una transición desde el sistema capitalista de mercado hacia un sistema socialista de producción colectiva. Por último, después de la instalación de la espuria Asamblea Nacional Constituyente en 2017, todo el sistema de gobernanza basado en la Constitución quedó de hecho abolido y los poderes públicos quedaron definitivamente concentrados en el Ejecutivo.

Devastación del desarrollo en veinte años de revolución

En el último año de Gobierno del presidente Caldera (1998) los precios del barril de petróleo exportado por Venezuela promediaron 10,57 USD corrientes o 15,34 USD de 2014. El PIB per cápita promedio, expresado en USD de 2014, había sido de 16.679 USD en 1998 y había caído a 13.102 USD en 2003 como consecuencia de la reducción de las exportaciones debida al paro petrolero de ese año.

Pero a partir de 2004 y hasta 2013, los precios de nuestra exportación petrolera se incrementaron nuevamente, elevándose de 32,58 USD por barril en 2004 a 98,08 USD en 2013, pasando por un pico de 103,42 USD en 2012. Asociado a este auge, el PIB anual per cápita venezolano, expresado nuevamente en USD de 2014, se incrementó de 15.275 USD en 2004 a 19.726 en 2013. Una vez concluido el *boom* de los precios internacionales, el PIB per cápita cayó a 14.163 USD en 2014 y siguió descendiendo a 12.307 USD en 2017, estimándose alrededor de 11.400 USD para 2018.

Con estos datos del precio del petróleo y del PIB per cápita como telón de fondo, repasemos los resultados de desarrollo que registra Venezuela en los últimos veinte años, en términos económicos, sociales y político-institucionales, tanto los que fueron mercadeados internacionalmente por el régimen socialista durante el *boom* como los que realmente han sido alcanzados desde que está en el poder.

Auge económico y éxitos internacionales del Gobierno socialista hasta 2013

En los nueve años de auge económico vividos entre 2004 y 2013, el PIB per cápita real se incrementó en un 29 %, se extendieron ampliamente los subsidios sociales del Estado y se quintuplicó el empleo estatal, pero no se detuvo la caída de los salarios reales, que equivalían en 2014 a 72,6 % de lo que habían sido en 1998, ya que persistía la inflación, la cual se había elevado en el mismo período de un 29,9 % a 68,5 % anual, y la economía privada no creaba suficientes oportunidades de empleo sustentables.

El auge económico movido por el *boom* de los precios petroleros no impulsó significativamente el PIB del sector privado no petrolero debido a la pérdida de capacidades que arrastraba Venezuela desde finales del siglo XX y a la inhibición de la inversión privada, surgida de la desconfianza que fue disparada internamente por la ola de expropiaciones que el régimen desató en el año 2006.

La onda de estatización del Gobierno bolivariano había comenzado en los primeros años de su mandato con la "nacionalización" de las empresas de energía eléctrica y la reversión de las privatizaciones que habían sido hechas en la última década del siglo XX, tanto en telecomunicaciones como en la industria metalúrgica de Guayana.

A continuación de ello, el proceso confiscatorio iniciado en 2006 abarcó muchas fincas agropecuarias y empresas de servicios para la agricultura; variadas industrias manufactureras grandes y medianas; empresas petroleras y mineras y redes completas de comercialización de insumos y bienes finales. La inversión privada bajó a los niveles más reducidos de la historia, hecho que respondía a la imagen de arbitrariedad e irrespeto de los derechos de propiedad que había construido metódicamente el Estado venezolano.

En síntesis, durante el nuevo *boom* de precios del petróleo, el PIB estatal creció en medio de una economía cargada de controles y de otros mecanismos de arbitraje rentista y de corrupción, como fue desde sus inicios el sistema de tipos múltiples de cambio. La tasa de cambio del dólar respecto al bolívar se incrementó en 3.650 %, se dispararon sin disciplina las importaciones y el gasto público y se acumularon las deudas financieras y comerciales del Estado en divisas. Fueron escasos los logros sobre los cuales sustentar el progreso del nuevo "modelo de desarrollo". No existía tal cosa, como veremos más adelante.

Sin embargo, en esos años de auge, las misiones diplomáticas internacionales del Gobierno venezolano, manejando estadísticas oficiales del Instituto Nacional de Estadística (INE) que más tarde se probaron inexactas, particularmente las de pobreza, desempleo y empleo precario (Corrales, 2010), convencieron a agencias de la ONU como la Organización Mundial de la Salud (OMS), la Organización para la Agricultura y la Alimentacion (FAO) y el Programa de Naciones Unidas para el Desarrollo (PNUD), para que publicitaran el éxito que supuestamente estaba teniendo la revolución en materias sociales.

Como resultado de esas gestiones, el Gobierno bolivariano recibió premios y reconocimientos de agencias de la ONU por logros supuestamente notables que después han desaparecido o han resultado inexistentes: tres de la Unesco en 2011, 2013 y 2016 relacionados con la introducción de programas de tecnologías de la información en la escuela básica; dos de la FAO en 2012 y 2015 por el avance en la desaparición del hambre; y uno de la OMS en 2008 por progresos en la salud evidenciados en grandes elevaciones del índice de desarrollo humano (IDH).

Los verdaderos progresos en lo económico y lo social

Los hechos económicos y sociales que hoy se han documentado prueban que en los diecinueve años que van de finales de 1998 a finales de 2017, el salario medio real del trabajador venezolano cayó en más de 80 % como resultado de la inflación persistente que elevó el indice de precios al consumidor, de un valor de 100,0 en 1998 a 2,2 millones en 2017; la pobreza de ingresos se incrementó de 64 % a 87 %; el índice de desarrollo humano se estancó y el PIB per cápita se contrajo en términos reales en más de 41 %, siendo sobrepasado por el PIBpc de Chile en el año 2002 y por el promedio del resto de América Latina y el Caribe en 2016.

En estas dos décadas cerraron decenas de miles de empresas; Venezuela llegó a estar dentro del 6 % de los países con menor competitividad internacional del mundo y no menos de cuatro millones de venezolanos emigraron en busca de las oportunidades que no encontraban en el país.

La educación superior y la actividad científica fueron también víctimas del socialismo del siglo XXI. Las universidades nacionales han sido literalmente acorraladas en términos económicos por el Gobierno y permanentemente asediadas por bandas violentas asociadas al PSUV, partido oficial del régimen socialista, que pretenden intimidar a profesores y estudiantes, mientras la investigación científica languidece por falta de apoyos.

De acuerdo con Requena y Caputo (2016), en quince años habían abandonado el país 1.512 científicos, 68 % con grado de doctor, mientras que, según datos de la Unesco citados por Albornoz (2017), la producción científica venezolana había caído un 28 % entre 2005 y 2015.

Una manifestación muy importante del avance que ha tenido la descomposición social en los diecinueve años que tiene el régimen socialista en el poder es el incremento de la violencia delictual, que el venezolano común conoce por su propia vivencia cotidiana y por las estadísticas de homicidios que se quintuplicaron, pasando de 20 casos por cada 100.000 habitantes a casi 90. Lo que no es tan conocido es que el incremento del delito callejero se relaciona con la conformación de un ecosistema criminal distinto del que había a finales del siglo XX, según estudios realizados por criminólogos venezolanos (Mármol García, 2016).

Según esos estudios, el nuevo ecosistema criminal opera sobre una red a través de la cual circulan grandes flujos del dinero proveniente de los "negocios minoristas" de pranes, colectivos, megabandas y seudosindicatos, buena parte de los cuales están destinados a remunerar servicios de protección policial y al "negocio mayorista" más importante, ordenador de todos los demás negocios, que es el tráfico de drogas, controlado en la cúspide por grandes capos[ix].

A su vez, investigaciones realizadas por organismos de otros países, cuyos resultados se hicieron públicos en la prensa internacional desde el año 2015, asocian a los capos del ecosistema con las grandes transacciones internacionales de lavado de dinero de la corrupción y del narcotráfico, e identifican a ciertos jefes como altos funcionarios del Estado, algunos a cargo de organizaciones que teóricamente serían responsables de prevenir, detectar y reprimir el tráfico.

FIGURA 3.1

Resultados reales del Socialismo del Siglo XXI en lo económico y lo social[27]

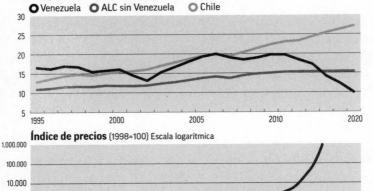

PIB per cápita varios países (Miles de USD de 2014)
○ Venezuela ○ ALC sin Venezuela ○ Chile

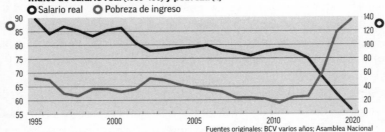

Índice de precios (1998=100) Escala logarítmica

Fuentes: Maddison 2001, 2011; The Conference Board 2018; BCV varios años; Asamblea Nacional 2016, 2017 y 2018

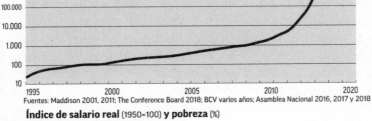

Índice de salario real (1950=100) **y pobreza** (%)
○ Salario real ○ Pobreza de ingreso

Fuentes originales: BCV varios años; Asamblea Nacional

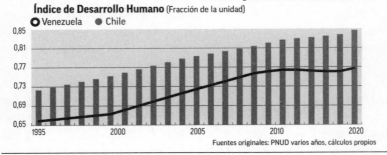

Índice de Desarrollo Humano (Fracción de la unidad)
○ Venezuela ● Chile

Fuentes originales: PNUD varios años, cálculos propios

---

27 Todos los indicadores presentados en los gráficos provienen del trabajo de Corrales (2017). Al pie de cada figura se mencionan las fuentes originales que el autor procesó.

La destrucción de las instituciones y la violación masiva de derechos humanos

En términos políticos e institucionales, lograr la implantación del sistema de dominación al que nos referimos antes, lo que prácticamente ha sido consumado, implicaba la destrucción de las instituciones republicanas, la degradación de las prácticas políticas y la perversión moral de la función pública.

Instalar ese sistema de dominación involucraba igualmente violar normas políticas internacionales y tratados de los cuales Venezuela es parte desde hace muchos años. De hecho, para el año 2018, el Estado venezolano está tan descalificado en el plano internacional que ha sido prácticamente aislado en muchos espacios tanto políticos como económicos.

Las causas más directas del descrédito comentado son las imputaciones que se hacen al Gobierno de Venezuela de transgredir constantemente su propia Constitución, violar sistemáticamente los derechos humanos, apoyar movimientos guerrilleros de otros países y el terrorismo islámico, identificarse con regímenes dictatoriales rechazados por casi todo el mundo como son los de Siria y Corea del Norte o los ya desaparecidos de Gadafi en Libia y Hussein en Irak; sin olvidar la contumacia del Gobierno en contravenir acuerdos internacionales de comercio e inversión, vulnerar los derechos de inversionistas extranjeros y desconocer cuantiosas deudas adquiridas internacionalmente.

En efecto, ya es reconocido por casi todo el mundo que bajo el Gobierno socialista han desaparecido la separación de poderes del Estado, la garantía de las libertades ciudadanas y en suma el Estado de derecho.

Organismos internacionales acusan públicamente al Estado venezolano de haber puesto el Poder Electoral y el Poder Ciudadano al servicio de los intereses políticos de quienes ejercen el Poder Ejecutivo, de emplear la Fuerza Armada Nacional para perseguir y violar los derechos de los ciudadanos que se oponen al régimen y de hacer que el sistema de justicia no actúe ante estas violaciones y, por el contrario, emplee instrumentos judiciales y procesales para perseguir a los enemigos políticos del Gobierno.

FIGURA 3.2

Violencia, supresión de libertades y desaparición del Estado de derecho bajo el Socialismo del Siglo XXI[28]

Índice de homicidios por 100.000 habitantes

○ Chile ◯ Venezuela

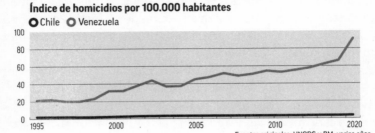

Fuentes originales: UNODC y BM, varios años

Índices de libertad y de independencia judicial (0 a 10)

○ Chile ◯ Venezuela   ○◯ Libertad ⋮⋮ Independencia Judicial

Fuentes originales: Freedom House y Banco Mundial

Control de la corrupción y efectividad gubernamental (Posición en percentiles)

○ Chile ◯ Venezuela   ○◯ Control corrupción ⋮⋮ Efectividad gubernamental

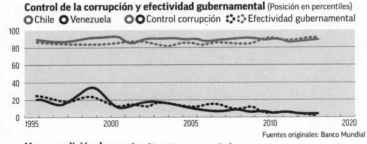

Fuentes originales: Banco Mundial

Voz y rendición de cuentas (Posición en percentiles)

◯ Venezuela ● Chile

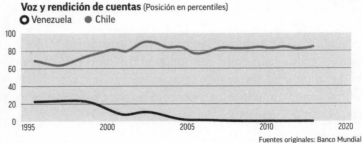

Fuentes originales: Banco Mundial

---

28   Todos los indicadores presentados en los gráficos provienen del trabajo de Corrales (2017). Al pie de cada figura se mencionan las fuentes originales que el autor procesó.

La emergencia humanitaria, el Estado fallido y la confrontación internacional

Sería ocioso abundar con más información que reitera cómo no hay créditos que el socialismo del siglo XXI pueda atribuirse en materia de desarrollo. Sus promesas de redimir a los pobres y de convertir a Venezuela en una "potencia mundial" quedaron finalmente como el eco de discursos populistas.

Por el contrario, a partir de 2014, apenas comenzaron a reducirse los precios internacionales del crudo, aparecieron los primeros signos de lo que más tarde serían el trance económico más grave que ha atravesado Venezuela en su historia y la crisis humanitaria que para el año 2017 había sumido en la pobreza al 87 % de la población y en la pobreza extrema a mas del 60 % (Encovi, 2017).

La imagen internacional de Venezuela comenzó a cambiar en 2014 como resultado de los indicios de corrupción y de asociación con las redes mundiales del narcotráfico y el terrorismo, sospechas que fueron difundidas internacionalmente a partir de entonces. Desde aquel momento, gracias a agencias internacionales especializadas, se hizo del conocimiento público la existencia de cuentas bancarias milmillonarias cuya titularidad se atribuía a dirigentes del Gobierno y sus familiares, así como la inclusión de los nombres de jerarcas civiles y militares en las listas de presuntos traficantes de drogas y aliados del terrorismo.

Las explicaciones que dió el Gobierno revolucionario para justificar la precariedad en la que vivía Venezuela en 2016 y 2017 fueron coherentes con su mensaje de siempre. Una supuesta guerra económica habría acabado con las reservas internacionales del país, mientras la violencia cotidiana y las imputaciones de asociación con delitos internacionales se atribuían a conspiraciones "del Imperio y la derecha apátrida" .

Frente a la pérdida de popularidad que se había expresado en los resultados electorales de diciembre de 2015 –que dieron a la oposición más del 66,6 % de las curules de la Asamblea Nacional–, su respuesta consistió en elevar la represión a los grupos opositores, accionar un golpe de Estado contra la Asamblea Nacional a partir del Tribunal Supremo de Justicia, que desde hace años se había convertido en un apéndice del Ejecutivo, y "elegir" de manera inconstitucional una Asamblea Nacional Constituyente, la cual funciona con supuestos poderes (no legítimos pero ejecutados) para designar y destituir mandatarios, legislar, convocar a elecciones y realizar toda clase de actos reservados al Poder Legislativo legítimo.

Hiperinflación, hambre y enfermedad

La crisis que vive Venezuela es muy seria; se espera que el año 2018 cierre con una inflación anual ubicada por encima del 2.000.000 %. Muchos niños sufren de desnutrición, muchos enfermos crónicos están condenados a morir al no tener acceso a medicamentos, ya es una escena cotidiana que grupos de adultos y niños hurguen en las bolsas de basura de las calles en busca de alimentos y se estima en dos millones el número de venezolanos que han huido del país en los dos últimos años. Mientras tanto, el Gobierno socialista niega la existencia de la crisis humanitaria e impone mecanismos de discriminación política en sus programas de alimentos dirigidos a las familias más pobres.

En 2018 Venezuela vive por segundo año consecutivo una crisis humanitaria grave y el Estado que la ha hecho retroceder en su desarrollo, que ha provocado la elevación de la pobreza hasta niveles nunca antes conocidos y que la ha traído a esta situación, no tiene la voluntad ni la capacidad de producir las soluciones requeridas. Por el contrario, el régimen venezolano que ha reprimido y violado sistemáticamente los derechos humanos de quienes difieren de sus políticas, los viola una vez más en medio de la emergencia, negándoles el auxilio alimentario que solo distribuye a sus adeptos.

¿Se ha convertido el Estado en refugio del crimen organizado?

En fin, cuando escribimos estas líneas Venezuela pasa por una emergencia humanitaria compleja[x] que ha sido provocada por un Estado frágil. Pero además vive una situación de caos institucional en la que el delito común campea, el nuevo ecosistema criminal del que hablamos en páginas anteriores se hace cada vez más notorio y siguen conociéndose indicios que apuntan a altos jerarcas en casos de corrupción y complicidad con delitos internacionales.

Mirando los indicios mencionados a través del prisma metodológico que proponen Ming Xia (2008) y Garzón (2012), es posible distinguir cuatro grandes "cuadrantes" en un Estado que se ha convertido en refugio de organizaciones delictivas[xi], los cuales serían generados por la combinación de dos variables, cada una de las cuales se mueve entre dos extremos. La primera es la conducta de quienes dirigen el Gobierno, que se movería entre un extremo de "Estado ausente" y otro de "Estado agente o cómplice", y la segunda se refiere al hecho de que se coopte o no a ciertos actores sociales y políticos para hacerlos participar de las acciones delictivas. El Estado actuaría como agente o cómplice en los cuadrantes A1 y B1 y estaría ausente en los cuadrantes A2 y B2 de la figura con la que ilustramos la aplicación del método al caso venezolano.

Al aplicar el método a Venezuela encontramos que en el cuadrante A1 podría haberse creado un espacio para enormes negocios ilegales de arbitraje del sistema de cambio diferencial y para grandes contratos públicos que serían otorgados en contrapartida de pingües comisiones, en los que presuntamente operarían altos jefes militares, empresarios e incluso políticos opositores a quienes interesaría cooptar mediante el beneficio que se les otorgaría, para que apoyasen o al menos no atentasen contra el régimen. En el cuadrante B1 no habría necesidad de cooptación a otros actores y lo que se haría es capturar instituciones para manejar desde el Estado operaciones de apoyo al terrorismo, de tráfico internacional de drogas y de lavado de dinero, estas dos últimas mencionadas cuando comentábamos la existencia del nuevo ecosistema criminal en nuestro país.

En los cuadrantes A2 y B2 el Estado venezolano estaría casi ausente, dejando a otros actores operar sin control o bien asumir roles sustitutivos del Estado. En el A2 operarían actores del nuevo ecosistema criminal, pranes de cárceles y colectivos, cooptados para asumir funciones de control del orden en los recintos penitenciarios o en grandes zonas populares de las cuales se retiró la fuerza pública, a cambio de permitírseles operar sin represión en trafico de drogas, secuestros y otros delitos en zonas específicas de las ciudades. En el cuadrante B2 la ausencia del Estado permitiría la operación de las megabandas del nuevo ecosistema y también el funcionamiento de las bandas que roban ganado y realizan secuestros en zonas fronterizas del país, como lo han hecho desde hace muchas décadas, con la única diferencia de que algunas de ellas estarían asociadas a la guerrilla colombiana.

Quedará para la justicia, cuando ella vuelva a reinar en Venezuela, dilucidar si quienes manejaban el Estado en los últimos diecinueve años son o no culpables de haberlo convertido en un Estado fallido y si ha habido o no asociaciones de la cúpula gobernante con los delitos que la sociedad venezolana comenta, pero uno encuentra muchos indicios de ello si observa los diversos "espacios sin ley" que hoy funcionan, casos que se presentan típicamente en un Estado que en su extrema fragilidad se ha convertido –por incidencia u omisión– en refugio del crimen organizado.

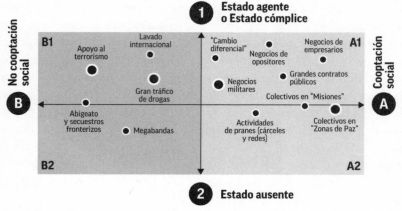

FIGURA 3.3

¿Es Venezuela un Estado Fallido refugio de organizaciones criminales?

Fuente: Elaboración propia con base en el enfoque de Ming Xia (2008) y Garzón (2012)

Venezuela en el ojo del huracán

En un intento por atravesar la crisis hiperinflacionaria y la emergencia humanitaria que vive el país, consolidándose en el poder en lugar de perderlo, el Gobierno socialista se decidió a mediados de 2018 por un conjunto de medidas que muchos compatriotas ingenuamente han criticado diciendo que "no resolverán la crisis económica".

Las medidas económicas puestas en vigor por el Gobierno socialista en agosto de 2018, aunadas a la nueva Constitución que ha preparado la Asamblea Nacional Constituyente y a los 28 acuerdos a los cuales llegó el régimen con China en septiembre del mismo año, no persiguen fundamentalmente resolver la crisis económica o la emergencia humanitaria sino fortalecerse en el poder, lo que el régimen está buscando a través de tres movimientos estratégicos muy bien articulados.

El primer movimiento se ha instrumentado a través de multiplicar por 60 el salario mínimo real, lo que de hecho ha aplanado la estructura de remuneraciones tanto en el sector privado como en el Estado, buscando elevar en alto grado el éxodo de la clase media de profesionales, gerentes, académicos y empresarios, siendo este el grupo social que más puede presionar por una salida interna a la crisis.

El segundo curso de acción que el Gobierno socialista busca seguir consiste en ampliar el terror en la población en general, y en los liderazgos opositores en particular, criminalizando las conductas de oposición antigubernamental a través de esa nueva Constitución que eleva tales "faltas" al paroxismo, calificándolas de traición a la patria.

La tercera maniobra se ha dirigido a neutralizar la presión internacional que venía liderando el Gobierno de los Estados Unidos, involucrando profundamente a grandes potencias, inicialmente China y tal vez más adelante Rusia, dentro del conflicto venezolano. De este modo, los 28 nuevos acuerdos de cooperación entre China y Venezuela, suscritos a mediados de septiembre de 2018, consolidarán los intereses geoeconómicos del gigante asiático en Venezuela, a la vez que generarán un flujo no despreciable de divisas en el corto-mediano plazo, con el cual pueden estirarse de alguna forma los pliegues de la crisis, hasta que el conjunto de las terribles líneas de acción aquí comentadas hayan mejorado la capacidad política del régimen.

---

viii   Para 2006 los resultados de la estrategia de control de la economía ya habían hecho retroceder la reforma comercial internacional que había iniciado Venezuela a mediados de la década de 1990, habían provocado el desplome de la inversión privada y estaban haciendo involucionar todos los indicadores de la capacidad productiva y la competitividad internacional del país.

ix   Según esas investigaciones, existiría en este *ecosistema* una "reserva de mercados", según la cual, por ejemplo, el mayoreo urbano de droga, los secuestros exprés y los asaltos a cajeros de bancos estarían reservados a los "pranes" de cada gran ciudad; buena parte del tráfico minorista de drogas en los barrios más populosos a "colectivos"; los asaltos a camiones de transporte de valores y los secuestros en ciudades intermedias y carreteras a las "megabandas".

x   Una emergencia compleja es una crisis humanitaria grave que suele ser el resultado de una combinación de inestabilidad política, conflictos y violencia, desigualdades sociales y una pobreza subyacente. Fuentes: http://www.fao.org/emergencies/tipos-de-peligros-y-de-emergencias/emergencias-complejas/es/.

xi   La OCDE (2016) considera Estado frágil a uno que no tiene la voluntad o es incapaz de asumir las funciones necesarias en materia de lucha contra la pobreza, promoción del desarrollo, seguridad ciudadana y respeto de los derechos humanos. Estado fallido es uno que en su extrema fragilidad se convierte en refugio del crimen organizado y/o del terrorismo por el caos que reina en él, transformándose por ello en un riesgo para la comunidad internacional. Fuentes: http://www.linguee.com/english-spanish/translation/foreign+policy+magazine.html; https://www.oecd.org/dac/conflict-fragility-resilience/publications/OECD%20States%20of%20Fragility%202016.pdf.

Capítulo 4
¿Cómo salir del vértigo y construir un nuevo futuro?

En los capítulos anteriores ofrecimos una caracterización de procesos económicos, sociales y político-institucionales ocurridos en el desarrollo venezolano a lo largo de casi cien años. Antes de pasar a proponer unas estrategias que nos permitan tomar nuevamente derroteros de progreso y libertad, es importante recrear una imagen condensada de lo sucedido, enfocándonos en los procesos y explicaciones más destacadas y centrándonos en las lecciones de donde se van a derivar aquellas estrategias.

Es hora de cambiar lo que hemos vivido[29]

En la década de 1920 Venezuela se conectó al comercio y a los flujos de capitales de Occidente alrededor de una de las actividades internacionales que mantuvo mayor dinamismo por largos años: la producción y el comercio de materias energéticas. El crecimiento de la economía venezolana fue extraordinario en los 58 años que van de 1920 a 1978, haciendo que su PIB per cápita real se incrementase en 650 %, mientras el salario medio real de los trabajadores se multiplicaba por más de 10 y su clase media pasaba de representar menos de 14 % del total poblacional a constituir más de 62 %.

En los capítulos 2 y 3 comentamos el deterioro que vivió nuestro país en todos sus indicadores de desarrollo a partir de 1978, e hicimos juicios acerca de las causas que gestaron desde entonces la crisis que hoy vivimos. El rentismo populista clientelar que asumió el Estado desde mediados de la década de 1970 hizo entrar la economía en un círculo vicioso del cual no ha salido hasta el presente, ni siquiera en los períodos de auge de los precios internacionales del petróleo. Los crecientes

---

29 "Es hora de cambiar" fue el título dado al manifiesto público con el cual se dio inicio al proyecto de construcción de una Visión Compartida de País, el cual fue suscrito por más de 1.300 personalidades a fines de 2009 y circuló como encarte del diario *El Nacional* en enero de 2010.

"gastos sociales" dirigidos a paliar la inflación y el desempleo, no respaldados por ingresos reales, redujeron en gran medida la capacidad gubernamental para invertir en la creación de capacidades y volvieron crónica la inflación desde hace cuarenta años, mientras que desde la primera década del siglo XXI la estatización de la economía y la inseguridad sobre los derechos de propiedad han inhibido progresivamente la inversión privada.

Desde los últimos veinte años del siglo XX ha caído con fuerza consecutiva y sostenida el nivel de vida de los venezolanos; la exclusión se hizo creciente, la convivencia se degradó paso a paso y se elevó sin parar la violencia. Valga solo recordar que entre la década de 1970 y 2017, el salario real se redujo en un 93 %, la pobreza creció de un 30 % a 87 % de la población y la tasa de homicidios se multiplicó por más de 6. Una de las consecuencias más dramáticas de esta descomposición es la desaparición de la cohesión entre los venezolanos, lo que facilitó el éxito que han tenido las estrategias de dominación que puso en marcha el proyecto del socialismo del siglo XXI.

Otra de las secuelas que está descapitalizando a Venezuela, es el éxodo masivo de jóvenes; los muchachos que emigran mencionan tres razones principales para irse del país: la caída indetenible de las oportunidades de empleos de calidad; la pobreza de la cual les será imposible salir si se quedan; y el miedo de perder su vida, la de su pareja y las de sus pequeños hijos.

En resumen, Venezuela no ha parado en su descenso desde hace cuarenta años, al punto de vivir hoy una emergencia humanitaria compleja reconocida internacionalmente. Para imaginar cómo salir de ese desmoronamiento es importante evaluar cuál es la dimensión del derrumbe, y es necesario que dilucidemos qué clase de problemas han existido en nuestro crecimiento económico a lo largo de esas cuatro décadas. Las estrategias pueden ser muy distintas y los tiempos que anticipemos para la recuperación pueden diferir según las respuestas que demos a esas preguntas.

Debemos entender si nos hemos rezagado en comparación con nuestros pares latinoamericanos y frente a los países desarrollados con quienes quisiéramos converger en nivel de vida, y tenemos que esclarecer si nuestro país está en la situación que vivimos porque nuestro crecimiento ha sido inestable y hemos tenido malos manejos macroeconómicos ante los choques externos, o, si además de eso, también hemos caído en un proceso acumulativo de disminución de capacidades, de erosión de las instituciones y de pérdida de la resiliencia, es decir de merma en nuestra habilidad como sociedad para recuperarnos de las dificultades, para tomar nuevamente una senda de desarrollo.

¿Cómo estamos frente al resto del mundo?

Dado que el mundo es cada día más interdependiente, merece la pena mirar el auge y el agotamiento del desarrollo venezolano en el contexto mundial. En particular, es importante comparar el comportamiento de nuestro país con el de los países desarrollados y con el de otros países en desarrollo de la región latinoamericana.

FIGURA 4.1

Cuatro décadas de caída sostenida frente a los países desarrollados

PIBpc de varios países relativo al conjunto de los miembros de la OCDE (%)
○ OCDE ● Venezuela ○ Chile ⟡ ALC sin Vzla.

Fuentes originales: Baptista (2006); BCV varios años; Maddison (2011), The Conference Board (2018).

Fue tal el dinamismo venezolano entre 1920 y 1978 que, a partir del final de la II Guerra Mundial, su PIB per cápita (PIBpc) a precios constantes se mantuvo por encima del PIB per cápita promedio de los países desarrollados, representado en la media de la OCDE[30]. Pero entre 1978 y 2017, mientras el PIBpc medio de la OCDE creció sostenidamente en términos reales hasta duplicarse, el de Venezuela tuvo un comportamiento errático y un nivel medio decreciente que lo llevó en 2017 a representar tan solo un 58,9 % de lo que había sido en 1978.

Al expresar nuestro PIBpc en porcentaje del valor del PIBpc promedio de la OCDE vemos que la caída venezolana relativa a esos países ha sido sostenida por más de cuarenta años, llegando a alcanzar en

---

30 Creada en 1961, para 1978 la OCDE estaba integrada por 20 países, todos los de Europa Occidental, EEUU, Canadá, Nueva Zelanda, Australia y Japón.

2016 el mismo nivel relativo que ostentaba en 1907, aproximadamente el 31,8 %, y a partir de 2017 a representar fracciones inferiores a las de cualquier año de nuestra historia posterior a 1860. En 2016, por primera vez desde 1923, el PIBpc de Venezuela volvió a ser inferior al del resto de América Latina y el Caribe.

¿Solo hemos manejado mal la macroeconomía?

Un análisis del comportamiento que ha tenido nuestro PIBpc por fuera de los períodos de auge de los precios internacionales del petróleo es importante para dilucidar si el comportamiento de largo plazo que él trae es decreciente y no solamente inestable. El resultado de comparar los períodos 1953-1972 y 1984-2003, los dos decenios que precedieron a cada uno de los períodos de gran auge en los precios, demuestra que durante el primer lapso el PIBpc en dólares constantes de 2014 creció sostenidamente y tuvo una media anual de 17.963 USD, mientras que en el segundo período el PIBpc fue errático, decreciente y tuvo una media anual de 16.045 USD. En fin, pareciera que al aislar los años de *boom* de los precios internacionales del petróleo, la tendencia del PIBpc de Venezuela es a mermar desde hace algo más de 40 años.

Si damos una mirada al comportamiento histórico de la exportación petrolera per cápita y del producto per cápita de varios sectores productivos, también encontramos una sugerencia de nuestra pérdida continua de capacidades. La exportación petrolera expresada en barriles per cápita y los PIB per cápita de la manufactura, el sector de finanzas, inmuebles y servicios a las empresas tuvieron crecimientos notables que se revirtieron hace más de 40 años.

Por último, el comportamiento que ha tenido en ese mismo período el empleo formal de la economía, el cual expresa la capacidad de la misma para sustentar a la población en edad de trabajar, y la traza que ha mostrado el salario medio real del trabajador venezolano, parecieran apoyar la hipótesis de la pérdida continuada de capacidades; los mismos muestran una tendencia declinante desde 1978 hasta hoy.

FIGURA 4.2

¿Cuarenta años de reducción de capacidades?

Exportación petrolera venezolana (Barriles per cápita en el año)

PIB per cápita de varios sectores (Miles de USD de 2014 per cápita en el año)
- Industria manufacturera
- Finanzas, inmuebles y servicios a empresas
- Agricultura, ganadería, caza y pesca

Empleo formal (% de la PEA) **e índice del salario real de los trabajadores** (1950=100)
- Salario real (1950=100)
- Empleo formal % de la PEA

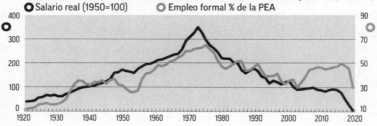

Fuentes originales: BCV, OCEI/INE y PODE del Ministerio de Energía varios años; Valecillos 1993.

¿Qué ha sucedido con la calidad de nuestras instituciones y nuestra resiliencia?

La resiliencia, que es la competencia de una sociedad para recuperar su funcionamiento normal despues de un choque, crece cuando se eleva la calidad de sus instituciones y se reduce cuando las instituciones desmejoran.

El deterioro institucional venezolano puede ser seguido desde la década de 1980 con la pérdida gradual de la libertad económica y de la calidad de los sistemas regulatorios, y es especialmente evidente en todos los órdenes a lo largo de los últimos veinte años. Ello permite confirmar que tenemos al menos tres décadas desmejorando nuestras instituciones y nos lleva a inferir que nuestra resiliencia debe haber descendido notablemente, en paralelo con el menoscabo de nuestras capacidades, punto que ya comentamos en párrafos anteriores. Son va-

---

FIGURA 4.3

La percepción internacional de la calidad de nuestras instituciones

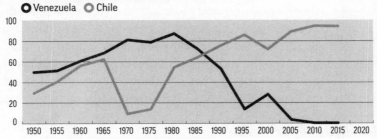

Índice de Libertad Económica (posición en percentiles)
○ Venezuela   ○ Chile

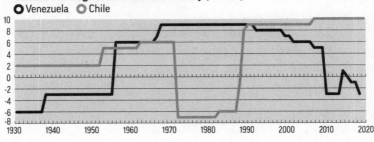

Calidad del Régimen de Gobierno Polity (-10 a +10)
○ Venezuela   ○ Chile

Fuentes originales: Fraser Institute; Polity.

115

riados los indicadores publicados por instituciones internacionalmente reconocidas que sirven para fundamentar lo descrito[31].

Con relación a la institucionalidad económica, el índice de libertad económica coloca a Venezuela en el año 1965 en el percentil 69 de todos los países estudiados, lo baja en 1990 al percentil 53 y lo coloca en 2015 en el percentil 1. En el indicador de dimensión relativa del Estado en la economía, Venezuela pertenecía al 3 % de los países mejor valorados en 1965 y llega a estar en el 24 % peor valorado del mundo en 2015.

En el indicador de calidad del régimen de gobierno de Polity, nuestra caída es notable desde la década de 1990, mientras en el índice de voz y rendición de cuentas Venezuela desciende del percentil 25 en el año 2000 al percentil 2 en el año 2015, es decir que para ese último año está dentro del 2 % de los países peor apreciados del globo. En el índice de independencia judicial pasa de tener 3 puntos sobre 10 en 1995 a 1 punto sobre 10 en el 2014, y en el índice de control de corrupción cae del percentil 35 en el año 2000 al percentil 6 en el 2015.

Tres juicios sobre el origen de nuestra regresión de cuarenta años

Basados en la historia que hemos caracterizado en los capítulos anteriores, y en los comentarios de la sección precedente, formulamos un conjunto de tres explicaciones interrelacionadas para ampliar lo que han sido nuestro deterioro continuado y la pérdida de cohesión social, zanjas a las cuales deberíamos responder con estrategias que reviertan nuestra decadencia y nos lleven a tomar una nueva senda de progreso en paz.

La pérdida de capacidades

La primera explicación es que el deterioro económico de Venezuela y la elevación de la pobreza que hemos experimentado por cuarenta años son el resultado de haber limitado la escala de nuestra economía, lo que tuvo como consecuencia que ella no fuese capaz de elevar los niveles de vida de una población que se multiplicó por 2,6 entre la década de 1970 y la segunda década del siglo XXI[xii]. Esa limitación no se debió

---

31   El índice Polity registra la calidad del régimen de gobierno para más de 100 países desde los años 30 del siglo XX. El Fraser Institute ha venido monitoreando en muchos países, incluido Venezuela, la calidad del sistema regulatorio y la dimensión relativa del Estado en la economía, mientras la Heritage Foundation hace lo mismo con un índice de libertad económica. Desde la década de 1990 el Banco Mundial publica, entre otros, tres indicadores institucionales interesantes para nuestro análisis que son "Voz y rendición de cuentas", "Independencia judicial" y "Control de la corrupción".

solamente a malos manejos macroeconómicos de los choques originados en los precios internacionales del petróleo, sino fundamentalmente
a una caída sostenida de las capacidades que Venezuela dedicó efectivamente a generar progreso y bienestar.

Se trata en primer lugar de que nuestro país viene siendo menos
eficaz en crear las habilidades, competencias y facultades que hacen a
las personas agentes de sus propias vidas y de que solo ha empleado
una fracción restringida de las potencialidades productivas que tiene
nuestra economía; y, en segundo lugar, de que en los últimos veinte
años, en adición a lo anterior, ha habido una destrucción amplia de capacidades en el aparato productivo venezolano.

Es decir, Venezuela ha perdido capacidades como consecuencia de
haber aplicado por al menos cuarenta años una combinación errada de
estrategias, mixtura que en las últimas dos décadas llegó a la enajena-
ción. En primer lugar, ha descuidado la generación de capital humano
y ha desincentivado la inversión productiva privada; en segundo término, ha empleado una estrategia petrolera inapropiada, que maximizaba
la renta por barril y la capacidad del Estado para gastar, pero limitaba
nuestro potencial para crecer y para crear tejidos productivos diversos
entre sectores; y, por último, ha pecado de indisciplina fiscal continuada dando malos manejos macroeconómicos a los choques externos.

Los resultados del seguimiento por períodos que hicimos en la sección anterior del PIBpc total y sectorial, de la exportación petrolera per
cápita y del salario medio real de Venezuela, así como la comparación
que hicimos con el PIBpc de los países desarrollados, sustentan la hipótesis de que las capacidades con las que funciona nuestra economía
tienen al menos cuarenta años decreciendo; los análisis y juicios que
discutimos en los capítulos 2 y 3 también apoyan esa reflexión.

El cambio de la lógica del modelo de desarrollo ocurrido desde la
década de 1970, que discutimos en estas páginas, da cuenta de cómo el
Estado se replegó gradualmente del rol que había tenido hasta entonces en la generación de oportunidades para que todos los venezolanos
elevasen sus capacidades humanas y las empleasen para su propia realización, y cómo fue dejando gradualmente de proteger los derechos de
propiedad y de ofrecer seguridad jurídica a los agentes.

Las reflexiones del capítulo 3 amplían cómo la estrategia de control
estatal de la economía fue un instrumento central en la construcción
del sistema de dominación política del régimen socialista que ha impe-
rado en lo que llevamos del siglo XXI, en la cual la industria petrolera

jugaba un rol fundamental y el funcionamiento de la empresa privada era un obstáculo. La politización de Pdvsa, así como el despido de su plana mayor y de los cuadros gerenciales eran una necesidad en la estrategia y la pérdida de todas sus capacidades era una consecuencia ineludible. Las expropiaciones y los controles sobre los precios y el acceso a divisas para importar fueron el camino para la destrucción de la capacidad de producción privada en Venezuela.

La degradación de las instituciones

La segunda explicación de nuestra decadencia es que, a lo largo de los últimos cuarenta años, el rentismo populista clientelar fue invadiendo todas las esferas de la acción pública y degradando las instituciones hasta que la mano del régimen socialista lo convirtió en uno de los más formidables obstáculos al desarrollo del país.

El seguimiento que acabamos de hacer sobre los indicadores de calidad institucional que publican varias organizaciones internacionales apoyan esta segunda explicación, destacando además la acentuación del deterioro de las instituciones en los últimos veinte años.

En el capítulo 2, como ya acotamos, hicimos el recuento del cambio de lógica que instaló el rentismo populista clientelar en el Estado, dando cuenta de cómo comenzó a perderse el Estado de derecho. Las transformaciones institucionales que trajo el socialismo del siglo XXI, también comentadas, completaron la degradación de la cultura pública y la disipación de la legalidad.

En efecto, en los últimos veinte años desapareció la separación de poderes del Estado, se revirtió la descentralización y se implantaron reformas legales anticonstitucionales para irrespetar las decisiones de la sociedad; el Poder Judicial dejó abiertamente de proveer justicia oportuna, imparcial y eficaz. En ese mismo período el régimen socialista deslegitimó a nuestro país ante el mundo, militarizó el Gobierno, transformó la Fuerza Armada en un instrumento del partido de la revolución e hizo sistemática la violación de los derechos humanos de quienes no comparten su ideología.

La destrucción del tejido social

Finalmente, la tercera hipótesis explicativa es que la confrontación social, la extrema polarización y la violencia política, el auge del delito y la inseguridad ciudadana que vivimos en las dos últimas décadas son factores todos interrelacionados y tienen sus raíces en la destrucción de nuestro tejido social, proceso en el cual han tenido gran influencia el incremento de la pobreza que vivimos desde la década de 1980, la pérdida de actitudes solidarias de la clase media y la degradación de las instituciones que llevó a la merma de su legitimidad ante el ciudadano.

¿Qué estrategias necesitamos para emerger y retomar el desarrollo?

Los juicios que hemos adelantado hasta aquí sobre el desarrollo venezolano de las últimas décadas, y la caracterización que hicimos en este mismo capítulo de sus principales cuellos de botella, ofrecen pistas valiosas sobre las estrategias que deberíamos implementar para construir un futuro de realizaciones en paz y en libertad.

Los compromisos que demandan el desarrollo y la paz que pretendemos lograr

La recuperación de una senda de desarrollo para nuestro país demandará por mucho tiempo bríos y comunidad de propósitos de los liderazgos. El esfuerzo y los acuerdos deberán abarcar muchos ámbitos de la vida porque no solo tenemos que resolver una crisis económica, sino asegurar la realización y el progreso de todos los venezolanos enfrentando el complejo problema que pareciéramos vivir desde hace tiempo, donde destacan facultades minimizadas e instituciones destruidas.

Pero además de crear nuevas capacidades para elevar sustancialmente la escala de nuestra economía y llenar el lugar de las que hemos perdido, construyendo instituciones que sustenten el desarrollo y la expansión de las libertades, deberemos incidir en la cultura ciudadana para arraigar y robustecer valores junto a la tarea de fomentar nuevamente la cohesión social entre nosotros.

Tendremos que remediar el daño que han causado más de cuarenta años de populismo en los valores y creencias de mucha gente, situación que ha trastocado en sus imaginarios las relaciones que existen entre logros, esfuerzo propio y capacidades humanas, creando una dependencia clientelar con el Estado que conduce indefectiblemente a la pérdida de la autonomía de cada ciudadano y a la degradación de la democracia y las libertades de toda la sociedad.

Finalmente, deberemos recuperar la confianza mutua y la disposición a la coexistencia y el diálogo en política, actitudes que han sido socavadas por dos décadas de esfuerzos sostenidos del régimen socialista por desacreditarlas, posicionando en su lugar la confrontación política violenta como el único camino para la "liberación del pueblo".

El futuro nos puede ofrecer una senda de logros y expansión de libertades, pero a cada paso deberemos valorar lo que vayamos alcanzando sin ceder en los esfuerzos, porque el camino que tendremos por delante para reconstruir a Venenzuela no será corto.

Seguramente podremos lograr en un plazo no tan largo el abatimiento de la inflación que hoy vivimos y comenzar nuevamente a crecer. Todo eso, y el inicio de las reformas institucionales necesarias, lo podremos comenzar a partir del momento en que la sociedad venezolana logre de nuevo ejercer el poder que le ha sido secuestrado y pueda de nuevo tomar decisiones en favor de su progreso.

Pero llevará más tiempo superar los enormes retrocesos materiales que hemos acumulado en los últimos cuarenta años y construir un imaginario donde la autonomía, la libertad y la observancia de las normas sean valores fundamentales, una cultura ciudadana capaz de dar soporte y aliento al esfuerzo productivo y a la superación del rentismo populista clientelar.

Las líneas fundamentales y las prioridades inmediatas de tres estrategias

Todo lo antes dicho puede ser puesto en una perspectiva de propuesta para la acción, resumiéndolo en las tres estrategias que desarrollaremos en la segunda parte de este libro.

La primera es cambiar de manera radical las prioridades en las que hemos invertido nuestras voluntades y recursos por cuarenta años, promoviendo masivamente la creación de aptitudes y competencias humanas en cada venezolano y aprovechando en mayor medida nuestros potenciales para elevar considerablemente la escala del aparato productivo, todo ello para que la economía pueda ser soporte material de toda la sociedad, en niveles de bienestar permanentemente crecientes.

La segunda consiste en construir una nueva institucionalidad que esté al servicio del ciudadano y no al revés, que priorice las iniciativas de las personas y que permita revertir la crisis y tomar una senda de desarrollo que asegure a todos los venezolanos paz, libertad y oportunidades efectivas de realización sin retrocesos.

Finalmente, la tercera radica en un esfuerzo sostenido de reconciliación, justicia y solidaridad, acciones que nos permitirán reconstruir nuestro deshecho tejido social.

Estando nuestro país en la situación tan precaria que hoy vive, es indispensable que desde el inicio de la transición a la democracia la aplicación de las estrategias responda a prioridades claras. Para inspirarlas sería importante convocar a toda la sociedad a una acción solidaria dirigida a tres "victorias tempranas": salvar las vidas de muchos venezolanos que están en peligro debido a la emergencia humanitaria; abatir la inflación y echar las bases para reiniciar el crecimiento; e iniciar de inmediato la reconstrucción del tejido social, con un programa tan masivo como se pueda, focalizado en mejorar con prontitud la calidad de vida de los hogares populares.

Es justo, y además políticamente necesario, que las familias populares vivan desde el corto plazo un progreso material que sea real y que perciban que mejoran sus servicios, su seguridad y su salud, que se están generando oportunidades para ellos en la regeneración de su propio hábitat y que a sus hijos se les está abriendo efectivamente el acceso a una educación de calidad que les permitirá progresar.

---

xii   Si comparamos los 40 años que van entre 1933 y 1973, con los que transcurren entre 1973 y 2013, encontramos que en el primer período la población se multiplicó por 3,5 mientras el PIB total se multiplicaba por 12,5 en términos reales, generando un incremento del PIB per cápita del 260%. En el segundo período el PIB per cápita se estanca porque la escala de la población y la de la economía crecen en las mismas proporciones. En una sociedad en la cual el PIB per cápita crece en alto grado y las capacidades humanas de todos están mejorando enormemente, como sucedió entre 1933 y 1973, la pobreza disminuye; si en cambio las capacidades humanas están estancadas o decreciendo, el hecho de que la media del PIBpc se mantenga casi invariable enmascara una variación regresiva de los ingresos, cuyo crecimiento se concentra en los grupos sociales con mayores capacidades humanas.

121

Parte II
La visión compartida: objetivos y estrategias para nuestro desarrollo futuro

En la larga travesía a las profundidades del subdesarrollo que venimos recorriendo desde la década de 1980, hemos visto conformarse tres núcleos de problemas que expresan dramáticamente cómo extraviamos una senda de progreso material y ascenso social, de libertades y de democracia. Se trata en primer lugar del estancamiento en la creación de capacidades humanas de las personas, la insuficiente e inadecuada utilización de nuestros potenciales productivos y la destrucción de las capacidades económicas de la sociedad; en segundo término, un grave deterioro de las instituciones; y, por último, del desgarramiento del tejido social venezolano.

La pobreza se ha elevado al 87 % de la población, nivel nunca antes imaginado, y los pobres viven una espinosa precariedad en todos los órdenes; los venezolanos atravesamos una inseguridad creciente y un fenómeno de seria confrontación social y extrema polarización política; y la calidad de la educación y la atención de salud a la que tenían acceso las mayorías han desmejorado marcadamente.

La economía productiva está de espaldas a los procesos innovadores que se dan en el resto del mundo, ha sido diezmada con campañas estatizadoras y ya casi no genera oportunidades de *trabajo decente*, siendo de nivel precario más de las dos terceras partes del empleo que ofrece. Se han degradado las instituciones, generando una dramática pérdida de confianza de la gente en ellas y en los liderazgos.

Es hora de cambiar, hace tiempo es hora de hacerlo, y un requisito fundamental de ese cambio es conducirlo hacia los objetivos y con las estrategias que nos hemos ocupado en ampliar en esta parte del libro. Los planteamientos que hacemos sobre los objetivos y las estrategias están siempre estructurados desde una perspectiva de desarrollo, conjugando propuestas de políticas de diversas índoles para alcanzar los logros sociales, económicos, políticos e institucionales necesarios.

En consideración de que nuestros lectores no están necesariamente familiarizados con los enfoques especializados del desarrollo, en nuestras propuestas limitamos los tecnicismos y las elaboraciones teóricas. En el capítulo 5, que inicia esta parte del libro, hacemos una síntesis de las estrategias que proponemos, allí exponemos de manera simplificada los objetivos específicos a los que apunta cada una de ellas y las principales políticas que la integran. Los capítulos que van del 6 al 14 desarrollan las propuestas con explicaciones más elaboradas, restringiendo hasta donde nos es posible los tratamientos especializados.

Los objetivos de desarrollo que planteamos son rasgos fundamentales que describen la sociedad en la que la mayoría de los venezolanos decimos querer vivir. Se trata de los siete consensos de La Venezuela que Queremos Todos, los cuales fueron logrados en un proceso de gran participación que se dio en todo el país, como fue escrito en el prefacio del libro. Vistos integradamente, puede decirse que los objetivos plasmados en los siete consensos constituyen una Visión Compartida de País.

La mayor parte de los talleres y diálogos de los cuales surgieron los siete consensos tuvo lugar en un programa muy intenso y sistemático que fue llevado a cabo por varias ONG entre finales de 2009 y mediados de 2012, pero los talleres de Visión Compartida de País se siguieron realizando de manera ocasional hasta 2017, arrojando resultados que casi siempre reproducían los mismos consensos con variantes no significativas. Si bien en los talleres de años más recientes surgieron con fuerza superior temas relativos a la escasez de alimentos y medicinas, así como asuntos relacionados con la represión política, estos no sustituían las ideas englobadas en los siete consensos sino que las fortalecían, en particular aquellas relativas a asegurar el progreso de todos, a superar la pobreza y a poner el Estado al servicio del ciudadano.

Cada una de las tres estrategias, por su parte, es un conjunto de lineamientos para la acción pública que proponemos los autores para alcanzar los objetivos de desarrollo, a base de integrar reformas y políticas de carácter económico, social, cultural, político e institucional. Muchas de las ideas incorporadas en las estrategias fueron objeto de discusiones incentivadas y coordinadas por los autores de este libro en consultas, seminarios y simposios de expertos llevados a cabo por la iniciativa La Venezuela que Queremos Todos; otras se inspiran en propuestas que han hecho especialistas en reuniones posteriores o en publicaciones especializadas, de las cuales hemos tomado ideas que incorporamos en nuestras propuestas, sujetas a la orientación mayor de las tres estrategias principales.

Los seminarios de expertos y simposios, en los cuales se discutieron ideas sobre políticas públicas y reformas, se realizaron entre mediados de 2012 y fines de 2016, y en 2017 se realizaron consultas patrocinadas por la Asamblea Nacional sobre las propuestas ya acabadas de estas estrategias.

La concepción de las estrategias que proponemos implicó un diseño en tres pasos. El primero de ellos fue definir a grandes rasgos varias líneas de acción que fuesen capaces de llevar a Venezuela a alcanzar los objetivos de desarrollo representados en los siete consensos e idear relaciones de complementariedad y mutuo apoyo entre ellas. El segundo paso fue analizar las ideas sobre políticas y reformas que habían sido consideradas por los expertos, como dijimos antes, y decidir cuáles serían incorporadas como parte de las estrategias, tomando en cuenta su relevancia para el logro de los objetivos y su pertinencia frente a las lecciones aprendidas de nuestro desarrollo, las que expusimos en los primeros cuatro capítulos del libro. El tercer paso fue integrar esas últimas ideas de forma coherente y sinérgica en cada una de las estrategias.

En fin, diversas ideas de expertos y especialistas se ven hoy reflejadas en las tres estrategias, lo cual reconocemos de manera explícita en las partes correspondientes del texto; no obstante nos corresponde asumir aquí de manera exclusiva la responsabilidad integral por las propuestas que hacemos.

Capítulo 5
Los objetivos y estrategias
de la Visión Compartida de País

El conjunto de las estrategias que proponemos a partir del presente capítulo persigue echar las bases de *un nuevo estilo de desarrollo* para nuestro país, que contribuya a hacer realidad los objetivos que han sido expresados en los siete consensos de La Venezuela que Queremos Todos.

Esos objetivos provienen de un mandato de la sociedad, de las voces de más de 60.000 venezolanos, que se expresaron en 309 talleres de líderes y más de 1.700 diálogos de comunidades en los que chavistas, opositores y "no alineados" llegaron a acuerdos acerca de la Venezuela futura en la que todos quieren vivir.

Los siete consensos de
La Venezuela que Queremos Todos

De las conclusiones del conjunto de eventos en los que se llevó a cabo la construcción de acuerdos, fueron identificadas siete grandes aspiraciones comunes sobre la Venezuela futura, sobre atributos del país del mañana que los venezolanos anhelamos.

- **Consenso I: Paz, no violencia y reconciliación con justicia**. Reconciliarnos y comprometer los esfuerzos de los ciudadanos, las comunidades y el Estado en la construcción de una Venezuela de libertades y justicia que nos una en la diversidad; no violenta, segura y que viva en paz.
- **Consenso II: Un pacto para el progreso de todos y la superación de la pobreza.** Un país con predominio amplio de familias de clase media en el cual la exclusión social tienda a desaparecer; promover y activar un pacto que nos comprometa a todos en acciones efectivas para erradicar la pobreza y para superar la exclusión social asegurando oportunidades concretas de bienestar y progreso para todos los venezolanos.
- **Consenso III: Construir una nueva economía de alta productividad.** Invertir, diversificar e innovar de forma sostenida para cons-

truir una economía productiva apoyada fundamentalmente en la iniciativa y el conocimiento de los ciudadanos; que crezca de forma estable con mínima inflación, que se conecte favorablemente con el mundo y que cree muchas oportunidades de emprendimiento y de empleo decente para el desarrollo con equidad.

- **Consenso IV: Instituciones para la democracia y la autonomía ciudadana.** Colocar el Estado al servicio del ciudadano y no al revés; extinguir el clientelismo y recuperar la ética en la gestión pública; y profundizar la democracia participativa y el protagonismo regional y local.

- **Consenso V: Un hábitat de calidad para todos, en armonía con el ambiente.** Mejorar la calidad del hábitat en que vivimos todos los venezolanos, tanto el construido como el natural, y proteger los ecosistemas haciéndolos sostenibles para el beneficio de las generaciones presentes y futuras. Reorientar el desarrollo de los centros urbanos para hacerlos generadores de calidad de vida y oportunidades de convivencia pacífica, equidad y reconciliación social; convertir sus economías hacia procesos ahorradores de energía y de insumos de la naturaleza y hacerlos gobernables promoviendo una conducta ciudadana basada en valores de solidaridad y participación responsable.

- **Consenso VI: Conocimiento y educación relevantes, de calidad y accesibles a todos.** Elevar la calidad de la educación, hacerla efectivamente accesible a todos los venezolanos a lo largo de sus situaciones de vida, y fomentar la producción de conocimientos relevantes para su realización y el desarrollo del país. Reorientar el proceso educativo e impulsar la innovación y la creación científica, tecnológica y artística para que contribuyan a la construcción de valores y capacidades para el emprendimiento, la creatividad y la realización del individuo, para la convivencia en paz, la democracia y la ciudadanía, y para la preservación del ambiente y la naturaleza.

- **Consenso VII: Superar el rentismo, que se opone al desarrollo y la libertad.** Superar las trampas económicas, políticas y culturales del rentismo, que obstaculizan nuestro desarrollo, implementando estrategias culturales-educativas y una profunda reforma institucional que favorezcan la economía productiva, destierren la manipulación clientelar y fomenten una cultura que valore los logros basados en el esfuerzo y la responsabilidad.

Rasgos fundamentales del nuevo estilo de desarrollo

El nuevo estilo de desarrollo debe estar caracterizado por la expansión de las oportunidades de realización de todos los venezolanos, para lo cual hace falta dinamizar la creación de capacidades humanas, elevar significativamente la escala de nuestra economía y hacer que su crecimiento se dé con ritmo sostenido, con muy baja inflación y en armonía con la naturaleza. Adicionalmente, el nuevo estilo demanda unas instituciones confiables y transparentes que den soporte a lo anterior y protejan la libertad, los derechos y las iniciativas de los ciudadanos. Por último, lograr todo lo planteado y mantenerlo en el tiempo requiere que se asegure la paz y la cooperación entre los venezolanos e implica que logremos erradicar progresivamente la pobreza y la exclusión.

Los años en que Venezuela estará intentando desplegar su nuevo estilo de desarrollo estarán signados internacionalmente por dos tendencias de cuyo influjo no podremos excluirnos, las cuales debemos tener presentes al definir y poner en marcha nuestras estrategias. Se trata de la Cuarta Revolución Industrial que ya se vive en el mundo, cuya perspectiva es de largo aliento y ya nos está afectando aunque no lo advirtamos, junto a las tensiones políticas globales que están tomando cuerpo como consecuencia de confrontaciones de bloques de países, el terrorismo internacional y el desarrollo de delitos globales como el tráfico de drogas, entre otros.

Por otra parte, mientras mayor sea el rezago que acumulemos frente a las exigencias de educación y conocimiento que plantea la Cuarta Revolución Industrial, y mientras más tiempo nos tardemos en comenzar a reconstruir nuestro tejido social y en recuperar la solidez de las instituciones, mayores serán los desajustes sociales y más alto será el riesgo de que los juegos políticos y los delitos globales usen nuestro país como tablero, se instalen entre nosotros y desde aquí busquen irradiar al resto de América Latina.

Esos desajustes y riesgos nos anclarán en la pobreza que venimos arrastrando a lo largo de cuarenta años si no comenzamos muy pronto a mejorar de fondo nuestra educación, a generar suficientes empleos decentes y a ofrecer a nuestros trabajadores una verdadera seguridad social.

Hay lecciones que debemos aprender de la historia mundial del desarrollo de los últimos doscientos años, donde en algunos casos han progresado sin parangón los procesos de la educación, los sistemas científicos y los modelos económicos, y en donde las sociedades han mejorado sus estructuras de gobernanza para hacer de sus ciudadanos entes partícipes en las grandes decisiones que marcan su progreso como naciones. Se trata de las decisiones que definen los objetivos y estilos de desarrollo de las naciones y conducen a grandes transformaciones en las esferas de lo público; es decir, a cambios en los procesos económicos, sociales y políticos a través de los cuales una sociedad define y alcanza los objetivos de su Visión Compartida de País.

Las trayectorias de progreso de las sociedades han sido exitosas y sostenidas a lo largo del tiempo en la medida en que se ha renovado la legitimidad de la visión compartida y de los liderazgos que la han promovido, con lo cual se mantiene una expansión permanente de sus capacidades, tanto las humanas de cada persona como las económicas y políticas de las sociedades en su conjunto. Las capacidades humanas dan soporte a la realización de cada quien; las capacidades de las economías permiten al conjunto de la sociedad prosperar materialmente; y las capacidades de las comunidades políticas soportan y guían el progreso de las instituciones.

Lo contrario ha sucedido a sociedades que habían sido exitosas cuando permitieron que sus capacidades dejasen de progresar, cuando dejaron de renovar su Visión Compartida de País o cuando los sistemas de gobernanza y sus líderes abandonaron las líneas de acción que conducían a los objetivos de aquella visión. Ese fue el caso venezolano en los últimos veinte años de la democracia.

En fin, queremos hacer patente que Venezuela requerirá mucho más que un cambio de régimen político para tomar de nuevo una senda de desarrollo. Para resolver nuestra crisis interna y desplegar el nuevo estilo del que venimos hablando, necesitamos estrategias que integren y conjuguen con perspectiva de desarrollo, reformas y nuevas políticas en los ámbitos económicos, sociales, político-institucionales y ambientales, las cuales tomen en cuenta las grandes influencias provenientes del sistema global en el que estamos insertos.

Lo primera condición que debemos asegurar como sociedad, para poner en marcha y mantener en el tiempo un conjunto de procesos como el comentado, es compartir los objetivos de una nueva visión de país y conservar nuestro apoyo a las acciones que nos lleven a lograrlos.

En segundo término es necesario que los liderazgos del Estado y de la sociedad civil se comprometan a enmarcar sus iniciativas futuras de desarrollo en un número reducido de estrategias fundamentales que nos dirijan hacia el logro de los objetivos que han sido establecidos en los siete consensos, las cuales evidentemente deben modificar el rumbo de los procesos políticos, institucionales, económicos y sociales que explican nuestra degradación durante los últimos cuarenta años.

Y por último, si bien la ejecución de las reformas institucionales, las políticas y los grandes programas debe corresponder a normas y organizaciones sectoriales, la sociedad civil debe hacer un seguimiento de dicha ejecución que sea independiente de aquellas organizaciones. El propósito de tal seguimiento es que la sociedad esté siempre informada de los logros que van siendo alcanzados y que pueda reaccionar a tiempo, decidiendo los correctivos oportunos si fuese necesario.

En función de lo antes dicho, nuestra propuesta se despliega en las tres estrategias que varias veces hemos mencionado: generación de capacidades, reforma institucional y reconstrucción del tejido social. La implementación de estos tres ejes de acción pondrá en movimiento los procesos que conducirán hacia los objetivos de desarrollo.

No obstante, es bueno aclarar que nuestras propuestas de estrategias no son un conjunto universal o exhaustivo de políticas públicas, sino una combinación bastante menor pero dinámica que integra las que consideramos fundamentales para poner de nuevo en movimiento nuestro desarrollo.

Destacamos como parte fundamental de esta propuesta un pacto de obligatorio cumplimiento, cuya agenda reúne aquellas reformas y políticas de las tres estrategias que tienen el mayor efecto en la realización de los venezolanos y en la superación de la exclusión social. Se trata del *Pacto para el progreso de todos y la superación de la pobreza* (el *Pacto*), cuyos compromisos fundamentales deberán mantenerse por un lapso no menor de 20 años, obligando al Estado y a la sociedad civil –a través de los partidos políticos–, a las organizaciones empresariales y laborales y a otros liderazgos a cumplir con ese acuerdo.

La ejecución del *Pacto* deberá tener un seguimiento real e independiente por la sociedad civil para que no se limite a una declaración retórica, y sus metas y políticas deberán ser actualizadas al inicio de cada período de Gobierno para mantener su vigencia y legitimidad.

En términos simplificados, cada una de las tres estrategias que proponemos se despliega en reformas y políticas públicas que se orientan a lograr fines específicos, los cuales a su vez confluyen en los objetivos de desarrollo que fueron señalados en los siete consensos de La Venezuela que Queremos Todos.

Las tres estrategias que proponemos responden a esos objetivos basándose en el marco conceptual de desarrollo y libertad que fue expuesto resumidamente en el prefacio de este libro; tomando en cuenta las lecciones aprendidas en las últimas décadas del desarrollo venezolano y considerando las tendencias globales que hemos comentado.

Reparando en los contenidos de los capítulos que siguen, el lector descubrirá que las tres estrategias contienen políticas y reformas económicas, sociales e institucionales y que ciertos componentes de algunas políticas están presentes en más de una de las estrategias; es decir, que las estrategias propuestas no constituyen conjuntos de políticas o programas de un sector determinado que estén aislados de los demás (ver figura 5.1).

El criterio fundamental que nos sirvió de guía para definir cada estrategia fue la focalización de sus políticas y programas en dos centros de acción: la superación de los cuellos de botella que fueron identificados en la primera parte del libro y el logro de los objetivos de desarrollo que son señalados por los siete consensos. Se trata de una ruptura con la aproximación que ha sido tradicional en Venezuela para la concepción, la ejecución y el seguimiento de las políticas públicas, que responde a una perspectiva disciplinar o sectorial (políticas económicas, políticas sociales, políticas de infraestructura, etc.), a través de la cual se corre el riesgo de perder la conexión política que debe existir entre tales políticas y programas con los objetivos de desarrollo de la Visión Compartida de País, que son un mandato ineludible de la sociedad.

La Estrategia de Creación de Capacidades

La primera estrategia que proponemos se concentra en la creación de capacidades. Ella ambiciona elevar la escala y provocar un cambio de lógica en nuestra economía, a la vez que maximizar la acumulación de capital humano en nuestra gente. La creación permanente de capacidades está llamada a convertirse en la lógica fundamental del progreso material de Venezuela en el futuro, desapareciendo los vicios del rentismo populista-clientelar.

Tres clases de recursos o formas de capital son las fuentes principales que pueden emplear las personas para construir sus capacidades y por lo tanto convertirse en agentes de sus propias vidas y no caer en situación de pobreza. En primer lugar tenemos el capital humano, acumulable a través de la atención integral de salud y del aprendizaje que se da en la educación de calidad, en la interacción social y en la

FIGURA 5.1

Los objetivos de desarrollo, las estrategias y sus planes específicos

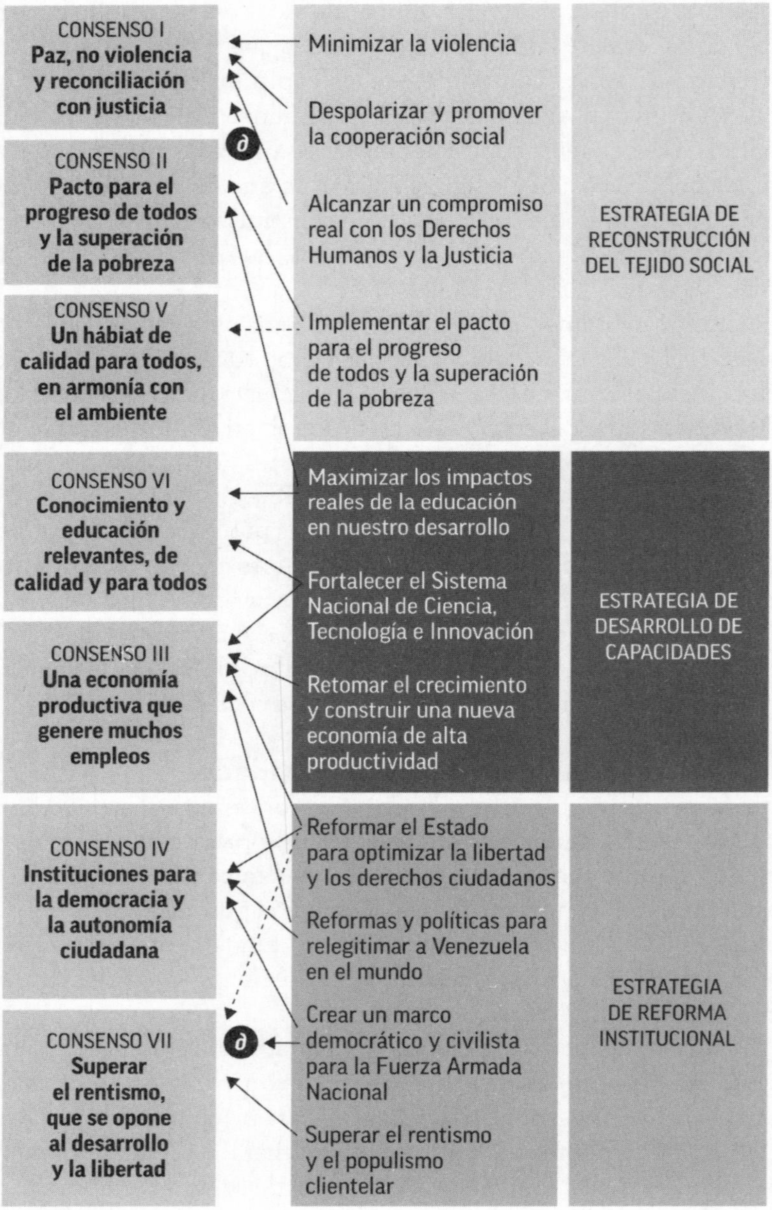

CONSENSO I **Paz, no violencia y reconciliación con justicia**	Minimizar la violencia Despolarizar y promover la cooperación social	ESTRATEGIA DE RECONSTRUCCIÓN DEL TEJIDO SOCIAL
CONSENSO II **Pacto para el progreso de todos y la superación de la pobreza**	Alcanzar un compromiso real con los Derechos Humanos y la Justicia	
CONSENSO V **Un hábiat de calidad para todos, en armonía con el ambiente**	Implementar el pacto para el progreso de todos y la superación de la pobreza	
CONSENSO VI **Conocimiento y educación relevantes, de calidad y para todos**	Maximizar los impactos reales de la educación en nuestro desarrollo Fortalecer el Sistema Nacional de Ciencia, Tecnología e Innovación	ESTRATEGIA DE DESARROLLO DE CAPACIDADES
CONSENSO III **Una economía productiva que genere muchos empleos**	Retomar el crecimiento y construir una nueva economía de alta productividad	
CONSENSO IV **Instituciones para la democracia y la autonomía ciudadana**	Reformar el Estado para optimizar la libertad y los derechos ciudadanos Reformas y políticas para relegitimar a Venezuela en el mundo	ESTRATEGIA DE REFORMA INSTITUCIONAL
CONSENSO VII **Superar el rentismo, que se opone al desarrollo y la libertad**	Crear un marco democrático y civilista para la Fuerza Armada Nacional Superar el rentismo y el populismo clientelar	

actividad productiva de la gente; también está el capital económico, el cual se reproduce en el crecimiento de la economía y debería hacerse accesible a todos los miembros de la sociedad vía el funcionamiento de mercados que estén libres de barreras de acceso; y finalmente el capital social-relacional, al cual las personas pueden acceder a través de la cooperación y la solidaridad con los demás miembros de la sociedad.

Si todos los miembros de una sociedad pueden desarrollar sus propias capacidades, es decir si ningún grupo social es excluido de las oportunidades para desarrollarlas, y si funcionan las instituciones y los marcos regulatorios debidos, las capacidades humanas se conjugan forjando una capacidad creciente del conjunto de la economía para generar más recursos de capital humano, capital económico y capital social-relacional en la sociedad. Es decir, si prácticamente no existe la pobreza porque todos los miembros de la sociedad tienen acceso a los medios que les permiten construir sus capacidades y si funcionan las instituciones y las reglas apropiadas, las capacidades de la economía se convierten en motor para amplificar las capacidades humanas de los miembros de la sociedad y viceversa.

En los capítulos 6, 7 y 8 del libro se despliega la Estrategia de Creación de Capacidades que proponemos, la cual planteamos dirigir a cuatro fines específicos.

Los dos primeros de esos fines se refieren a la acumulación de capital humano: crear un sistema eficaz que proporcione seguridad social y atención de salud de calidad para todos los venezolanos y maximizar los impactos de la educación en el desarrollo, haciendo que la misma, en todos sus niveles, promueva efectivamente valores y genere altas competencias y habilidades humanas en cada uno de los miembros de la sociedad. Las políticas y reformas que proponemos en el capítulo 6 atienden al primero de estos fines, la seguridad social y la atención de salud, y contribuyen al segundo, cubriendo políticas y reformas para los subsistemas de educación inicial, primaria y secundaria.

Las propuestas que hacemos en el capítulo 7 constan de reformas y políticas dirigidas a fortalecer al sistema de educación superior, completando así lo referido al segundo fin específico; y políticas y reformas dirigidas al tercero de los fines específicos, que consiste en fortalecer los sistemas de ciencia, tecnología e innovación.

El cuarto fin específico de la Estrategia de Creación de Capacidades es elevar de manera significativa la escala de nuestra economía productiva, ampliándola a un nivel tal que nuestro producto per cápita comience muy pronto a converger con el de los países desarrollados, situación que no se produce desde hace más de cuarenta años. Consolidar logros en esa dirección obliga a superar el excesivo protagonismo del Estado que hemos vivido en ese período y que ahoga las iniciativas privadas, exige desaparecer las conductas clientelares y de persecución de rentas en las que han participado en el pasado los actores políticos y una buena parte de los actores económicos, posturas viciosas que anulan los incentivos al emprendimiento legítimo y a la innovación.

Nuestras propuestas en el capítulo 8 persiguen ese fin a través de reformas y políticas destinadas a tres propósitos principales.

En primer lugar, ellas buscan generar externalidades positivas para la innovación y la inversión privada nacional e internacional, es decir que buscan crear un entorno económico e institucional provechoso que las haga atractivas e incentive la conexión orgánica de la economía productiva con los sistemas de ciencia, tecnología e innovación.

El segundo propósito es promover la diversificación y la complejización del aparato productivo a través de muchas conexiones de insumo-producto entre empresas, es decir a través de la promoción de múltiples cadenas y clústeres que tengan un peso relativo creciente de actividades manufactureras y de servicios[32]. Lograr este objetivo implica lo que hemos dicho reiteradamente acerca de incrementar la escala de la economía productiva, en lo cual tiene un rol muy importante una nueva estrategia petrolera que comprende la elevación de exportaciones petroleras y el aseguramiento de mercados internacionales estables para ellas.

Finalmente, el tercer objetivo general de las propuestas del capítulo 8 es propiciar que todas las actividades productivas converjan hacia una lógica de economía circular que controle los impactos negativos sobre los ecosistemas y minimice los consumos de agua, energía e insumos de la naturaleza por unidad de producto.

---

32 Los conceptos de externalidad positiva, cadena productiva y clúster son extensamente empleados en las secciones del libro dedicadas a la economía productiva y a la reforma regulatoria de la economía. En ese contexto, un agente o un sector disfruta de una externalidad positiva cuando experimenta un beneficio que se origina en acciones ejecutadas por otros entes; una cadena productiva es un sistema constituido por una sucesión de operaciones de producción, transformación y comercialización de un producto o grupo de productos, y un clúster es una concentración de empresas e instituciones que se agrupan alrededor de una actividad común y en una determinada localidad con propósitos de elevación de la eficiencia productiva y la competitividad.

La Estrategia de Reforma Institucional

A través de la segunda estrategia, cuyas propuestas presentamos en los capítulos 9, 10, 11 y 12, se persigue construir una nueva institucionalidad que les dé soporte a los objetivos de desarrollo, a la Estrategia de Creación de Capacidades antes esbozada y a la de reconstrucción del tejido social que resumiremos en los próximos párrafos. Se trata de crear una institucionalidad que coloque al Estado al servicio del ciudadano y no al revés, es decir, que priorice y respete las iniciativas de las personas y sus organizaciones y que sitúe las iniciativas estatales en una función subsidiaria, en apoyo y al servicio de aquellas.

La Estrategia de Reforma Institucional se refiere a los cambios que son necesarios para volver al Estado de derecho, lo que hará institucionalmente factible que Venezuela tome una nueva senda de desarrollo y pueda sostenerla en el tiempo, para ampliar la libertad y las oportunidades efectivas de realización de todos, lo que impedirá que en el futuro volvamos a poner en peligro la democracia por no haber atendido el punto crucial de la equidad. Ella comprende, por una parte, un conjunto de reformas en las normas que soportan los derechos ciudadanos y gobiernan la política, que enmarcan la administración de justicia y que regulan la economía; y, por la otra, una serie de cambios de orientación que el Estado debe imprimir a sus políticas para conducir sin retrocesos la reconstrucción, empezando por la transición hacia la democracia.

Generar condiciones institucionales como las descritas implica, desde una perspectiva política, que el Estado sea garante de las decisiones de la sociedad y de la libertad y los derechos humanos de cada uno de sus miembros. Debe respetar y hacer respetar la voluntad expresada por los ciudadanos empezando por la Constitución, asegurar que todos puedan ejercer plenamente sus derechos civiles y políticos, proteger su seguridad, proveer una justicia oportuna, imparcial y eficaz y garantizarles que puedan emprender libremente las actividades de su preferencia.

Desde un enfoque social, crear condiciones como las comentadas implica que el Estado favorezca el acceso de todos los ciudadanos a oportunidades que les permitan elevar sus capacidades humanas y emplearlas para su propia realización, que se comprometa en políticas que garanticen a toda la población un acceso equitativo a la educación de calidad, a la salud, a la seguridad social y a los servicios públicos asociados al hábitat.

En términos económicos, forjar estas condiciones implica que el Estado se comprometa a garantizar el funcionamiento de mercados competitivos, a proteger los derechos de propiedad y ofrecer seguridad jurídica a los agentes, a crear bienes públicos, implementar políticas macroeconómicas para el crecimiento con estabilidad y asegurar que el crecimiento suceda en armonía con el ambiente.

Nuestras propuestas dentro de esta estrategia tienen cinco fines específicos, cuyas reformas y cambios son desarrollados en los capítulos 9, 10, 11 y 12.

El capítulo 9 lo dedicamos a los dos primeros de esos fines, la superación del rentismo populista clientelar y la reforma política y de administración del Estado. A lo largo de los últimos cuarenta años de nuestra historia, el rentismo populista clientelar fue invadiendo todas las esferas de la acción pública hasta convertirse en una pauta de vida de gran parte de nuestra sociedad, para convertirse en uno de los más formidables obstáculos al desarrollo de Venezuela y en causa primordial del deterioro de nuestra democracia, claro antecedente político del proyecto totalitario que nos intentan imponer en los últimos años.

Todas las propuestas que hacemos en este capítulo, incluyendo la reforma del sistema de gobierno, están dirigidas a hacer transparente la administración, retomar y profundizar la descentralización y reinstitucionalizar la justicia, contribuir a la superación de los vicios populistas y clientelares, para en concecuencia propiciar la autonomía de los ciudadanos frente a sus manipulaciones y la creación de obstáculos legales para esa clase de conductas.

El capítulo 10 discute las reformas y políticas que proponemos para alcanzar el tercer fin específico, que es dar apoyo institucional al nuevo estilo de desarrollo, enfocándonos en aquellos ámbitos en los cuales las normas y políticas tradicionales del Estado contradicen a este o son insuficientes.

Estas líneas de acción comprenden redefinir el rol del Estado en las iniciativas de desarrollo para dar soporte eficaz a las estrategias de creación de capacidades y de reconstrucción del tejido social que hemos propuesto, y reconducir su rol en la economía para concentrar su participación principalmente en la promoción de mercados competitivos sin barreras de acceso, en la creación de externalidades, en proveer oportunidades para la creación de capacidades y en proteger los derechos económicos y sociales.

El cuarto fin específico de la Estrategia de Reforma Institucional es apoyar la relegitimación de Venezuela en el mundo, asociándola nuevamente con las causas internacionales de la paz y los derechos humanos y conectándola positivamente con la economía y el conocimiento global del cual se ha venido aislando. En el capítulo 11 ofreceremos propuestas sobre reformas y políticas de Estado dirigidas a estos propósitos.

Finalmente, el capítulo 12 se enfoca en cómo reconducir el rumbo de la Fuerza Armada Nacional, poniéndola al servicio de la justicia y la democracia, y haciéndola que sirva a la sociedad representada en su Estado y no al partido de gobierno, dentro de los ámbitos que le marca la Constitución.

La Estrategia de Reconstrucción del Tejido Social

Finalmente, la tercera estrategia consiste en promover activamente la reconstrucción del tejido social. Ella nos debe ayudar, desde el corto plazo, a crear condiciones para la paz, la cooperación y la reducción de la violencia entre los venezolanos, y nos debe conducir, en el mediano plazo, a alcanzar logros importantes en el fortalecimiento de la clase media y la reducción de la pobreza.

Son diversas pero muy interrelacionadas las causas que explican cómo se ha ampliado en Venezuela el potencial de confrontación entre grupos sociales, cómo se han deteriorado la convivencia y la paz en las comunidades, cómo se ha incrementado la intolerancia política y cómo ha crecido la violencia delictual. Unas causas se asocian a la sostenida degradación de las instituciones que hemos vivido por casi veinte años; otras resultan del fomento consciente y sistemático de nuevos imaginarios que ha promovido el socialismo del siglo XXI, en los que la confrontación social y política por vías violentas es el camino para la "liberación del pueblo"; y otras, finalmente, se originan en el ensanchamiento de la exclusión y la marginación social que nos acompaña desde la década de 1980.

La situación de pobreza que vive la mayoría de la población no solo nos diferencia en términos económicos-sociales, sino que además nos segmenta culturalmente entre "pobres y no-pobres", entre "pueblo y élites" (Moreno, 1993, 2002). El crecimiento de la pobreza y las prácticas populistas clientelares se alimentaron mutuamente en esas cuatro décadas, y el socialismo del siglo XXI se apoyó en ellas durante los últimos veinte años para hacernos perder la democracia y promover la confrontación social, la polarización política extrema y la violencia.

Esas manifestaciones de nuestra dinámica social y política, así como los orígenes de las mismas comentados brevemente, nos conducen a plantear la Estrategia de Reconstrucción del Tejido Social, la cual está dirigida a dos fines específicos. El primero es recuperar la tolerancia y la motivación de los grupos sociales para cooperar entre ellos, restaurando el sentido de pertenencia a una misma comunidad política y revalorizando en los imaginarios el uso de medios pacíficos para la solución de conflictos, la justicia, la legalidad y la institucionalidad en general. El segundo es desaparecer los mecanismos que generan y perpetúan la pobreza y la exclusión social en Venezuela, actuando sobre sus causas en el marco de un pacto común que obligue a todos los actores de la sociedad.

En el capítulo 13 desarrollamos las políticas que proponemos para alcanzar el primero de los fines, la reconciliación con justicia. Desde el corto plazo ellas deben comenzar a dar resultados referidos a la reducción de la polarización política extrema que hemos vivido por tantos años, a la convivencia pacífica en el seno de las comunidades, a la cooperación entre grupos sociales y a la reducción de la violencia. Deben además estar en marcha los procesos que conduzcan a hacer justicia y a la reparación de las víctimas de casos de violación de derechos humanos.

Por su parte, las políticas y reformas dirigidas al segundo fin específico se despliegan en el *Pacto para el progreso de todos y la superación de la pobreza*, que debe ser convenido por el Estado, las organizaciones de trabajadores y de empresarios, las iglesias y otros actores de la sociedad civil, cuyos resultados, aunque deben comenzar a ser firmes en el mediano plazo, deben generar "victorias tempranas" en el corto plazo.

El *Pacto* debe ejecutarse asegurando avances en un horizonte muy cercano, donde se vayan alcanzando logros de inclusión de los grupos populares con respecto al acceso de oportunidades en la educación, la seguridad social y una atención de salud de calidad, de empleo en condiciones de trabajo decente y de mejoras en los servicios públicos de su hábitat.

En efecto, desde el período de la transición a la democracia deben prosperar avances en las condiciones objetivas de vida de los grupos populares, cumpliendo como sociedad con la obligación ética de reducir la exclusión, además de contribuir a desmontar los potenciales focos de violencia que pudiesen ser manipulados por iniciativas populistas durante ese período.

Capítulo 6
Robustecer el capital humano en nuestra gente[33]

Decíamos en el capítulo 5, al introducir las tres estrategias que proponemos para la reconstrucción y el desarrollo de Venezuela, que el capital humano es uno de los más importantes recursos que pueden emplear las personas para construir sus capacidades y convertirse en agentes de sus propias vidas; las más trascendentales políticas públicas que pueden apoyar esa construcción son las de salud y seguridad social, por una parte, y las de educación por la otra.

Uno de los factores de exclusión social que más impide a las personas la acumulación de capital humano y que refuerza en mayor grado los círculos viciosos de la pobreza, es no tener acceso a un sistema de seguridad social que provea la atención de salud de calidad y que ofrezca auxilio en caso de desempleo y la provisión de ingresos a través de fondos de pensiones cuando concluye el ciclo laboral de la vida. Por su parte, cuando la educación accesible a las mayorías no es de calidad o no facilita la adquisición de conocimientos instrumentales y la formación en valores, entonces la sociedad deja de progresar y genera procesos de exclusión crecientes.

En fin, cuando una sociedad no ofrece a todos sus miembros el acceso a oportunidades para acumular capital humano, tiende a escindirse social y políticamente y sus integrantes pueden perder la libertad. Eso le ha sucedido a Venezuela en los últimos cuarenta años.

Dos de los siete consensos de La Venezuela que Queremos Todos se refieren explícitamente al capital humano de los venezolanos, se trata del consenso que propone un *Pacto para el progreso de todos y la superación de la pobreza,* y del que reclama una educación relevante y de calidad accesible a todos. Hemos asumido los siete consensos como objetivos de desarrollo que emanan de las bases de la sociedad

---

33   Las políticas y reformas que planteamos en el presente capítulo y en los capítulos 7 y 8 se complementan mutuamente en el marco de la Estrategia de Creación de Capacidades que introdujimos en el capítulo 5.

por haberse generado desde las Voces de la Gente, programa de consultas amplísimas en las cuales participaron más de 60.000 personas de diversas perspectivas políticas, chavistas, opositores y "no alineados".

En este capítulo desarrollamos propuestas de políticas y reformas relativas a la seguridad social y hacemos lo mismo con relación a la educación en los niveles que van de la educación inicial a la educación secundaria; corresponde a las ideas desarrolladas en el capítulo 7 discutir propuestas relativas a la educación superior.

Garantizar la seguridad social y el acceso a servicios de salud de calidad

En el capítulo 5 comentábamos cómo pueden elevarse las tensiones sociales en Venezuela después de recuperada la democracia si no generamos suficientes oportunidades de trabajo decente; lo que implica, entre otras cosas, dar acceso a la seguridad social para la gran mayoría de los venezolanos, quienes no disfrutan realmente de ella. Nuestro sistema de seguridad social es extremadamente pobre en sus prestaciones, arcaico en su estructuración y frágil financieramente, todo lo que abona su insostenibilidad. Es indispensable la reforma de su estructura para superar la pobreza que nos aqueja y contribuir a la gobernabilidad de nuestra democracia, y en consecuencia, satisfacer el derecho que asiste a todos los ciudadanos de acuerdo con la Declaración Universal de los Derechos Humanos y la Constitución de 1999, junto al mandato de cumplir con las obligaciones internacionales que ha adquirido el Estado desde que suscribió el Pacto Internacional de Derechos Civiles y Políticos.

> **Recuadro 6.1: Frases escogidas sobre la salud y la seguridad social, de los *verbatim* de talleres de líderes en la iniciativa de construcción de una Visión Compartida de País**
>
> *Queremos un país con un sistema público de salud de alta calidad que atienda a todos, porque la salud es la base del ser humano.*
>
> *Un país solidario donde todos somos considerados parejos, y estamos de acuerdo en darle a todo el mundo oportunidades iguales para progresar... con seguridad social amplia y de soporte a todos sus ciudadanos, en especial a los más necesitados.*

Desde hace muchos años el sistema venezolano de prestación de servicios públicos de salud vive en precariedad debido a problemas de organización, de gestión y de falta de financiamento adecuado; mientras tanto, el subsistema que debería contribuir al financiamiento de las pensiones y los seguros de desempleo ha estado crónicamente insolvente por varias décadas.

Crear un Sistema Integral de Seguridad Social, universal y eficaz, es un fin específico de la estrategia de capacidades que desarrollamos a continuación en nuestras propuestas para un Sistema de Seguridad en Salud (SSAL) y un Sistema de Pensiones y Auxilio al Desempleo (SPAD). La creación de estos dos sistemas, su desarrollo progresivo y el seguimiento de sus logros por representantes de la sociedad civil del más alto nivel, forman parte además del *Pacto para el progreso de todos y la superación de la pobreza* que planteamos en el capítulo 14, como parte fundamental de la Estrategia de Reconstrucción del Tejido Social.

Rasgos fundamentales de los sistemas

Son de dos clases los retos principales que deberemos afrontar en la creación y el desarrollo progresivo del nuevo sistema de seguridad social. La primera clase comprende garantizar un piso de protección social (SPF por sus siglas en inglés), que es el nivel mínimo de las prestaciones que debemos ofrecer a todo ciudadano, independientemente de cuánto cotice, y crear estadios progresivos de intensidad de las prestaciones. La segunda es asegurar la sostenibilidad financiera del sistema en el tiempo, volviéndolo robusto frente a los cambios que irán sufriendo en el futuro la estructura etaria de nuestra población y la capacidad económica de los afiliados para otorgar soporte al sistema con sus contribuciones.

Garantizar nacionalmente un SPF es una iniciativa liderada desde 2009 por la Organización Internacional del Trabajo (OIT) y la Organización Mundial de la Salud (OMS), en la que participan 19 agencias del sistema de Naciones Unidas, la cual fue integrada al Pacto Mundial para el Empleo adoptado por la Conferencia Internacional del Trabajo en junio de ese mismo año (OIT, 2012). En América Latina países como Argentina, Brasil, Chile y México han dado pasos importantes para implementar pisos de protección social en sus sistemas de seguridad social.

En la estrategia que aquí planteamos para el desarrollo del Sistema Integral de Seguridad Social, tanto en el SSAL como en el SPAD, toda la población estaría afiliada y cubierta, el Estado tendría un rol activo en el aseguramiento del derecho constitucional de los ciudadanos a la seguridad social, la prestación se realizaría con la participación de agentes públicos y privados y los dos subsistemas operarían bajo la supervisión de entes reguladores del Estado. La meta inicial, o el punto de partida de la reforma, sería la universalización de las coberturas a toda la población con pisos de protección social. El desarrollo progresivo llevaría a la coexistencia de regímenes contributivos y no contributivos y a que los afiliados tengan la posibilidad de elegir si se sirven de las aseguradoras y redes de servicio estatales o privadas.

El nuevo Sistema de Seguridad en Salud

La situación de la protección pública de salud en Venezuela, como dijimos antes, es precaria tanto en los estándares de prestación como en la cobertura poblacional, lo que debe ser corregido mediante una reforma que se inicie universalizando el acceso a los servicios, independientemente de la capacidad de pago, la condición social o la situación laboral de los usuarios. Ello corresponde a lo que funciona en países de la región que tienen sistemas de salud considerados eficaces y de avanzada en términos sociales, como Colombia, Chile y Brasil (Titelman, 2000; Castro Hoyos, 2012; Sobral y Schubert, 2013), y a la tendencia que se ha venido dando en países del resto del mundo que han implantado reformas exitosas en las últimas décadas[xiii]. El SSAL que proponemos se inspira principalmente en el sistema hoy vigente en Colombia, incorporando algunos componentes basados en la experiencia chilena.

La imagen final de nuestra propuesta puede sintetizarse diciendo que todos los venezolanos y los extranjeros residentes en Venezuela deberán estar cubiertos por el SSAL a través de aseguradoras de salud (ASES), que serían públicas y privadas, las cuales afiliarían a los beneficiarios, captarían sus aportes y les prestarían los servicios de salud a través de sus respectivas redes de instituciones oferentes de servicios (IOS), sujetas a las reglas establecidas por una agencia reguladora y a la supervisión de la misma. Las ASES públicas pertenecerían al Seguro Social en Salud, entidad estatal nacional que operaría descentralizadamente.

Coexistirían en el estadio final del SSAL dos regímenes de aseguramiento, uno contributivo (RECO) y otro subsidiado (RESU), que estarían conectados entre sí por un Fondo de Garantías y Solidaridad (Fogasol), los cuales ofrecerían a sus afiliados el mismo nivel de prestación a través de un plan básico de salud (PBS) supervisado por la agencia reguladora[xiv].

Cada ASES, privada o perteneciente al Seguro Social en Salud, debería proponer a sus afiliados una red de IOS privadas y/o públicas, cuyas capacidades cubran como mínimo el alcance del plan básico de salud, compuesta de hospitales, clínicas, laboratorios y profesionales que estén certificados por la agencia reguladora para ofrecer sus servicios de atención a la salud.

Parte de la reforma a implementar consiste en crear opciones de gestión autónoma para los hospitales públicos, con el propósito de elevar la eficiencia de la gestión hospitalaria, optimizar la viabilidad financiera de los hospitales y mejorar la calidad de sus servicios. Algunas de ellas podrían basarse en alianzas público-privadas en las que participen el Estado y grupos de profesionales de la salud que laboran en los centros asistenciales, o entre el Estado y clínicas privadas, mientras otras coaliciones pudieran entablarse con figuras de institutos autónomos descentralizados.

Todos los trabajadores cuyo ingreso mensual sea superior a un salario mínimo estarían obligados a afiliarse al RECO, lo cual podrían hacer a través de ASES del Seguro Social en Salud o bien de las ASES privadas de su preferencia. El financiamiento del RECO se basaría en las cotizaciones de sus afiliados, que se compondrían de sus propios aportes y los de sus empleadores[xv].

Los trabajadores con ingresos mensuales iguales o inferiores a un salario mínimo, que no estén cubiertos por el RECO, cuya identificación debería ser hecha mediante encuestas de hogares, serían asegurados por el RESU. El financiamiento del RESU provendría fundamentalmente de fondos fiscales, y en una proporción mucho menor de una fracción de los aportes recaudados en el RECO, captados a través del Fogasol.

Las reformas de la organización en la primera fase

Iniciar la reforma con la universalización de los servicios tan pronto como se inicie la transición a la democracia es la mejor opción para Venezuela, tanto por las razones éticas y políticas implícitas en garantizar que muy pronto la gran mayoría de los ciudadanos goce de una atención para la salud de la cual hoy la sociedad está desprovista, como también por las razones financieras y organizativas que comparten los más reconocidos expertos venezolanos en el tema (Oletta, Orihuela y Walter, 2014; González, 2006 y 2008).

Desde la perspectiva de la organización, en su primera fase, el SSAL debe apoyarse en los servicios e instalaciones de los que disponen en la actualidad el Instituto Venezolano de los Seguros Sociales (IVSS), el Gobierno central y las administraciones de los estados y municipios. El nuevo Seguro Social en Salud que nacería de esa manera estaría desplegado en todo el país y se basaría en un proceso de descentralización que debería estar fortalecido con sistemas adecuados de planificación, seguimiento de logros y evaluación de gestión.

El Ministerio de Salud debería asumir directamente la rectoría del SSAL en su primera fase, actuar como el representante del Ejecutivo en las negociaciones sobre salud del *Pacto para el progreso de todos y la superación de la pobreza* y ser el principal promotor de la reforma tendente a la imagen final que antes discutimos. En el proceso de la reforma, el ente rector debería asumir dos desafíos principales: el primero será incorporar en la lucha contra la exclusión en el área de la salud a todos los actores relevantes; el segundo será lograr que la universalización del acceso se sitúe y se mantenga en el centro de la agenda política gubernamental (Oletta, Orihuela y Walter, *op. cit.*).

El seguimiento y la evaluación periódica del grado que se esté alcanzando en el propósito de la equidad de acceso puede contribuir a mantener los esfuerzos de toda la reforma. Le corresponderá al ente rector hacer ese seguimiento de la eficacia y eficiencia general del sistema, coordinar al conjunto de los niveles, definir estrategias nacionales y sistematizar la incorporación de nuevas tecnologías. Una vez que el *Pacto para el progreso de todos y la superación de la pobreza* esté en marcha, la gestión del Consejo del Pacto y del observatorio contribuirá a mantener en la sociedad civil la prioridad política de la que hemos hablado.

Lineamientos sobre la prestación de servicios del Seguro Social en Salud en la primera fase

Las estrategias de prevención y atención que el nuevo Seguro Social en Salud deberá implementar obligan a considerar en la primera fase la cooperación de un conjunto de servicios e instituciones que están formalmente fuera del sistema de salud, tales como escuelas, medios de comunicación y organizaciones relacionadas con el saneamiento ambiental, entre otras.

En cuanto a prioridades de atención, en la primera fase de la reforma y en su futuro más próximo ellas deberán centrarse en los servicios materno-infantiles, particularmente los programas de suplementación nutricional, inmunizaciones, atención prenatal y el mejoramiento de la atención del parto; en el mejoramiento del control de las enfermedades endémicas tales como la malaria, el dengue, la enfermedad de Chagas, la leishmaniasis y la tuberculosis; en el fortalecimiento de programas de prevención de enfermedades crónicas como son las cardiovasculares, cáncer, diabetes y accidentes; y en la prevención y el control de enfermedades con características infecciosas que se comportan como crónicas, como es el caso del VIH-sida.

En lo que respecta a los modelos de atención, los dos primeros retos del nuevo Seguro Social en Salud serán reorientar el modelo centrado en la estrategia de atención primaria de la salud para llevarlo a funcionar con redes de servicios integrados vertical y horizontalmente, e introducir los incentivos adecuados para que los proveedores intermedios y finales actúen de modo que contribuyan a reducir o a eliminar la exclusión (Oletta, Orihuela y Walter, *op. cit.*). Otro reto no menos exigente es la introducción de innovaciones a través de redes autónomas prestadoras de servicios que superen la visión restringida que hoy prevalece entre servicios ambulatorios y hospitales (González, 2006).

Las reformas inmediatas relativas al financiamiento de la salud

Las reformas del financiamiento del nuevo Seguro Social en Salud, en su primera fase, deben comprender una revisión de los aportes que hacen trabajadores y empleadores, reconociendo que las contribuciones que hoy realizan a través del IVSS y otras instituciones de seguridad social son notoriamente insuficientes para cubrir los costos de prestación. Por lo tanto, esas contribuciones deberán ser elevadas tan pronto se cuente con propuestas detalladas para el desarrollo del SSAL en sus diversas etapas y con estrategias relativas a la elevación de la eficiencia y la reducción de costos durante las mismas. Mientras tanto será una necesidad comprometer recursos adicionales de origen fiscal para financiar la mayor parte del presupuesto del nuevo subsistema en su primera fase.

En consecuencia, las reformas de plazo inmediato en materia de financiamiento deben contemplar una revisión profunda de las vías posibles para racionalizar los costos de la prestación de los servicios, evaluar el potencial contributivo con relación a estos y dirigirse a coordinar las tres fuentes más importantes de recursos públicos: los de origen fiscal que son transferidos al Ministerio de Salud; los del Situado

Constitucional, también de origen fiscal que son transferidos a los estados y municipios; y las contribuciones al IVSS.

Proveer a los venezolanos de una protección eficaz de pensiones y auxilio al desempleo

Puede afirmarse que para efectos prácticos los venezolanos no cuentan con un sistema de pensiones que los apoye cuando ha concluido su edad productiva, o de un seguro que los auxilie en situaciones de desempleo, lo cual es un factor primordial para explicar los niveles crónicos de pobreza que vive nuestro país desde hace muchos años. De hecho Venezuela es lamentablemente reconocida como uno de los países de la región más atrasados en sistemas de previsión social.

Las reformas de las pensiones que habían sido decididas a fines de la década de 1990 fueron dejadas sin efecto por el Gobierno del presidente Chávez, quien promovió una nueva reforma que lejos de mejorar los problemas de la situación preexistente, la agravó.

La realidad de los últimos años es que una proporción siempre superior al 60 % de la población económicamente activa (PEA) se ha mantenido crónicamente en desempleo abierto o en situación de empleo informal, lo que hace que no pase de un tercio la cobertura máxima alcanzable en el supuesto teórico de que todos los trabajadores formales llegasen a estar protegidos por el seguro de desempleo o por el sistema de pensiones del IVSS.

En cuanto a las pensiones, apenas algo más del 20 % de quienes están en edad de trabajar y de quienes están en edad de retiro están cubiertos; son irrisorios los montos del auxilio real de las pensiones frente a los costos de vida; el IVSS está en la práctica insolvente; y los sistemas paralelos que ha creado el Estado para proteger a sus empleados no tienen control y presumiblemente adolecen de los mismos vicios del IVSS.

Un acuerdo tripartito para crear el nuevo Subsistema de Pensiones y Auxilio al Desempleo

El nuevo régimen de pensiones y el nuevo seguro de desempleo son partes integrantes del Subsistema de Pensiones y Auxilio al Desempleo (SPAD) que hemos propuesto en el capítulo 14 como parte de la agenda del *Pacto para el progreso de todos y la superación de la pobreza*.

Las lecciones que arrojan las experiencias de los sistemas latinoamericanos y europeos nos llevan a plantear que su concepción debe garantizar, a lo largo de varias generaciones, que ellos puedan superar los riesgos de captura de los fondos, los cambios demográficos y las crisis económicas frente a los cuales es vulnerable su funcionamiento (Uthoff, 2016). Nuestra propuesta plantea que el SPAD sea concebido a partir de un acuerdo tripartito entre los trabajadores, las empresas y el Estado, y que el progreso de su implantación sea seguido en el tiempo por el Consejo del Pacto, lo que implica que las partes decidan sobre temas muy debatidos y delicados de los cuales depende precisamente la sostenibilidad del sistema.

Uno de los temas más controversiales en las negociaciones de las reformas que llevarán al SPAD, tanto en el componente del seguro de desempleo como en el de pensiones, tiene que ver con la percepción del riesgo que tengan las tres partes sobre las opciones que existen para el manejo de los fondos que se creen y muy especialmente si la gestión de los mismos debe quedar en manos de administradores privados o del Estado, así como en la inversión que se pueda hacer de los recursos ahorrados para impedir que pierdan su valor real.

En cuanto a las pensiones, a la dificultad anterior se suma como controversial el equilibrio que debe alcanzarse entre la opción de una mínima diferenciación de los beneficios y la opción de que los beneficios respondan a la capitalización que hace cada individuo al Sistema; o dicho en otras palabras, la definición de los beneficios de pensión que el Sistema deberá reconocer a quienes cotizan más, quienes lo hacen en menor cuantía y quienes no lo hacen. En el caso del seguro de desempleo, son focos de controversia predecibles la proporción del último salario a ser cubierta, el número de meses que debería durar el auxilio y las prestaciones adicionales que el sistema debería proveer al asegurado, como podría ser el reentrenamiento laboral.

Las negociaciones que se realicen para concebir el nuevo SPAD deben tomar en consideración que las opciones que se acuerden no solo tendrán un impacto directo sobre los intereses económicos de los trabajadores y los empresarios, o sobre la imagen política de los sindicatos, del Gobierno de turno o de los partidos políticos que lo representen en las tratativas. Las decisiones tendrán una trascendencia mayor para el desarrollo futuro del país y para la superación de la pobreza, ya que podrían arrojar resultados que contribuyan en alto grado a reducir la vulnerabilidad de los grupos de menores ingresos, pero también podrían comprometer tanto la viabilidad misma del Sistema como el comportamiento futuro del conjunto de la economía.

En efecto, la escogencia entre opciones afectará los resultados de las cuentas fiscales del Estado, pudiendo atentar contra la viabilidad del nuevo Sistema. Si los resultados se comprometen en exceso tendrán efectos diferenciados de mediano-largo plazo en las cargas de impuestos que deban enfrentar las generaciones presentes y las futuras, e impactarán la dinámica de la inversión productiva y por lo tanto el crecimiento económico, los niveles de desempleo y la proporción de la población en situación de pobreza.

En síntesis, la concepción del nuevo SPAD debe considerar las condiciones financieras e institucionales de los sistemas actuales; la viabilidad técnico-financiera de cada opción, su efecto fiscal y su impacto en el mercado de trabajo y, por supuesto, su viabilidad política. Las negociaciones del *Pacto para el progreso de todos y la superación de la pobreza* deben ser abordadas contando con suficiente información sobre los beneficios, costos y riesgos esperables de cada opción en los tres ámbitos mencionados.

Una propuesta basada en tres pilares

Como parte de la presente propuesta, y tomando en consideración las experiencias de varios países de Europa y América Latina, planteamos concebir el Subsistema de Pensiones y Auxilio al Desempleo inspirándonos en el principio de los tres pilares del sistema suizo, que ha sido adoptado con variaciones en otros países como Chile (Uthoff, *op. cit.*, y Swissinfo, 2017) y sujeto a un desarrollo progresivo de la cobertura y de las prestaciones, siendo obligatoria la afiliación de todos los trabajadores a los dos primeros.

El primer pilar sería solidario y los otros dos funcionarían sobre la base de la capitalización de las cotizaciones individuales. En su conjunto, los beneficios del SPAD ofrecerían a todos los ciudadanos un piso de protección social (SPF), es decir, unos ingresos mínimos que les permitan vivir después de superar la edad de retiro o de resultar incapacitados para trabajar.

El primer pilar (P1), como hemos dicho, sería solidario. Financiado por el Estado, estaría dirigido a los más pobres, hayan o no cotizado, en una proporción de la población total a determinar, situada entre las tres quintas partes y las dos terceras partes de dicho total[34].

---

34 Desde 1990 hasta 2018, más del 60% de la población se mantuvo siempre en situación de pobreza de ingresos.

El segundo pilar (P2) acercaría los beneficios de pensión al ingreso mensual que tuvo el beneficiario antes del retiro, además de cubrir el seguro de desempleo en caso de desocupación. Su financiamiento sería asegurado totalmente con la capitalización de las contribuciones de patronos y trabajadores y sus prestaciones podrían ir elevándose en el tiempo según vayan progresando la solidez financiera del SPAD y los salarios reales de los ocupados, lo que elevaría la viabilidad de elevar las contribuciones.

El tercer pilar (P3) pretendería complementar a los dos primeros en la pensión, sería de filiación opcional y podría tomar formas de seguros privados o de cuentas de ahorro que recibirían incentivos fiscales, es decir que podrían desgravar del pago de impuestos del titular.

El nuevo Subsistema de Pensiones y Auxilio al Desempleo debería ponerse en funcionamiento en el corto plazo con el primer pilar, financiado inicialmente con contribuciones del fisco y con aportes provenientes de la liquidación de activos públicos. En su desarrollo progresivo, el SPAD iría implementando el segundo pilar, apoyándose en la capitalización de las contribuciones de patronos y trabajadores.

Las negociaciones tripartitas deberán acordar la cobertura poblacional originaria y los parámetros iniciales de cada uno de los dos primeros pilares del sistema, que son las tasas de contribución y de beneficio, la duración de la cobertura por desempleo y la edad del retiro. Esos acuerdos deben asegurar que el sistema sea financieramente viable y además compatible con la recuperación del crecimiento económico y el fortalecimiento del empleo formal en el mercado, los cuales son dos objetivos ineludibles del período de transición a la democracia.

También es simportante recordar que la negociación debería definir unos criterios que permitan ir elevando en el futuro la cobertura y los beneficios del segundo pilar, en función de la mejoría que se vaya alcanzando en el comportamiento de la economía, el empleo y los salarios reales.

Maximizar los impactos reales de la educación en nuestro desarrollo

En una sociedad democrática, la educación –en todos sus niveles– tiene como función primordial contribuir a maximizar las capacidades humanas de todos sus miembros, facilitando que cada quien aprenda a conocer, ser, hacer y convivir (Delors, 1997). Satisfacer ese cometido solo es posible si la educación cumple simultáneamente con tres condiciones: si promueve y facilita tanto la formación en valores como la adquisición de conocimientos, habilidades y competencias instrumentales; si es de calidad y si es accesible a todos. Cumplir todo esto implica un reto inexcusable para la educación pública, que es la que puede asegurar el acceso a las mayorías.

Si la educación logra esas tres condiciones, todos los miembros de la sociedad podrán elevar sus capacidades, con lo cual llegarían a realizarse construyendo vidas plenas de razones para valorar. Esta sociedad como un todo podrá progresar con equidad creciente y en paz. Lo contrario sucede en un país si no se cumplen esas condiciones.

Nuestro deterioro en los últimos cuarenta años tiene mucho que ver con tres debilidades que han venido creciendo en nuestra educación. La primera es que desde hace mucho tiempo más de la mitad de la población no tiene acceso a una educación de calidad; la segunda es que nuestra educación ha reducido su contribución a la formación en valores y a la adquisición de conocimientos, habilidades y competencias; y la tercera es que ha perdido eficiencia en el uso de los recursos aplicados.

En consecuencia, debe ser un fin crucial de la recuperación que tenemos por delante hacer que nuestra educación supere esas debilidades y asuma el rol que le corresponde y no está cumpliendo a cabalidad. O lo logramos o no seremos capaces de alcanzar el nuevo estilo de desarrollo que pretendemos.

La importancia de este propósito justifica convocar las voluntades de los líderes de la sociedad civil y del Estado para poner en marcha una profunda reforma educativa desde el inicio mismo de la transición hacia la democracia, movilizar a docentes y académicos, a jóvenes estudiantes, padres de familia, trabajadores y empresarios para que se involucren a fondo y se lleve a cabo esta iniciativa.

Lo antes dicho es válido para la educación en todos sus niveles, desde la inicial, pasando por los niveles de educación primaria y secundaria, incluyendo la educación técnica y en general la educación para el trabajo, hasta llegar a la educación superior.

Por todo lo aquí expresado, el segundo fin específico de la Estrategia de Creación de Capacidades que proponemos es maximizar los impactos reales de la educación en nuestro desarrollo. De eso tratan las secciones que siguen en el presente capítulo, las cuales dedicamos a los niveles de la educación que van desde el inicial hasta la secundaria, y la primera parte del capítulo 7, la cual hemos dedicado a la educación superior.

**Recuadro 6.2: Frases escogidas sobre la educación,
de los *verbatim* de talleres de líderes en la iniciativa de construcción
de una Visión Compartida de País**

*Queremos un país regido por valores que generen confianza, opti-
mismo y sentimientos de superación en el ser humano... en el que se
reconozcan los méritos por capacidad y esfuerzos... que se desarrolle
sobre una cultura de trabajo y solidaridad, apoyada en una formación
ciudadana a todos los niveles.*

*Un país de educadores de ciudadanos, donde el docente es el centro
y el inculcador de valores en todos los niveles de la educación.*

*Un país que aproveche todas sus potencialidades, destacando a su
gente, a la que le dé educación de alta calidad... donde todos seamos
considerados parejos y estemos de acuerdo en darle a todo el mundo
oportunidades iguales para progresar... que facilite a los hijos de todos educación que los ayude a superarse.... en el que los adultos también puedan estudiar más y entrenarse para tener un mejor trabajo
y siempre poder progresar.*

Las reformas en los niveles de educación inicial, primaria y secundaria

Maximizar los impactos positivos de la educación exige introducir variadas reformas e innovaciones en los niveles de la educación inicial,
primaria y secundaria que modifiquen la manera como ellos han funcionado en los últimos años, que mejoren su calidad y su eficacia, que
eleven la magnitud de la inversión y que optimicen la eficiencia en su
gestión. Aquí nos concentramos en aquellas líneas de acción que consideramos primordiales para lograr esos propósitos.

Por otra parte, la ejecución de esas reformas e innovaciones debe
recibir una prioridad política del mayor nivel, en busca de lo cual proponemos que las mismas constituyan uno de los cinco ejes del *Pacto
para el progreso de todos y la superación de la pobreza* que desarrollaremos en el capítulo 14.

Hemos organizado nuestras propuestas sobre la educación inicial,
primaria y secundaria en cuatro apartes que desplegamos a continuación:

En el primero, planteamos cuestiones de principio que enmarcan a las demás propuestas, se trata de que la educación en todos sus niveles y opciones curriculares facilite tanto la adquisición de contenidos instrumentales como la formación en valores.

El segundo aparte lo hemos enfocado en reformas de currículos y ofertas educativas conducentes a elevar la eficacia en los aprendizajes y la formación.

En la línea de elevar la calidad, el tercer aparte lo dedicamos a la excelencia en la docencia y la gerencia de los planteles.

Y el último grupo de planteamientos lo hemos dedicado al financiamiento. La viabilidad de todas las demas propuestas depende de que la educación de calidad accesible a todos sea económicamente sostenible.

Cuando deban implementarse las políticas y reformas que aquí proponemos, habrá que establecer logros específicos a alcanzar que sean medibles en términos de la equidad en el acceso a la educación de calidad, de la pertinencia y eficacia de los valores y los contenidos instrumentales, de la excelencia de los productos del sistema y de la eficiencia económica.

Contenidos instrumentales y valores en la educación para apoyar el desarrollo

Si la educación debe contribuir al desarrollo y concebimos a este en la perspectiva del desarrollo humano como un proceso en el cual se expanden las capacidades y las libertades de todos los miembros de la sociedad (Sen, 2000), entonces la educación debe facilitar tanto la adquisición de contenidos instrumentales como la formación en valores. Todas las propuestas que hacemos en las secciones que siguen se alinean con este planteamiento.

Los contenidos instrumentales cuya adquisición se debe facilitar a través de la educación son conocimientos, habilidades y competencias que sirvan para comprender el entorno e influir sobre él; para apropiarse del conocimiento, aplicarlo en la solución de problemas y crear nuevos conocimientos; y para participar y cooperar con las demás personas en la construcción de la vida social.

En términos de lo que se ha dado en llamar los siete lenguajes de la modernidad, la educación que necesitamos en nuestra incorporación a la Cuarta Revolución Industrial (4RI) debe ofrecer altas competencias en lectura y escritura a través de las redes digitales; precisión en la expresión del pensamiento en forma escrita; habilidad de resolver problemas en las diferentes disciplinas; capacidad para analizar el entorno social, intervenir y participar para la defensa de intereses; recepción crítica de lo que se difunde en los medios de comunicación; aptitud y competencia para planificar y trabajar colaborativamente para la democracia y, finalmente, capacidad para ubicar adecuadamente los datos, usar mejor la información acumulada, sistematizar conocimientos, publicar y difundir trabajos (Bartolotta, 2017).

Al intentar definir cuáles valores deben participar en la formación que facilite nuestra educación del futuro, nos vemos obligados a tomar una posición basada en la lealtad a los principios por encima de otras consideraciones, una perspectiva si se quiere ideológica. Los valores a los que nos referimos son aquellos asociados a los principios de dignidad de la persona humana, albedrío para agenciar la vida personal y convivencia en una comunidad democrática, que son los pilares de una cultura propicia al desarrollo humano, proceso en el cual esos principios se protegen y despliegan.

Entre ellos están la libertad individual y la autonomía para construir la propia vida; el respeto a los otros, la aceptación del pluralismo y el rechazo a la violencia para resolver conflictos; la solidaridad, la responsabilidad social y la protección de los valores de la naturaleza; el civilismo en la conducción de la república y el rechazo al culto a la personalidad de líderes y personajes históricos; así como la visión del Estado como instrumento de la sociedad que debe sometimiento a ella y no al revés, que debe facilitar a todos sus miembros el desarrollo de sus capacidades y que debe proteger y no invadir arbitrariamente sus derechos y libertades.

Currículos y ofertas educativas

Las reforma de los currículos y las ofertas educativas en la educación inicial, primaria y secundaria pueden ser instrumentos eficaces de la Estrategia de Creación de Capacidades que nos ocupa, si se convierten en mejores vehículos para la adquisición de conocimientos, habilidades y competencias, y para la formación en los valores que hemos planteado.

Hoy en día hay cuellos de botella gerenciales, técnicos y pedagógicos que es necesario resolver para elevar la calidad y la pertinencia en los contenidos que debe promover nuestra educación. Se trata, entre otros, de los altos déficits que se han acumulado al menos por quince años en la plantilla de docentes de una serie de asignaturas, y de la escasa eficiencia gerencial y financiera del sistema que venía empeorando desde la década de 1980, la cual se buscaba resolver con la descentralización iniciada en los años 90, que fue desandada con el nacimiento del siglo XXI.

En lo que respecta a conocimientos, habilidades y competencias, las experiencias históricas que hemos vivido destacan que pudimos ampliar la cobertura mientras se implementaban adaptaciones curriculares; es decir, de resolverse los cuellos de botella mencionados, el sistema educativo venezolano podría ser capaz de reproducir sus éxitos pasados frente a los retos de cambios que nos plantean hoy la sociedad del conocimiento y la 4RI[35].

Con relación a la formación en valores no podríamos decir lo mismo, ya sea con respecto a la contribución que nuestra educación de las últimas décadas ha tenido a tal formación, o a la consideración de que baste la solución de los cuellos de botella mencionados para asegurar que en el futuro la educación ejerza una influencia apreciable. Desde los años 1980, cuando comenzó el deterioro general de nuestro desarrollo, no hay evidencia de que la conducta de los venezolanos haya mejorado su alineación con valores como los que mencionamos en la sección anterior, en particular aquellos relacionados con la autonomía y la libertad de acción del ciudadano, situación que habría sucedido si la educación hubiese hecho aportes efectivos a la formación de estos valores.

Por el contrario, en las mayorías de la población no pareciera haber conciencia de que el progreso y la libertad se promueven creando condiciones que faciliten a todas las personas oportunidades para generar capacidades humanas y para emplearlas en hacer las cosas y vivir la vida que ellas valoran. En su lugar lo que pareciera haberse extendido son creencias y valores según los cuales el progreso personal deriva de que el Estado nos beneficie distribuyéndonos renta y eso debemos retribuirlo en agradecimiento y lealtad a sus líderes.

---

35 Entre los años 1960 y 2000 Venezuela vivió transformaciones muy notables en su estructura tecnoeconómica que se expresaron, entre otras actividades productivas, en los servicios médicos y las ciencias de la salud; en el transporte, la energía y las telecomunicaciones; en las industrias mecánicas y básicas, las finanzas y los servicios a las empresas, cambios que no habrían sido posibles si no hubiese crecido la fuerza de trabajo que disponía de mayores y más pertinentes conocimientos instrumentales y competencias. Mientras la ocupación total en la economía se multiplicaba por 4,6 en ese lapso, los ocupados que habían completado la educación media se multiplicaban por 24 y los que habían completado la educación superior se multiplicaban por 161, incluyendo una proporción muy alta de personas con profesiones, especialidades y oficios que no existían para 1960 en nuestro sistema educativo.

Por otro lado, apartando unos intentos realizados en la década de 1990 en algunas partes del sistema educativo –puntuales en el tiempo y no generalizados–, no ha habido políticas concebidas para todo el sistema, dirigidas a la formación en valores ciudadanos como los aquí comentados.

Las sugerencias sobre la implementación de las reformas curriculares que desarrollamos a continuación se inspiran en buena medida en propuestas que han formulado reconocidos expertos e investigadores venezolanos. Ellas plantean un concepto de currículo integrador centrado en valores (Juárez, 2012; García Peña, 2012; Rodríguez Trujillo, 2012) y en la formalización de al menos dos ofertas educativas para los jóvenes, una de carácter profesional con especialización en oficios (Ugalde, 2012) y otra que conduzca hacia la educación superior.

Claves del éxito de la formación en valores

El éxito de las reformas dirigidas a la formación en valores dependerá de que ella se emprenda mediante iniciativas innovadoras que logren que los alumnos relacionen los mismos de manera concreta con sus realidades, que los educadores estén capacitados y ejerzan un liderazgo efectivo en las iniciativas y que los familiares y las comunidades les den su apoyo.

En cuanto al primer factor (que los alumnos relacionen los valores con sus realidades familiares, comunitarias o del país), puede lograrse, por ejemplo, emulando o representando negociaciones en temas que son tratados en las asignaturas de Ciencias Sociales, en las cuales entran en interacción realidades interesantes para ellos y valores destacados como el respeto a los otros y el rechazo a la violencia para resolver conflictos[36].

Con relación a los educadores, hay que reconocer que unas iniciativas como estas requieren de un liderazgo capaz, tanto de los equipos directivos de los planteles como de los docentes. Una capacitación pertinente de los educadores debe formar parte de los programas de forma-

---

36   Los Modelos de Naciones Unidas (MUN), en los cuales los jóvenes simulan negociaciones en temas de las agendas de la ONU, son ejemplos de este tipo de experiencias. Los Eventos Venezolanos de Negociación (EVEN) llevados a cabo en 2017 y 2018 por la Red de Egresados del Diplomado en Liderazgo Social y Político (REED) de la Universidad Metropolitana, son ejemplos aplicados a las agendas del desarrollo y la política de Venezuela. En los EVEN, grupos de jóvenes emulan negociaciones relativas a los temas del *Pacto para el progreso de todos y la superación de la pobreza* (http://www.liderazgoenreed.com/index.php/even/que-es-even.html).

ción que planteamos más adelante, en el aparte referido a la excelencia de los educadores y la gerencia.

Por último, la formación en valores es un propósito de gran importancia para la construcción de la cultura ciudadana, que debe ser legitimado junto a la celebración de sus avances en el seno de la sociedad en general. En complemento es necesario involucrar a las comunidades en las actividades de las escuelas y que la reforma conducente a la formación en valores se acompañe de una ambiciosa campaña de comunicación social, en la cual se muestren contrastes entre situaciones cotidianas de la esfera pública en las que se actúa con o sin apego a valores, para difundir las ventajas y los avances de las iniciativas de formación que estarían en marcha en las escuelas.

Dos ofertas curriculares

Con respecto a las reformas relativas a contenidos instrumentales, hacemos énfasis en que ellas deben ayudarnos a enfrentar dos retos provenientes de realidades que convivirán en el futuro inmediato de Venezuela, que son la sociedad del conocimiento y la Cuarta Revolución Industrial, por una parte; y, por la otra, la recuperación de un país que por muchos años ha mantenido a más de dos tercios de su población económicamente activa en situación de empleo precario.

En efecto, al comenzar nuestra recuperación nos encontraremos enfrentando las demandas de la nueva revolución tecnológica que ya está en marcha y que reclama nuevas perspectivas de vida y competencias de creciente requerimiento técnico-científico. Pero al mismo tiempo, por un período que no será corto, habrá una doble necesidad de proveer empleo productivo de la era industrial para muchos venezolanos: estará creciendo la demanda de bienes y servicios, de infraestructuras y hábitat, cuyas producciones requieren competencias más tradicionales. Así que persistirá por algún tiempo la exigencia social de dar nuevas oportunidades de trabajo decente a muchos jóvenes y adultos cuya formación de base les limita el acceso a la nueva economía.

En consideración a estos dos retos, apoyamos que el sistema educativo desarrolle dos ofertas para los jóvenes, como fue planteado al inicio, una de carácter profesional con especialización en oficios (Ugalde, 2012) y la otra encaminada hacia la educación superior.

Con respecto a la línea de oferta que conduciría a la educación superior, basándonos en las propuestas de Rodríguez Matos y Esté, nos mostramos partidarios de diversificar las menciones tradicionales de

Humanidades y Ciencias, ofreciendo en este último campo varias menciones tecnológicas que hagan el currículo más interesante para los alumnos y más relevante para la actualidad que ellos estarán viviendo (Rodríguez Matos y Esté, 2012).

Con referencia a la línea dirigida hacia la formación profesional, la idea matriz es que Venezuela debe crear un sistema nacional de formación profesional que incluya la educación vocacional y la técnica, que debe tener varios "egresos" de diferente nivel técnico cuyos graduados reciban una certificación homologada en todo el país. En adición a las consideraciones que fueron hechas como cuestiones comunes a las dos ofertas, este sistema debe estar conectado a subsistemas de la educación superior en campos tecnológicos, como los que preparan a técnicos superiores universitarios e ingenieros, para asegurar a sus egresados la posibilidad de proseguir estudios de tercer nivel.

El sistema de formación profesional, integrado por los centros educativos y otras organizaciones públicas y privadas, tendría que funcionar con base en una plataforma de cooperación entre las empresas y el Estado, que asegure tanto la pertinencia de la formación impartida como un aporte significativo de las primeras, lo que podría materializarse en la formación y actualización de docentes, en recuperación y extensión de infraestructuras y en el financiamiento parcial a la operación del sistema. El mismo debería responder principalmente a la demanda que genere la economía, con una interacción sistemática entre sus centros y las firmas, dando apoyo especial a pequeñas y medianas empresas (pymes) y ofreciendo formación tanto a trabajadores dependientes como a emprendedores individuales junto a trabajadores pertenecientes a organizaciones asociativas de producción.

La excelencia de los educadores y la gerencia escolar en la educación de calidad

Cuando la gente se refiere a algunas escuelas y liceos como institutos de buena calidad, relaciona ese juicio con el hecho de que los alumnos y egresados de esos planteles han demostrado haber tenido un aprendizaje de buen nivel en todas las áreas que comúnmente se consideran relevantes. Esa visión acierta si se generaliza al sistema de la educación inicial, primaria y secundaria, en el sentido de que una educación es de calidad si se benefician de esa manera todos los alumnos de todas las escuelas, y no unos pocos alumnos de algunas escuelas destacadas. Para hacer posible que todos los alumnos se beneficien de esa forma, es necesario que se cumplan con excelencia las funciones de los institutos y las de los educadores, ya sean docentes o directivos de planteles.

En nuestro país la cobertura de la educación inicial, primaria y secundaria, ha crecido de manera incesante desde el inicio de la era democrática en 1958, pero su calidad ha venido descendiendo al menos desde las dos últimas décadas del siglo XX. Ha dejado de aportar los aprendizajes que la sociedad requiere y en los que siempre hay que innovar, generando además una enorme desigualdad social en la distribución de la calidad (Herrera, 2012).

El descenso de la calidad al que nos hemos referido tiene su origen en problemas que existen en la competencia y la motivación de los docentes, así como en la gerencia de los planteles y de los subsistemas de escuelas a niveles regionales y locales. Las ideas que planteamos a continuación buscan salvar esos obstáculos.

Revalorizar la función de los docentes

Para generalizar en todo el sistema educativo la excelencia en las funciones de las escuelas y los educadores, es necesario que haya suficientes docentes en las distintas áreas de conocimiento, motivados y bien formados, permanentemente actualizados e inclinados a la innovación, y que dispongan de recursos y apoyos suficientes para promover el aprendizaje en las aulas.

Revalorizar la función de los docentes es el propósito del primer grupo de ideas que proponemos para alcanzar esos logros, las cuales se inspiran en los trabajos de Herrera (2012), de Ramírez (2012) y de Ramírez, Daubeterre y Álvarez (2010), y están dirigidas a resolver limitaciones materiales que viven los educadores, a dotarlos de los apoyos que requieren en sus labores y a elevar sus niveles de motivación.

Esas ideas incluyen, en primer lugar, revisar las normas de ingreso y de ascenso en la planta docente, desterrando los vicios actuales de discriminación política, y resolver a muy corto plazo la actual situación de precariedad en las remuneraciones y la seguridad social de los maestros.

En paralelo, planteamos como indispensable introducir un plan transparente de mejoras socioeconómicas progresivas, basadas en criterios de mérito y asociadas a evaluaciones de desempeño, que estimule a los maestros a mejorar su formación y su actuación como docentes.

En tercer lugar hay que cubrir el déficit de docentes que hay en áreas de Ciencias Básicas y optimizar el funcionamiento de los sistemas de formación, mejoramiento profesional y actualización tecnológica de los educadores, lo que será indispensable para que funcione el sistema de estímulos antes planteado.

Y, finalmente, es necesario rescatar la supervisión educativa, lo que planteamos en el próximo aparte dedicado a la gerencia de planteles y subsistemas de escuelas, sin olvidar elevar los recursos disponibles en las escuelas para el aprendizaje en las aulas.

Mejorar la gerencia de planteles y subsistemas de escuelas

Mejorar sustancialmente la gerencia de los planteles y de los subsistemas de escuelas a niveles regional y local es la finalidad principal de otro grupo de propuestas coadyuvantes a la elevación de la cobertura de la educación de calidad, que consiste en optimizar la coordinación y la supervisión pedagógica que deben hacer los directores y los equipos directivos.

Para ello es necesario, en primer lugar, reformar los procedimientos y las reglas burocráticas de hoy, para que la gerencia de los planteles tenga autonomía y autoridad real en los asuntos que corresponden a su coordinación, y que los equipos directivos reciban desde los niveles superiores del sistema los apoyos y guías que requieren para engranarse en los planes de la educación.

En segundo lugar hay que retomar el proceso de descentralización asignando competencias y responsabilidades claras a los niveles central, de los estados, de los municipios y de los planteles, y crear instancias intermedias entre estos últimos y los demás niveles, que asuman una serie de funciones y competencias que son indispensables para enmarcar y dar apoyo a la gerencia de cada escuela o liceo, como son las de estadísticas, planificación y seguimiento, y las de organización escolar, supervisión y evaluación. La puesta en marcha de estos dos movimientos iría creando condiciones para el funcionamiento de subsistemas regionales y locales de planteles dotados de mayor autonomía y eficiencia.

Finalmente, la mejora de la gerencia escolar requiere fortalecer la formación de directores de planteles, orientándola a elevar las competencias de los directivos para ubicarse en los marcos jurídicos de la gestión escolar y de la descentralización; para ejercer el liderazgo de sus escuelas y liceos asumiendo los retos que plantea una mayor autonomía; para trabajar en equipo en la solución de problemas; y para dar apoyo técnico, promover innovaciones relevantes y hacer seguimiento a las actividades de aula, de forma que estas sean motivantes y productoras de aprendizaje en los alumnos (Herrera, 2012).

Incentivar el incremento de la oferta no estatal de educación pública

Dentro del concepto de subsistemas más autónomos y eficientes de planteles comentado en el aparte anterior, nuestra propuesta incluye adicionalmente una política que incentive y motive a muchos educadores a organizarse en emprendimientos educativos que creen y administren escuelas y liceos no estatales, dedicados a la educación pública de calidad.

Esos emprendimientos podrían ser organizados por grupos de educadores en engranaje con familias y comunidades organizadas y recibir subvenciones dentro de esquemas similares a los del convenio que existe actualmente entre el Ministerio de Educación y la Asociación Venezolana de Educación Católica (AVEC), cuya eficiencia y cuyo aporte a la educación de calidad sean objeto de evaluación permanente.

Una política amplia como la sugerida, en la cual el Estado establezca un ente regulador de esas escuelas, podría multiplicar iniciativas como las de Fe y Alegría y otros proyectos hoy amparados por los convenios de la AVEC, cuya contribución a la equidad en la educación de calidad ha sido muy valiosa por muchas décadas.

El financiamiento de la educación pública para facilitar el acceso a todos

Elevar la calidad de la educación y además dar acceso a todos los niños y jóvenes en edad escolar implica elevar la inversión por alumno e incrementar la eficiencia con la que se manejan los recursos de todo el sistema. La elevación de la eficiencia implica a su vez mejorar la gerencia de los planteles y de los subsistemas de escuelas a los niveles regional y local como ya comentamos anteriormente.

El primer planteamiento que hacemos con respecto al financiamiento se basa en la propuesta de Bruni Celli (2012) y consiste en planificar el desarrollo de la educación inicial, primaria y secundaria, con una inversión anual creciente por alumno, hasta alcanzar en una década una meta de inversión cuyo valor promedio nacional, por alumno y por año, sea equivalente al 30 % del PIB per cápita.

Tomando en consideración la desventaja de calidad de la educación en la que se encuentran de partida los alumnos de los grupos sociales más desfavorecidos, las escuelas y liceos que los atienden deben tener prioridad clara en la implementación de las políticas antes propuestas sobre currículos y calidad de la educación, por lo que las cifras de inversión por alumno en el subconjunto de esos planteles deberán ser mayores que el promedio nacional.

En adición a considerar lo antes dicho, las prioridades en la aplicación de los recursos deben ser establecidas para resolver en el más breve plazo situaciones de emergencia que han sido creadas en los últimos años, incluida la cobertura de los déficits de docentes de secundaria. Es importante alinear el empleo de recursos con el resto de las propuestas antes hechas sobre reforma y nuevas políticas, dentro de las cuales destaca la elevación de las remuneraciones reales de los educadores.

En cuanto a las fuentes y la administración de los fondos, las propuestas que siguen asumen que la descentralización debe servir de estructura para las reformas financieras, y que en el reinicio del proceso descentralizador el proveedor original es el fisco nacional, lo cual deberá revisarse según vayan mejorando los sistemas impositivos de los estados y municipios, para crear en el futuro nuevos compromisos de provisión de recursos por parte de ellos.

Dentro del marco así delineado y apoyándonos en los estudios mencionados de Bruni Celli, planteamos que desde el corto plazo las gobernaciones deben ser responsables de la construcción, la ampliación y el mantenimiento de la planta física de todas las instituciones de la educación inicial, primaria y secundaria ubicadas en sus jurisdicciones, apoyados en recursos que les serían transferidos desde el nivel central, provenientes de un Fondo Nacional para la Descentralización.

Así mismo, desde el inicio del proceso descentralizador, los gobiernos municipales deberán administrar los fondos destinados a la alimentación escolar, los cuales deberían ser transferidos a ellos desde el Ministerio de Educación.

En cambio, en la descentralización de los recursos para pago de personal, los entes descentralizados deben ser liberados del compromiso y la administración de las jubilaciones, las que deben ser asumidas por un fondo nacional equivalente en sus funciones al Fonden[37].

Los demás pagos de personal deberían ir siendo descentralizados, respondiendo a las capacidades de gestión que vayan adquiriendo los subsectores educativos de las gobernaciones y los municipios. Las gobernaciones podrían asumir la administración de las nóminas de las

---

37 El Fondo para el Desarrollo Nacional (Fonden) fue establecido en 2005 por el Gobierno de Venezuela para invertir una fracción de los ingresos que la nación recibe como producto de las exportaciones de petróleo.

escuelas y liceos dentro de su jurisdicción desde el reinicio de la descentralización, con fondos transferidos desde el Ministerio de Educación, y los pagos de salarios de las escuelas de cada municipio podrían ir siendo asumidos por las alcaldías a medida que progresen sus respectivos sistemas de administración.

Todo el proceso de descentralización comentado, y el fomento a escuelas y liceos no estatales que participen en la educación pública de calidad, redundará en elevaciones de la eficiencia económica de la educación y hará que muchos más planteles estén en capacidad de ofrecer educación con niveles de excelencia para todos los niños y jóvenes.

Como propuesta final referida al financiamiendo de la educación pública, consideramos deseable que el Ministerio de Educación ponga en funcionamiento experiencias piloto en las que puedan evaluarse modelos en los que se subsidie la demanda, en lugar de subsidiar la oferta como tradicionalmente hemos hecho en Venezuela. Si tales evaluaciones arrojasen resultados netos positivos, podrían abrirse nuevas opciones de financiamiento en las cuales podría proliferar una creciente oferta no estatal de educación de calidad[xvi].

En el capítulo que aquí concluimos hemos planteado propuestas sobre reformas y políticas públicas dirigidas a elevar el capital humano de nuestra gente a través de la salud, la seguridad social y la educación en sus primeros niveles, que llegan hasta la escuela secundaria. Ellas pertenecen a la Estrategia de Creación de Capacidades, la cual, como dijimos en los primeros párrafos del capítulo, apoya fundamentalmente tres de los siete consensos de La Venezuela que Queremos Todos: el segundo, referido a un *Pacto para el progreso de todos y la superación de la pobreza*; el tercero, que trata de la construcción de una nueva economía; y el sexto, que plantea el desarrollo del conocimiento y la educación.

En el próximo capítulo continuamos considerando planteamientos dentro de la misma estrategia, discutiendo propuestas para la educación superior y el Sistema Nacional de Ciencia, Tecnología e Innovación.

xiii   Marino González (González, 2006) cita las experiencias exitosas de los países del norte de Europa, así como de Turquía, Portugal, Italia y España, que eliminaron progresivamente la distinción entre "cotizantes" y "no cotizantes", y las no tan exitosas de algunos países que centraron sus reformas en elevar las cotizaciones de los trabajadores, entre ellas las de la República Checa, Eslovaquia, Estonia, Hungría, Kazajistán, Letonia, Kirguistán y Rusia.

xiv   El alcance del Plan Básico de Salud (PBS) debe responder a consideraciones epidemiológicas y de carácter financiero cuya especificación está fuera del alcance de esta propuesta. En principio, basándonos en las experiencias de Brasil y Colombia, el PBS debería cubrir todas las actividades de fomento de la salud y prevención de la enfermedad que se realizan en el nivel de atención primaria, la consulta médica general y odontológica, así como la atención inicial de urgencias, la atención al recién nacido y el pago de prestaciones económicas suplementarias en casos de licencia por maternidad y de incapacidad por enfermedad. Previa referencia por el médico general, también deberían incluirse en el PBS la consulta médica especializada, los exámenes de laboratorio, medicamentos, hospitalización, intervenciones quirúrgicas de baja complejidad, tratamientos de rehabilitación física y diversas terapias, prótesis y órtesis. El PBS debe cubrir así mismo la atención de algunas enfermedades de alto costo, incluidos el VIH-sida, el cáncer y la enfermedad renal crónica.

xi   Es necesario realizar y acopiar estudios de costos en profundidad que permitan determinar los órdenes de magnitud que deberían tener el aporte fiscal al RESU y los aportes contributivos al RECO, tanto los patronales como los provenientes de los trabajadores. Unas estimaciones preliminares permiten prever que, en la actualidad, descartando la situación de hiperinflación de 2018, no menos de un 60% de la población debería ser auxiliada por el Estado porque no tiene ingresos suficientes para cotizar al RECO. La experiencia colombiana es que los trabajadores cotizan 12,5% de sus salarios al régimen contributivo, repartidos en 8,5% de los empleadores y 4% de los afiliados; la experiencia chilena es de un aporte del 7% de la renta imponible al régimen contributivo.

xvi   El subsidio a la oferta consiste en inyectar fondos públicos a las escuelas y sus sistemas de apoyo, para pagar todos los costos directos de la prestación del servicio educativo. El subsidio a la demanda consiste en transferir recursos públicos a los usuarios demandantes, los padres o representantes de los alumnos, quienes a su vez los pagan al plantel prestador del servicio. Entre las ventajas teóricas que ofrecería un modelo de subsidio a la demanda está la creación de un "mercado de servicio educativo" en el cual las familias podrían escoger el plantel al cual irá su representado y la competencia entre oferentes promovería la elevación de la calidad del conjunto de los planteles. El modelo de subsidio a la demanda en las experiencias de otros países de América Latina, Chile en particular, arroja resultados positivos y también negativos, en particular en cuanto a la equidad de la distribución de la calidad, razón por la cual proponemos realizar experiencias piloto antes de plantear la generalización del modelo.

163

Capítulo 7
Fortalecer la educación superior y el sistema científico y tecnológico[38]

En la historia del desarrollo se reconoce que los grandes hitos de avance económico del mundo se explican por la aplicación de nuevos conocimientos, en cuyo adelanto participan las actividades científica y de desarrollo de tecnologías junto a los procesos educativos que les dan soporte. Esta relación se ha hecho aún mas patente en los últimos treinta años con la apertura de los mercados del mundo al libre comercio y con el advenimiento de la economía del conocimiento, en la cual el éxito de las empresas se basa en su capacidad para innovar y en sus activos de conocimiento.

La Cuarta Revolución Industrial (4RI), actualmente en marcha, conforma el escenario global de economía y conocimiento al cual deberá incorporarse Venezuela tan pronto inicie su transición a la democracia e intente comenzar su reconstrucción. En términos tecnológicos, la 4RI es el resultado de la convergencia y la integración de diversos conocimientos y disciplinas, como la inteligencia artificial, la robótica, la nanotecnología, la biotecnología, las neurotecnologías y la ciencia de los materiales, entre otras, todas ellas apoyadas en las plataformas de las tecnologías digitales de la información y comunicación que provienen de la Tercera Revolución Industrial.

Estas reflexiones nos parecen especialmente pertinentes para Venezuela, en especial pensando que su desarrollo futuro sea equitativo y se dé en paz y en libertad. En palabras de Marianela Lafuente y Carlos Genatios, "si el poder se relaciona con el conocimiento, la posiblidad de la democracia y la libertad a nivel mundial implican una participación igualitaria en su producción, acceso, absorción y uso social" (Lafuente y Genatios, 2005).

---

[38] Las políticas y reformas que planteamos en el presente capítulo y en los capítulos 6 y 8 se complementan mutuamente en el marco de la Estrategia de Creación de Capacidades que fue introducida resumidamente en el capítulo 5.

El sexto de los siete consensos de La Venezuela que Queremos Todos plantea que Venezuela debe asegurar el progreso del conocimiento y de la educación de alta calidad, haciéndolos relevantes y accesibles a todos los ciudadanos.

En este capítulo discutimos nuestras propuestas sobre la educación superior y el fortalecimiento del Sistema Nacional de Ciencia, Tecnología e Innovación, las cuales son particularmente importantes para ese sexto consenso, como también para el tercero, el cual plantea el desarrollo de una nueva economía de alta productividad que genere muchas oportunidades de empleo y emprendimientos en condiciones de trabajo decente.

Venezuela y la Cuarta Revolución Industrial

La convergencia y la integración de conocimientos y disciplinas que hemos mencionado se expresan hoy en aplicaciones cuyos beneficios ya están incorporados en la economía de los países avanzados, están siendo vividos por algunos segmentos poblacionales de la sociedad global, o están en vías de convertirse en nuevas prácticas que modificarán los medios de pago mundiales o cambiarán la vida de las ciudades, tanto en países desarrollados como en vías de desarrollo.

En esta revolución todas las actividades económicas dependerán en gran medida de la conexión a internet, del procesamiento de información a gran escala y del empleo de plataformas que reunirán y concentrarán información de diferentes sectores, aumentando sus ventajas a medida que se amplían, es decir elevando los rendimientos de escala. Cada día más el principal motor del desarrollo será la innovación, la cual podrá ser aplicada y difundida con mayor celeridad en todos los ámbitos de la actividad humana como consecuencia del avance de la 4RI que ya se está dando.

Algunas expresiones tecnológicas de la 4RI

Entre las plataformas y aplicaciones tecnológicas de la 4RI que ya están siendo explotadas en gran escala está el internet de las cosas (IoT, por sus siglas en inglés), del cual se espera que para 2020 conecte veintiocho mil millones de objetos a la red, desde bienes de consumo personal (*wearables*) como relojes inteligentes, hasta automóviles, equipos para el hogar o la maquinaria industrial y sus procesos. Las aplicaciones de inteligencia artificial, por su parte, irán creando nuevos ecosistemas, como el de la llamada informática ambiental, en la cual los asistentes personales tipo Siri son una primera muestra al alcance de quienes cuentan con teléfonos celulares inteligentes.

En las ciencias de la vida, recientemente las tecnologías de la 4RI han hecho posible un enorme avance en las técnicas de edición de genes, el método Crispr-Cas9. El impacto de este método en el desarrollo potencial de la medicina y los sistemas de salud es enorme debido a que el costo de secuenciar un genoma humano completo ha pasado de mil millones de dólares en 2003 a menos de mil dólares en 2016, teniendo la expectativa real de que pronto pueda reducirse a solo cien dólares.

Muchas de las tecnologías de la 4RI ya están ayudando a resolver problemas ecológicos; hoy día existe nanotecnología capaz de limpiar en días un lago contaminado o de reducir de forma asombrosa las emisiones de un motor gracias al control de una computadora.

La 4RI comienza a tener presencia en la agricultura y la agroindustria, persiguiendo la interconexión de máquinas y sistemas con la parcela de la explotación y las instalaciones de primeros procesamientos. Se busca la adaptabilidad y la eficiencia de los sistemas de producción, fundamentalmente optimizando el uso del agua, los fertilizantes y los fitosanitarios, para dar origen a lo que se ha dado en denominar "agricultura de precisión", donde la información es el eje conductor de los procesos.

Desde hace pocos años ya en todo el mundo se habla de las "ciudades inteligentes" para referirse a la incorporación de tecnologías de la 4RI en la planificación urbana, en la gestión de los servicios que se prestan a la población y en el gobierno de las ciudades. Ejemplos de estas aplicaciones son los vehículos eléctricos compartidos y sin conductor o diversas aplicaciones de automatización, supervisión y captación de datos sobre la seguridad de las personas en las calles, la utilización eficiente de la energía y la reducción de la contaminación, entre otros.

Otras tecnologías y aplicaciones ya presentes en el mundo del emprendimiento y de la economía en términos más amplios se basan en la robótica, el aprendizaje de las máquinas y las *blockchains*. Ejemplos de las primeras se dan en el mundo de la "manufactura 4.0" basada en la automatización, entre los cuales están las fábricas inteligentes y la "fabricación aditiva" cuyo máximo exponente es la fabricación a través de impresoras 3D; un ejemplo de la aplicación de *blockchains* es la utilización de medios de pago no tradicionales como las criptomonedas, no dependientes de los bancos centrales.

Para cerrar esta lista ilustrativa de expresiones ya corrientes de la 4RI, el *big data* y el *data mining*, que amplían a niveles nunca antes pensados la capacidad de manejo y análisis de información masiva, ya están siendo empleados en todo el mundo para el análisis de situaciones, preferencias y conductas de grupos de individuos en procesos muy diversos. En países desarrollados y en vías de desarrollo ya se emplean estas tecnologías en el análisis de procesos relativos a la salud humana, al comercio de bienes y servicios y a la participación en elecciones, entre muchas otras actividades.

Recuadro 7.1: Frases escogidas sobre la educación y el conocimiento, de los *verbatim* de seminarios de expertos en la iniciativa de construcción de una Visión Compartida de País

Elevar la calidad de la educación, hacerla efectivamente accesible a todos a lo largo de sus situaciones de vida, y fomentar la producción de conocimientos relevantes para su realización y el desarrollo del país en el contexto de la sociedad mundial del conocimiento... reorientar los procesos educativos para que apuntalen a niveles de excelencia la formación en valores y la generación de capacidades para el emprendimiento, la creatividad y la realización del individuo, para la convivencia en paz, la democracia y la ciudadanía, y para la preservación del ambiente y la naturaleza.

Impulsar la innovación y la creación científica, tecnológica y artística y su conexión permanente con los procesos de desarrollo del país, para elevar la calidad de estos apoyándose en los activos de conocimiento y para que Venezuela se inserte con ventajas en la Cuarta Revolución Industrial.

Las limitaciones de Venezuela para beneficiarse de la Cuarta Revolución Industrial

Venezuela tiene tres impedimentos principales para beneficiarse actualmente de la economía del conocimiento y la 4RI, y por ello corre el riesgo de quedarse rezagada frente al resto de los países si no actúa con celeridad para superarlos e integrarse de manera favorable en estos procesos.

El primer obstáculo que enfrentamos es que una proporción muy importante de nuestra población no tiene las capacidades necesarias para incorporarse productivamente a la 4RI y además está excluida de las oportunidades de una educación de calidad.

El segundo freno es que nuestra actividad cientifico-tecnológica es muy modesta y no está conectada de manera relevante con nuestra economía productiva.

Y el tercer impedimento se encuentra en nuestro propio aparato económico. Nuestra economía depende en demasía del uso que el Estado da a la renta petrolera; su parte productiva es muy débil, poco compleja y escasamente diversificada, y muy pocas empresas les reconocen valor a sus activos de conocimiento.

En el capítulo 6 hemos discutido nuestras propuestas referidas a la ampliación de las oportunidades de educación de calidad en los niveles que van de la educación inicial a la secundaria; en el presente capítulo haremos lo propio con respecto a la educación superior y con relación a nuestro Sistema Nacional de Ciencia, Tecnología e Innovación, el cual deberá convertirse en un eje neuronal de la nueva economía que analizaremos en el capítulo 8.

Unas universidades que apoyen nuestro desarrollo en el siglo XXI

En la recuperación de Venezuela y en particular en la creación de nuevas capacidades, las universidades deben jugar un doble rol fundamental. Deberán ser centros de excelencia capaces de formar a los especialistas de alto nivel que requeriremos para resurgir de la precariedad, salvar los retrasos acumulados y mantenernos desde entonces en desarrollo sostenido; deberán producir nuevos saberes así como dar soporte a los procesos de innovación que caracterizan a la sociedad del conocimiento y a la Cuarta Revolución Industrial.

Principios para el funcionamiento de las universidades en apoyo a nuestro desarrollo

Nuestras propuestas sobre la educación superior que debemos desarrollar se fundamentan en tres principios que comparte la inmensa mayoría de los miembros de las comunidades académicas. El primero es asegurar la libertad, la excelencia y la productividad en toda actividad universitaria; el segundo es expandir la investigación universitaria, articularla con las necesidades del país en su desarrollo y posicionarla en las fronteras del conocimiento mundial; y el tercero es dotarse de recursos económicos y de estructuras de gobernanza y gestión ajustadas a sus nuevos roles.

Asegurar la libertad, la excelencia y la productividad

Debe haber libertad para que puedan desarrollarse la docencia, la investigación y la extensión sin temores ni presiones o intereses extraños (Bifano y Machado Allison, 2017); es necesario que la planta de profesores e investigadores se distinga por la excelencia y por su motivación y compromiso con la producción de alto nivel, y es indispensable que los estudiantes se mantengan estimulados hacia el aprendizaje y el alto rendimiento académico.

Incrementar la investigación, articularla al país y acercarla a la frontera del conocimiento global

Es imperioso que la docencia de las universidades esté articulada con sus propios procesos de investigación y se alimente de ellos, que las actividades de investigación representen una fracción notable de sus tareas totales y se abran a una alta interacción con organizaciones y empresas públicas y privadas del país (Lafuente y Genatios, 2004; Ruiz, 2008; Ávalos, 2017), y que nuestras universidades participen en múltiples alianzas y redes de cooperación con universidades y centros de investigación de muy alto nivel en otros países, en beneficio de que su docencia, su investigación y su personal académico se mantengan en la frontera mundial del conocimiento (García Guadilla, 2010).

Dotarse de recursos y de estructuras de gobernanza y gestión ajustadas a sus nuevos roles

Y evidentemente, las universidades deberán contar con recursos financieros y con estructuras de gestión y de gobernanza que les permitan funcionar cabalmente de acuerdo con los otros dos grupos de criterios definidos.

El funcionamiento actual de las universidades a la luz de los principios deseables

Si pasamos revista al funcionamiento actual de nuestras universidades nacionales, encontramos algunas pistas sobre la corrección de deformaciones y fallas que debe acometerse para alinearlo con los tres principios propuestos.

Con relación a marcos que promuevan la excelencia universitaria, hay laxitud en el régimen de ingreso y ascenso de los profesores en el escalafón y no existe un sistema permanente de evaluación del rendimiento del personal académico, ni una estructura de remuneraciones que premie la mayor productividad, con lo cual el funcionamiento de los sistemas de selección para el ingreso de los estudiantes no pareciera haber mejorado en los últimos años.

En cuanto a la investigación, en las cinco universidades públicas más grandes y de mayor tradición se ubica el 80 % de los investigadores con que cuenta Venezuela, pero el total de investigadores apenas llega a una quinta parte del que debería haber según los indices mínimos deseables que establece la Unesco.

Por otra parte, se puede afirmar que nuestras universidades nacionales nunca le han dado a la investigación la importancia que han otorgado a la docencia, tampoco han conectado orgánicamente las dos actividades y la investigación pareciera ser entendida como una actividad más o menos autónoma, de donde resulta que la misma haya tenido poca interacción con actores no académicos externos a las universidades. Esta situación tendría que cambiar en el futuro, planteamiento en el cual coinciden prácticamente todos los investigadores y especialistas venezolanos en políticas de ciencia, tecnología e innovacion.

Tomando la perspectiva del sostenimiento financiero, la magnitud relativa que tiene el presupuesto de las universidades nacionales y la forma como él se aplica también dicen mucho de la problemática universitaria a resolver.

A pesar de que por más de cuarenta años el presupuesto del Estado dedicado a las universidades ha estado en el orden del 40 % del total aplicado a la educación, esa asignación siempre ha sido juzgada insuficiente pero no ha habido esfuerzos sistemáticos de las universidades para elevar sus ingresos propios, ni han sido intentadas innovaciones para contribuir a financiar las matrículas de los alumnos. Desde la perspectiva de la aplicación del presupuesto, la carga total del pago de nóminas llega a niveles cercanos al 90 %, del cual una proporción creciente se emplea en pago de personal jubilado y una fracción excesiva en pago de personal administrativo y obrero.

Al considerar las deformaciones comentadas en el contexto de la crisis económica que hoy vive toda Venezuela, y de la política de estrangulamiento presupuestario que ha aplicado el régimen del socialismo del siglo XXI a las universidades autónomas, no es extraño que el funcionamiento de las mismas haya llegado hoy a una situación de profunda precariedad.

Las remuneraciones reales de los profesores e investigadores, de todos los rangos, se han reducido a niveles que son insuficientes para subsistir; han ido mermando las ofertas de posgrados; ha caído notablemente la actividad de investigación según registra la Unesco (Albornoz, 2017)[39], y se ha retirado una proporción muy alta de los profesores e investigadores con posgrados, que supera en algunas universidades el 50 %[40]; también han ido desapareciendo los programas de becas y todos los servicios sociales a los estudiantes, y muchas infraestructuras y equipos están en situaciones cuya recuperación futura, de ser posible, sería extremadamente costosa.

Propuestas para la reforma de las universidades nacionales

Deberemos hacer esfuerzos concertados y asignar una prioridad política real a cambiar la situación que acabamos de describir, para acercar el funcionamiento de las universidades a un desiderátum de excelencia y rendimiento, si esperamos de ellas la contribución al desarrollo que comentamos al inicio de la presente sección.

Muchas de las decisiones referidas a las propuestas que hacemos corresponden por ley al consejo universitario de cada universidad, en algunos casos al Consejo Nacional de Universidades, y a la Asamblea Nacional si están implicadas reformas a cuerpos legales. Sin embargo, con miras a asegurarles viabilidad política a las transformaciones necesarias, y considerando la dinámica real de la autonomía universitaria, aquí recomendamos la discusión amplia de algunas de las propuestas por parte de las comunidades académicas.

Aquellas universidades que asuman el rol del que hemos venido hablando contribuirán a fortalecer el Sistema Nacional de Ciencia, Tecnología e Innovación (Sncti) de Venezuela y ayudarán a nuestra economía a competir en el mundo, a progresar y a generar muchos empleos decentes y emprendimientos exitosos. Aquellas que, por el contrario, sigan funcionando con limitaciones graves que les impidan asumir ese rol, verán a nuestro país de lejos, consolidando sin ellas su

---

39   Según la Unesco, citada por Albornoz (2017), la producción científica venezolana ha caído en un 28% entre 2005 y 2015.

40   Desde hace un quinquenio comenzó un éxodo de profesores que ha llegado a extremos en 2017 y 2018, coincidiendo en estos últimos años con el retiro de muchos estudiantes de pregrado de todas las carreras universitarias.

Sncti, porque Venezuela deberá encontrar un camino para no ver comprometido su futuro.

Las ideas que sugerimos a continuación para la agenda de las reformas no entran en detalles ni cubren de manera exhaustiva los mecanismos que podrían ponerse en marcha para resolver la problemática de las universidades nacionales, pero tocan puntos álgidos cuya consideración puede estimular el despliegue de un análisis mas amplio.

La excelencia y la productividad de los profesores e investigadores

En busca de la excelencia y la productividad, planteamos tres grupos de ideas para su discusión por las comunidades académicas de las universidades, algunas de ellas respaldadas en propuestas hechas por expertos en 2017 en el libro publicado con motivo del centenario de la fundación de la Academia Nacional de Ciencias Físicas, Matemáticas y Naturales[41].

Comenzamos por proponer que las comunidades académicas consideren una modificación de las clasificaciones actuales en las que todo miembro del personal académico es catalogado como "profesor-investigador", para que se reserve esa categoría a quienes hacen investigación y sea posible una evaluación de cada miembro basada en logros dentro de las funciones que desempeña.

A partir de la nueva clasificación, planteamos que se discuta una revisión de los mecanismos vigentes para el ascenso en el escalafón universitario, que implemente un sistema de evaluación sistemática del desempeño y la productividad del personal académico y supere la laxitud que pareciera tener el sistema actual.

En tercer lugar, planteamos que se considere superar el régimen de homologación de las remuneraciones de profesores e investigadores, y que parte de la remuneración, junto a la concesión de premios y otros incentivos adicionales, económicos y académicos, se asocie a las evaluaciones propuestas.

La investigación en las universidades

Con miras a incrementar la investigación universitaria, conectarla con la actividad productiva del país y acercarla a la frontera del cono-

---

41 Particularmente nos referimos a los trabajos de Albornoz, de Ávalos, de Bifano y Machado Allison, y de Rangel Aldao, en Bifano y Bonalde, editores (2017).

cimiento mundial, planteamos tres propuestas, para que sean evalua-
das por los consejos universitarios. Ellas no implican necesariamente
debates en las comunidades académicas ni representan temas de alta
sensibilidad política.

La primera es promover alianzas estratégicas entre equipos de investigación de dos o más universidades alrededor de proyectos compartidos o que sean complementarios, cuyas sinergias contribuyan a
elevar los niveles de calidad de la investigación y el rendimiento de
los presupuestos aplicados. El costo adicional implicado en la generación de asociaciones puede ser pequeño frente a los presupuestos
principales y ser apoyado por fondos no reembolsables de cooperación
internacional[xvii]. Adicionalmente, esquemas como estos pueden servir
de instrumento para enlazar sistemáticamente la docencia y la investigación, incorporando la participación de estudiantes e investigadores
a proyectos concretos.

La segunda propuesta se refiere a la internacionalización de la educación superior, la cual contribuye en general a que las universidades
y sus profesores mantengan relaciones con sus pares de otros países,
con lo cual sus trabajos estarán más cercanos a la frontera del conocimiento mundial y serán más reconocidos en el ambiente académico
internacional. Los mecanismos para la internacionalización son muy
variados y nuestras universidades deben abrirse a todos los que estén
a su alcance y les puedan ser de utilidad, desde afiliarse de manera permanente a redes y asociaciones hasta involucrarse en alianzas específicas con universidades de alto nivel para ofrecer programas educativos
internacionales en Venezuela, desarrollar proyectos de investigación
conjuntos y entrenar a sus propios profesores e investigadores.

En tercer lugar, planteamos un conjunto de propuestas que tienen
que ver con el rol que deberán jugar las universidades en el fortalecimiento y la consolidación del Sistema Nacional de Ciencia, Tecnología
e Innovación (Sncti), las cuales se desarrollan más adelante en este
mismo capítulo. Ellas implican una visión ambiciosa del desarrollo venezolano de la mano con la ciencia y la innovación, así como la disposición de las universidades a cooperar en alianzas con las empresas y
con agencias gubernamentales.

Nydia Ruiz, en un trabajo que publicase en 2008, citando a Burton
Clark sobre la creación de universidades emprendedoras, manifiesta
que "el estudio de universidades que lograron en un plazo de diez a
quince años un cambio efectivo y sostenible mostró elementos comu-

nes identificables, como son: un núcleo de gestión fuerte capaz de proponer y negociar los cambios; una periferia de desarrollo amplia bajo la forma de unidades administrativas independientes, promotoras de la investigación y la educación por contrato, y la consultoría; una base diversificada de financiación distinta de la estatal; un centro académico motivado, empezando por aquellos más inclinados al cambio y la actualización; y una cultura emprendedora capaz de establecer nuevas fuentes de ingresos y nuevas relaciones productivas con el entorno" (Ruiz, 2008; Clark, 1998).

La gobernanza, la gestión y el financiamiento de las universidades nacionales

Las propuestas de reforma que hacemos referidas a la gestión, la gobernanza y el financiamiento de las universidades son de una alta sensibilidad política. Por eso todas ellas son planteadas para su consideración por las comunidades académicas, en el marco de un llamado extendido a los profesores e investigadores para que asuman el liderazgo de las discusiones.

Está a la vista de todos los universitarios la necesidad de que las universidades nacionales racionalicen y modernicen sus organizaciones y procesos administrativos, reduzcan las plantillas de personal administrativo y obrero y se doten de reglamentos, normas y mecanismos de sanción que pongan fin al populismo clientelar del que son víctimas muchas de ellas. Sin embargo, esta es una de las propuestas que plantea mayor dificultad para las decisiones de alto nivel en el seno de las universidades.

Lo común en las universidades más antiguas y más grandes es que decisiones de reforma interna dirigidas a mejorar la gestión y hacer viable el desarrollo de la institución sean impedidas si ellas afectan a grupos clientelares de poder, porque los más altos niveles de decisión están influidos por intereses que se benefician más del *statu quo* que del progreso de la universidad. Es decir, que el sistema de gobernanza dificulta el perfeccionamiento de la universidad en lugar de promoverlo, porque está invadido por intereses extraños, lo cual se origina en la forma como se eligen las autoridades y los cuerpos de dirección.

Nuestra propuesta principal con respecto a la gobernanza universitaria es que las comunidades académicas consideren una reforma de los reglamentos de la Ley de Universidades, o de la ley misma de ser necesario, que luego propongan al Consejo Nacional de Universidades o al Poder Legislativo Nacional. Es necesario que allí se preserven los principios que establecen los fines de la universidad y las cualidades académicas y ciudadanas que deben tener sus autoridades máximas, pero también debe especificarse con gran claridad cómo conducir los procesos en los cuales son elegidas dichas autoridades, para evitar las desviaciones políticas y las violaciones de esos principios que lamentablemente se han hecho comunes en algunos recintos académicos.

La posibilidad de que las universidades sean centros de excelencia que puedan formar a los especialistas de alto nivel que requeriremos, y que sean capaces de dar soporte a los procesos de innovación que caracterizan a la sociedad del conocimiento, pasa por asegurar también su viabilidad financiera.

Reducir las plantillas de personal administrativo y obrero, realizar reformas en los regímenes de remuneración de los profesores e investigadores y mejorar las estructuras de gestión de las universidades nacionales son acciones que conducirán a racionalizar sus costos y a elevar su eficiencia, pero no basta para darles la viabilidad requerida. Estos cambios no son suficientes porque los costos de la educación superior son muy altos y porque las universidades están cargadas de algunos compromisos de gasto muy onerosos que no tienen contrapartida en los productos de sus procesos educativos y de investigación.

En fin, hay que librar a las universidades nacionales de los gravosos compromisos mencionados y hay que elevar sustancialmente sus ingresos, lo que no es posible contando solamente con el fisco nacional ya que la educación pública tiene prioridades adicionales a las del nivel superior, y este representa ya un 40 % del gasto total de educación del Estado. A eso se dirigen los planteamientos a continuación.

Comenzando por una propuesta que pareciera políticamente sencilla, hacemos nuestra la sugerencia de Bruni Celli (2012) de liberar a las universidades del pago de jubilaciones del personal, creando un Fondo Nacional de Jubilaciones para la Educación Superior, el cual asuma todos los pasivos que tienen actualmente las instituciones de educación superior del Estado por este concepto. Este nuevo fondo pagaría mensualmente a los jubilados, regularía las políticas de jubilaciones del sistema público de educación superior y sería financiado por aportes de los trabajadores, que podrían ser eventualmente complementados con aportes de algún fondo nacional de ahorros similar a lo que se planteó originalmente con el Fonden. Eso reduciría notablemente la presión que existe en la actualidad sobre los ingresos de las universidades.

La segunda parte de la propuesta se refiere a cómo asegurar a las universidades públicas ingresos provenientes directamente de quienes se benefician de la educación en ellas, dado que el Estado no está en capacidad de suplir totalmente el incremento necesario de sus presupuestos. La solución que debemos dar al problema debe ser óptima en función de la equidad y debe considerar a la vez las restricciones reales existentes.

La discusión sobre este tema lleva ya muchos años en las comunidades universitarias sin que se haya dado una solución, porque la idea de la gratuidad de la educación universitaria como *instrumento ideal* de la equidad está enraizada en las mentes de muchos venezolanos, quienes le dan validez absoluta frente a las realidades de los costos, los límites presupuestarios y las muy diversas capacidades económicas que tienen las familias de los estudiantes de las universidades nacionales[42], siendo que además este beneficio está explícitamente establecido en la Constitución desde 1999.

De entre las variadas soluciones que han sido discutidas por expertos[43], destacamos dos que buscan optimizar la equidad de maneras diferentes. La primera obliga a una reforma de la Constitución y la Ley de Universidades porque considera el pago de aranceles que contribuyan a cubrir parcialmente los costos de la educación por parte de los estudiantes cuyas familias estén en condiciones económicas para hacerlo, y la segunda plantea una interpretación de los dos textos porque exige a los egresados de universidades nacionales retribuir parcialmente el beneficio obtenido de la educación después de graduarse, por medio del pago de una sobretasa específica del impuesto sobre la renta[xviii].

Nos inclinamos por combinar las dos soluciones comentadas: avanzar en el corto plazo sobre la solución basada en un impuesto específico que paguen los egresados de las universidades nacionales y, simultáneamente, promover reformas o enmiendas al artículo 102 de la Constitución y al 11 de la Ley de Universidades, que permitan más tarde implementar la solución del pago de aranceles por los estudiantes mientras cursan sus carreras.

---

42   Más del 30% de los estudiantes inscritos en las universidades nacionales cursaron su educación secundaria en colegios privados en los cuales pagaron matrículas (García Guadilla, 2001). Podría argumentarse que es contrario a la equidad el hecho de que quienes tienen posibilidades de costear su educación superior estén llenando plazas gratuitas e impidiéndoles a jóvenes más pobres disfrutar de ello.

43   Ver Bruni Celli, 2012; Carvajal, 2012; Albornoz, 2017 y Bifano y Machado Allison, 2017.

Esas reformas y enmiendas tendrían que dejar establecido que la viabilidad económica de las universidades nacionales debe resultar del equilibrio entre los costos asociados al cumplimiento de sus fines, sujetos a un manejo racional, por una parte, y por la otra engranados con los aportes presupuestarios del Estado más los ingresos propios que genere cada institución derivados de sus actividades docentes, de investigación y de extensión.

Modificaciones de la Constitución y de la Ley de Universidades como estas no deben ser consideradas obstáculos insalvables, sobre todo en el marco de las reformas jurídico-institucionales mucho más amplias que debe hacer Venezuela para sustentar su *nuevo estilo de desarrollo* y a las cuales nos referimos en los capítulos 9 y 10.

Ampliar y fortalecer el Sistema Nacional de Ciencia, Tecnología e Innovación

Venezuela deberá asegurar de ahora en adelante que la escala de su economía esté permanentemente en vigorosa expansión para no repetir la experiencia de los últimos cuarenta años, y en el futuro eso implica contar con un sistema robusto y dinámico de actividades de investigación, desarrollo e innovación (I+D+i)[xix].

En todas las consideraciones y propuestas que planteamos en esta sección, nos referimos al Sistema Nacional de Ciencia, Tecnología e Innovación (Sncti) de Venezuela como el conjunto de actores públicos y privados que promueven, apoyan, coordinan o realizan actividades de I+D+i.

Haciendo uso de las categorías de actores propuestas por Ávalos (2017), distinguimos cuatro grupos principales de ellos que desempeñan funciones diferenciadas del sistema, cuyas capacidades planteamos fortalecer con las políticas que desarrollaremos en esta sección: los centros de investigación científica y los de investigación y desarrollo tecnológico; las empresas prestadoras de servicios intensivos en conocimientos; los organismos de intermediación; y las empresas productoras de bienes y servicios que se abren a la lógica de la innovación.

A continuación discutimos principalmente cómo fortalecer a los actores fundamentales del Sncti, que es la plataforma de base para las actividades de I+D+i, cuyo desarrollo interesa para ampliar la escala y los horizontes económicos de Venezuela en las décadas por venir. Las lecciones aprendidas de economías avanzadas y de países en desarrollo que están siendo exitosos en sus políticas de ciencia, tecnología e innovación señalan que no es realista que el Estado intente "construir" las redes de los sistemas de innovación, o que pretenda crear u operar los entes de I+D o los organismos de intermediación.

Lo realista, lo que ha funcionado y lo que proponemos como grandes lineamientos de una Política de Ciencia, Tecnología e Innovación (PCTI) es la combinación de tres líneas de conducta del Estado: la creación de condiciones habilitantes que faculten al Sncti e incentiven a sus actores para poner en movimiento la dinámica de I+D+i deseada; el soporte al desarrollo de capacidades de los actores del Sncti; y la concertación, que incluye la construcción de consensos y la armonización de la PCTI con las demás políticas de desarrollo productivo en ámbitos sectoriales y regionales.

En la línea de crear condiciones habilitantes, el Estado debe implantar un entorno institucional favorable en general a las iniciativas privadas, que sea propicio tanto a los emprendimientos basados en conocimiento como a las actividades de investigación e innovación. Adicionalmente, en alianza con el sector privado, el Estado debe desarrollar infraestructuras que son indispensables para dar soporte a las dinámicas de I+D+i en medio de la Cuarta Revolución Industrial, como es el caso de una infraestructura robusta de internet de banda ancha a muy alta velocidad, desplegada por todo el país.

En cuanto al apoyo que debe dar el Estado al desarrollo de capacidades en el Sncti, el mismo no debe enfocarse principal ni exclusivamente en la actividad científica, ya que en adición a las capacidades propiamente científicas, interesa elevar la capacidad de gestión del conocimiento por parte de la economía y que las empresas se conviertan en organizaciones de aprendizaje que están innovando permanentemente. En busca de este objetivo económico, la PCTI debe apoyar y promover los procesos de innovación y facilitar que ellos se apuntalen en las actividades del aparato científico tecnológico, pero también en las que realizan otros conjuntos de actores dentro de la sociedad.

Las funciones del Estado en estas tres líneas propuestas demandarán inversiones y financiamiento para formar recursos humanos, fortalecer la infraestructura científico-tecnológica y crear otras externalidades positivas de las cuales dependerá el desarrollo del sistema. Requerirán igualmente de él que promueva y facilite acuerdos para articular fondos públicos y privados y que obtenga recursos de la cooperación internacional.

En síntesis, planteamos un papel activo del Estado en la política de ciencia, tecnología e innovación en el que su actividad se someta a un régimen regulatorio; no debe imponer soluciones sino concertar políticas y contribuir a facilitar las decisiones de los actores del Sncti.

Un entorno institucional favorable y un marco para la política

Necesitamos dotarnos de tres conjuntos de condiciones institucionales de las cuales adolecemos en la actualidad. Su creación no solo es necesaria para el éxito de la PCTI, es indispensable –en general– para que Venezuela despliegue el *nuevo estilo de desarrollo* del que hemos venido hablando.

Hay que contar con Estado de derecho, con un Gobierno democrático, transparente y rendidor de cuentas, y, como hemos reiterado, desaparecer los vicios del rentismo populista clientelar con sus secuelas de corrupción, centralismo y destrucción de capacidades dentro de la sociedad.

Como parte del entorno favorable a la I+D+i, la institucionalidad universitaria venezolana tiene que vivir una reforma importante. Entre los cambios que esta reforma debe asegurar, como ya hemos comentado, está la intensificación de las relaciones internacionales de investigadores y centros de investigación universitarios, sumado a que buena parte de la investigación y de los posgrados universitarios se decidan y sean orientados en interacción con las empresas. De esa forma se logrará que los centros se mantengan en la frontera del conocimiento y se alineen con el Sncti, y que la dirigencia de las empresas comience a ser más influida por la creación de conocimiento.

El marco regulatorio tiene que darle transparencia y previsibilidad a la política y crear incentivos para que los agentes económicos valoren la creación de activos de conocimiento; para ello tiene que promover el funcionamiento de mercados competitivos sin barreras de entrada, proteger los derechos de propiedad, la apertura internacional de la economía y la inversión productiva nacional e internacional; y además debe establecer una estructura territorial descentralizada para la política pública y normar los tipos de acciones sectoriales que el Estado podrá implementar. Un marco regulatorio tal propiciará la diversificación y la exportación, procesos a los cuales está altamente asociada la necesidad de innovación en las empresas, creando condiciones para el florecimiento de emprendimientos innovadores.

Adicionalmente, el marco regulatorio tiene que crear espacios para que funcione un espectro amplio de mecanismos de financiamiento privado para los actores del Sncti, tales como créditos bancarios competitivos y capitales de riesgo. Ellos complementarían los instrumentos públicos de financiamiento para proyectos que estén alineados con la PCTI, entre los cuales destacan los créditos, los subsidios directos, los incentivos arancelarios e impositivos y los aportes parafiscales originados de mecanismos como fue hasta 2012 la Ley Orgánica de Ciencia, Tecnología e Investigación (Locti), cuyos efectos positivos fueron notables en virtud de una concepción apropiada del funcionamiento de los sistemas de innovación (Ruiz, 2008).

Infraestructuras fundamentales para el funcionamiento del Sncti

Entre las infraestructuras básicas indispensables para el funcionamiento del Sncti, y para atraer inversiones internacionales en actividades que requieren insumos tecnológicos actualizados y de alto nivel, se encuentran aquellas que den apoyo o sirvan de asiento a zonas económicas especiales, junto a una infraestructura de banda ancha de internet de muy alta velocidad, desplegada en todo el país.

La viabilidad de un programa de inversión de gran magnitud en las infraestructuras de apoyo mencionadas, como el que se requerirá en Venezuela para aplicar la PCTI en todas las regiones, debe asegurarse a través de las figuras de alianzas público-privadas (APP), combinando recursos públicos nacionales, recursos privados nacionales e internacionales y fondos de cooperación internacional o préstamos blandos multilaterales, lo que implica que esas inversiones deben hacerse rentables.

Las zonas económicas especiales son fundamentales para dar apoyo a centros de investigación y desarrollo tecnológico, a empresas prestadoras de servicios intensivos en conocimientos y a organismos de intermediación. Una parte menor del costo de esas infraestructuras, tal vez para el capital semilla, podría ser financiada por fondos parafiscales basados en un mecanismo como la Ley Orgánica de Ciencia, Tecnología e Innovación, pero esos fondos no deberían por sí solos asumir la responsabilidad de desarrollar infraestructuras en todo el país, ya que ello restaría muchos recursos a las actividades mismas de I+D+i.

Venezuela intentará iniciar el despliegue de su nueva Política de Ciencia, Tecnología e Innovación, la reconstrucción de su economía productiva y la reforma de su sistema educativo que hemos mencionado antes, partiendo de un gran desfase digital. Nuestro país no dispone de la infraestructura de soporte a internet necesaria para aprovechar las oportunidades de la 4RI que ya están abiertas en todo el mundo desarrollado y en los países más avanzados de América Latina.

Como parte de las primeras acciones a emprender mediante alianzas público-privadas, está la construcción ya propuesta de una infraestructura robusta de internet en banda ancha de muy alta velocidad; una plataforma abierta que permita a los proveedores ofrecer servicios de telecomunicaciones a precios razonables para toda la población y para todas las empresas y organizaciones del país, apoyada en una red de fibra óptica desplegada en todo el territorio que incluya a las pequeñas poblaciones, las zonas rurales y los barrios de las grandes ciudades[xx].

De no lograr con prontitud el adecuado funcionamiento de una infraestructura robusta de banda ancha que soporte la operación de internet de muy alta velocidad, desplegada en todo el país, Venezuela no podrá aprovechar plenamente las oportunidades que ofrecen las TIC, el internet de las cosas (IoT) y la inteligencia artificial para la telemedicina, el desarrollo de sistemas inteligentes en los servicios urbanos, la modernización del Estado, la manufactura avanzada y la agricultura de precisión, entre otras.

Los beneficios de una infraestructura así se expresarán en un efecto notable de inclusión social; en una elevación generalizada de la conectividad que hará factibles tanto la modernización y la descentralización profunda del Estado como el despliegue regional y local de la PCTI y la multiplicación de aplicaciones para la educación, las actividades de I+D+i y la gestión de desastres. Este bastimento es la apertura de muchas oportunidades para la producción de bienes y servicios intensivos en conocimiento, así como un punto focal de atracción para las inversiones extranjeras intensivas en tecnología.

Fortalecimiento de capacidades de los actores del sistema

Las capacidades actuales de nuestro Sistema Nacional de Ciencia, Tecnología e Innovación son muy modestas. Como principal explicación para ello hay que entender que el modelo rentista que ha prevalecido en nuestro desarrollo por casi cien años no demanda ni induce la creación de activos de conocimiento.

Se debe tener presente, por otra parte, que solo a partir de los años 60 del siglo XX Venezuela puso en vigor políticas públicas relacionadas con la ciencia y la tecnología, con las que comenzó a construir una comunidad científica, lo cual tuvo lugar principalmente en las universidades nacionales. Recién a mediados de los años 90 y por unos tres lustros, las políticas comenzaron a promover la conexión entre las actividades de I+D+i y las necesidades de desarrollo del aparato productivo, y hasta hoy esas políticas no reconocen como parte del sector productivo innovador a las empresas del sector de servicios (Ávalos, 2009).

Además, en los últimos quince años, buena parte de los avances que se habían logrado en distintas facetas del Sncti se perdieron como resultado de la aplicación de políticas basadas en el estatismo, la arbitrariedad y la opacidad, que han venido destruyendo el entramado científico (Rangel Aldao, 2017) y han llevado al sistema nacional de innovación a su peor crisis desde que se institucionalizó en Venezuela la política de ciencia y tecnología (Gutiérrez, 2016).

Todo lo anterior se refleja en la caída de los indicadores venezolanos de I+D+i en los últimos años y en dos hechos que describen el comportamiento de la economía venezolana frente a la creación de activos de conocimiento. Por una parte, la capacidad tecnológica endógena no ha sido preocupación de las empresas venezolanas en general, las cuales entienden la tecnología como una mercancía que se adquiere incorporada en maquinarias, equipos y servicios de asistencia técnica. Por otra parte, Venezuela no aplicó históricamente más del 0,5 % de su PIB a actividades de I+D, hasta que entró en vigor la Ley Organica de Ciencia, Tecnología e Innovación (Locti). El gasto sufragado a través de la Locti se elevó al 2 % del PIB en su momento álgido, el período 2005-2010, pero solo una veinteava parte de ese total fue a financiar I+D.

Los centros dedicados a la investigación científica y a la investigación y desarrollo tecnológico

La primera categoría de actores del Sncti está concentrada en organizaciones pertenecientes a las universidades nacionales, las cuales reúnen la mayoría de los centros dedicados a la investigación científica y una parte considerable de aquellos dedicados sistemáticamente a la investigación y el desarrollo tecnológico[xxi]. Para 2013 Venezuela contaba con 6.831 investigadores, un 80 % de los cuales trabajaban en las cinco mayores universidades nacionales, la mitad de ellos en áreas de las Ciencias Sociales y Humanas. Del total referido para 2013, habían emigrado 1.670 para 2016, lo que nos deja con un déficit del 83,33 % al compararnos con los indicadores mínimos que propone la Unesco como deseables, según los cuales deberíamos contar con unos 30.000. En general, la investigación universitaria se orienta, como hemos dicho antes, por agendas que están poco relacionadas con el sistema productivo.

Deben ser objetivos específicos del fortalecimiento de capacidades elevar el número de investigadores, robustecer los centros existentes y alinear sus agendas con las necesidades y demandas del aparato productivo, lo que incluye el apoyo a la innovación "dura" y la innovación "blanda", como es la relacionada con *marketing* y los modelos organizacionales para la producción.

A medida que evolucione la economía venezolana en marcos de mercado, y que las empresas valoren en mayor medida sus activos de conocimiento, es de esperar que se consolide una robusta demanda por I+D+i desde el aparato productivo y que aparezca una oferta suficiente de financiamiento privado a esas actividades. En el corto plazo, el impulso inicial para el fortalecimiento de los centros dedicados a I+D+i va a depender en gran medida de la reforma de la investigación universitaria que fue planteada en secciones precedentes y de mecanismos de financiamiento como lo fue hasta 2012 la Locti.

Las empresas prestadoras de servicios intensivos en conocimiento

Los actores que participan en el segundo grupo del Sncti, las empresas que prestan servicios intensivos en conocimientos, son una suerte de híbridos entre laboratorios tecnológicos y firmas de consultoría, los cuales existen desde hace mucho tiempo en las economías desarrolladas y están floreciendo en las últimas décadas en los países en vías de desarrollo que están teniendo éxito con sus políticas de I+D+i. Los servicios que ellas prestan suelen ser vectores de cambios tecnológicos que van asociados a la adopción de nuevas formas de organización de la producción, es decir que incorporan innovaciones "duras" y "blandas".

En varios países de América Latina los servicios de esta clase de empresas están contribuyendo a transformaciones tecnológicas y organizativas importantes en sectores primarios como la producción forestal, la agricultura y ciertas minerías (Pérez, 2008, 2015). En Venezuela esas empresas no son corrientes y la PCTI debe incentivar su funcionamiento, por ejemplo en centros de las propias universidades, así como facilitar el financiamiento a proyectos alineados a la política en los que ellas se involucran, vía créditos blandos y fondos del tipo Locti.

Los organismos de intermediación

Los organismos de intermediación contribuyen a poner en marcha sinergias propias de los sistemas de innovación, las cuales difícilmente se dan de manera espontánea cuando las actividades de I+D+i están lejos de alcanzar los niveles mínimos necesarios de demanda y de centros, es decir cuando no han alcanzado masa crítica. Por esa razón debe ser un objetivo del fortalecimiento propiciar la multiplicación del número y la elevación de las capacidades de organismos de este tipo apoyados en zonas económicas especiales, parques tecnológicos y algunas clases de incubadoras y aceleradoras de emprendimientos.

En términos económicos, los organismos de intermediación promueven la interacción y la cooperación de grupos específicos de actores del Sncti en busca de elevar la competitividad de las empresas que los integran vía la innovación permanente. Sus roles suelen ser de dos tipos: servir de transmisores para aprovechar el conocimiento generado en los centros de investigación y las empresas proveedoras de servicios intensivos en conocimientos, orientándolo a servir demandas específicas de las empresas, y apoyar la consolidación de las redes en las cuales se produce la interacción, favoreciendo el aprendizaje interfirmas y el disfrute por parte de las empresas de economías de aglomeración, es decir de los beneficios de localizarse en las cercanías de otras con las cuales comparten insumos, conocimientos, factores o intereses productivos.

El principal instrumento del fortalecimiento de capacidades de los organismos de intermediación es el financiamiento de proyectos de los mismos, alineados con la PCTI, que estén orientados a transferir tecnología a pymes y a consolidar *redes de cooperación, cadenas productivas, clústeres* o nuevos emprendimientos basados en conocimiento. Las fuentes y los vehículos de ese financiamiento pueden ser fondos parafiscales vía Locti o asignaciones presupuestarias, y fondos mixtos provenientes de alianzas público-privadas a través de créditos blandos o aportes de capital de riesgo.

Las empresas productivas que se abren a la lógica de la innovación

Las empresas, cuya transformación es uno de los objetivos fundamentales del fortalecimiento que estamos considerando, son el cuarto grupo de actores del Sncti. Son escasas las experiencias empresariales venezolanas en las cuales hay conductas sostenidas de innovación o esfuerzos sistemáticos para desarrollar capacidades tecnológicas.

Reiteramos que debe ser un objetivo fundamental del fortalecimiento de capacidades la transformación de las empresas del sector productivo en organizaciones de aprendizaje, lo cual tendrá lugar en el seno de los sistemas de innovación. El fortalecimiento de los demás actores del Sncti, que hemos comentado antes, debe llevar a robustecer las capacidades de las empresas para innovar.

En fin, los mecanismos para fortalecer las empresas que se abren a la innovación son, en primer lugar, un régimen regulatorio de mercado como el que fue definido antes, que promueva la competencia y proteja los derechos de propiedad; en segundo término, un funcionamiento optimizado del Sncti como el que se busca a través del fortalecimiento a sus demás actores; y en tercer lugar, todos los instrumentos de mejoramiento de la infraestructura científico-tecnológica, el financiamiento y la promoción de mercados financieros privados, con la formación de recursos humanos y el fomento de alianzas de cooperación, entre otros.

La concertación de las políticas

La concertación de las políticas comprende la construcción de un consenso nacional que debe dar base a la PCTI, la armonización de esta con las políticas sectoriales y su despliegue descentralizado en los niveles regional y local.

Reiterando lo que decíamos en la introducción de la parte II del libro, promover consensos es un requisito de viabilidad política para el cambio de rumbo que proponemos en las tres estrategias de desarrollo. En particular, una Política de Ciencia, Tecnología e Innovación como la que hemos esbozado, incluyendo su marco regulatorio, sus acciones de fortalecimiento de capacidades y los procesos de armonización sectorial y regional, impactarán a empresarios de los sectores productivos y del sector financiero, a investigadores, trabajadores y universidades, lo que revela que el consenso para ganar el apoyo de estos actores pareciera necesario.

Mas allá de la aprobación de origen, la lógica propia del Sncti obliga a que la implementación de la política se base en la negociación y la concertación entre el Estado y los actores del sistema, así como en alianzas público-privadas para la inversión de largo plazo y la facilitación de acuerdos que acopien fondos privados y recursos de cooperación internacional.

Muchos de los instrumentos que emplee la PCTI deben ser horizontales, es decir que su aplicación debe cruzar todos los sectores productivos, no favoreciendo ni discriminando a sectores específicos. Casos de estos instrumentos son los subsidios e incentivos fiscales a actividades de I+D+i relacionadas con objetivos de sostenibilidad ambiental o actividades de I+D+i no sometidas a condicionamientos, el apoyo a parques tecnológicos e incubadoras que no discriminen el sector y la construcción de infraestructuras, entre otros.

Pero otros instrumentos pueden dirigirse a armonizar la PCTI con las prioridades que establezcan las políticas sectoriales de desarrollo productivo. Entre los casos de este tipo está la concesión de apoyos financieros e incentivos fiscales a zonas especiales y a centros y sistemas de normalización o de investigación que apoyan solamente a sectores prioritarios, o bien condicionando dicha concesión a la creación de activos de conocimiento de esos sectores.

Un caso histórico de la aplicación exitosa de incentivos condicionados, conocidos internacionalmente como "requisitos de desempeño", se dio en Venezuela entre 1982 y 1992, con el desarrollo de capacidades en el sector de ingeniería y construcción asociado a la industria petrolera. Para 1982, habiendo pasado siete años desde la nacionalización, Pdvsa solo invitaba a empresas internacionales de ingeniería y gerencia de construcción a los concursos para proyectos grandes y medianos. A partir de entonces, persiguiendo la transferencia de tecnología a empresas nacionales, Pdvsa comenzó a invitar a sus concursos a alianzas establecidas entre empresas internacionales y venezolanas[44].

Finalmente, la PCTI debe desplegarse sobre un modelo descentralizado de gestión y tener expresiones regionales y locales que contribuyan con los objetivos de desarrollo territoriales y aprovechen las oportunidades que existen para el impulso de redes y clústeres con la participación de universidades, grupos de empresas y agentes de los gobiernos regionales y locales.

Las ideas que hemos discutido en este capítulo se complementan con las que desplegaremos en el capítulo 8 en la búsqueda del objetivo común de construir una nueva economía de alta productividad, correspondiente al tercer consenso de La Venezuela que Queremos Todos. Esa economía tiene que ir evolucionando y expandiéndose para que

---

44   Un resultado de esas políticas fue que entre 1982 y 1992 las empresas venezolanas capaces de asumir proyectos medianos y mayores, no solo en el sector petrolero sino también en las industrias metálicas básicas y mecánicas, pasaron de no más de 5 a no menos de 20, y de producir 225 millones de dólares a generar 1.500 millones en servicios para la industria petrolera. Hoy en día esas empresas exportan servicios para grandes proyectos al Medio Oriente y a los EEUU, México, Argentina, Colombia y Panamá. Esta experiencia debe recordarnos la necesidad de que Venezuela preserve los espacios para las políticas de desarrollo que requiere, en la oportunidad de negociar acuerdos internacionales de comercio e inversión.

Venezuela vuelva a converger con los países desarrollados en sus niveles de ingreso per cápita, apoyándose cada día más en sus activos de conocimiento.

---

xvii   Los costos de implementación de planes como estos pueden ser financiados dentro de las carteras ordinarias de cooperación de organismos multilaterales como el Banco Mundial (BM), el Banco Interamericano de Desarrollo (BID), la Corporación Andina de Fomento (CAF), si caen en categorías como energías renovables, sostenibilidad ambiental de la economía urbana, mejora de los servicios públicos en zonas populares e introducción de innovaciones en pequeñas o medianas empresas (pymes).

xviii   La primera solución mencionada parte del planteamiento de que todos los estudiantes deben contribuir a cubrir el costo de su educación superior a través de un arancel que todos paguen por sus cursos, el cual sería cubierto por becas que la universidad otorgaría a los estudiantes provenientes de familias de bajos ingresos; es decir que solo estarían pagando los costos de su educación superior los estudiantes provenientes de familias con mayores medios económicos, quienes podrían incluso optar al pago diferido de los mismos después de egresar, mediante créditos educativos otorgados con tasas de interés reales cercanas a cero. La segunda solución se basa en el concepto de que a lo largo de su vida como profesionales, los egresados de las universidades públicas se apropian de los beneficios de una educación que fue costeada por toda la sociedad.

xix   Los sistemas de innovación (SI) son redes de cooperación en las que participan centros pertenecientes al aparato científico tecnológico, empresas productoras y comercializadoras, prestadores de servicios de conocimiento, organismos gubernamentales y otros actores, las cuales contribuyen a estructurar las interacciones entre los participantes para dinamizar la creación, difusión y utilización del conocimiento y la incorporación de innovaciones en productos y procesos, con vistas a competir con ventajas en los mercados. Su funcionamiento reduce los riesgos y costos derivados de la innovación y contribuye a que los actores que los integran se beneficien de la transferencia de conocimientos.

xx   Una red de fibra óptica de alta velocidad y baja latencia (corto tiempo de transmisión de paquetes en la red), con características de capilaridad territorial (llegada a poblados pequeños y zonas rurales) y alta resiliencia (capacidad para recuperarse de fallas en corto tiempo, incluidas las fallas asociadas a desastres), para lo cual debe estar dotada de suficiente redundancia (posibilidad de acceso a los puntos de la red por varias vías, para mantener el servicio aun en fallas de algunas subredes).

xxi   No pasan de una treintena los centros dedicados de manera sistemática al desarrollo de tecnologías, más de la mitad de ellos pertenecientes a universidades, una tercera parte al Estado y menos de un sexto del total a grandes corporaciones privadas, las cuales operan principalmente en los sectores agroalimentario, bioambiental y petrolero. Ávalos (2017) identifica cinco centros de investigación tecnológica creados por el Estado en la primera década del presente siglo, la Agencia Bolivariana de Actividades Espaciales (ABAE), el Centro Nacional de Desarrollo e Investigación en Telecomunicaciones (Cendit), el Centro Nacional de Innovación Tecnológica (Cenit), el Centro de Investigación y Desarrollo en Tecnologías Libres (Cenditel) y el Centro Nacional de Tecnología Química (CNTQ). No existe información actualizada de capacidades y niveles de actividad de los centros, pero hasta los primeros años del siglo XXI los mayores niveles de actividad se encontraban en el Instituto de Ingeniería, el Instituto Venezolano de Investigaciones Científicas (IVIC) y el Instituto Tecnológico Venezolano de Petróleo (Intevep). Por áreas tecnológicas, en los temas de fabricación mecánica y diseño industrial cabe destacar capacidades en centros de las universidades Central de Venezuela (UCV), de Los Andes (ULA), y Simón Bolívar (USB); en el área de petróleo el Intevep y centros de la UCV, la USB, la ULA y LUZ; en alimentos centros de la ULA, la UCV y el Ciepe, fundación estatal; en tecnologías para la producción agropecuaria el Instituto Nacional de Investigaciones Agricolas, dependiente del Ministerio de Ciencia, Tecnología e Innovación y centros de la UCV, la ULA y la Universidad Nacional Experimental de la Region Guayana (Unerg); la ingeniería biomédica, bioingeniería, biomecánica y biofísica aplicada la UCV, la ULA, la USB, la Universidades de Carabobo (UC), Experimental Politécnica Antonio José de Sucre (Unexpo) y Experimental del Táchira (UNET); en metalurgia y materiales la UCV, la USB, el Centro de Investigaciones en Materiales del IVIC y el Instituto de Investigaciones Metalúrgicas y de Materiales de Sidor; en electrónica la UCV y la USB; en tecnologías de información y comunicación la UCV, la USB, la ULA, la UC, el Cendit y el CNTI del Ministerio de Ciencia, Tecnología e Innovación; en tecnologías de la construcción el Instituto de Desarrollo Experimental de la Construcción (IDEC) de la UCV.

Capítulo 8
La nueva economía
que debemos desarrollar[45]

Nos toca en este capítulo plantear cómo echaremos las bases productivas del *nuevo estilo de desarrollo*, y, para llegar hacia ese lugar, definir cómo nos recuperaremos de la destrucción que provocó el régimen socialista en la economía venezolana. Construir esas bases productivas abonará a la factibilidad de alcanzar todos los objetivos de desarrollo que los venezolanos compartieron en los siete consensos de La Venezuela que Queremos Todos.

El nuevo estilo hacia el cual queremos dirigirnos solo puede lograrse si elevamos de manera significativa la escala de nuestro aparato productivo, y debe estar caracterizado por un crecimiento económico que sea sostenible en el tiempo, en lugar de sufrir choques que nos saquen de rumbo cada cierto tiempo. Las nuevas formas de esa expansión deben darse con muy baja inflación, ser amigables con el ambiente y generar muchas oportunidades de empleo y emprendimientos con condiciones para el trabajo decente[46].

Para lograr este tipo de crecimiento es necesario ampliar la producción y la exportación de la industria petrolera nacional (IPN) e incentivar su conexión con el resto de la economía productiva; hay que lograr que aparezcan y se consoliden variadas actividades exportadoras de competitividad creciente apoyadas en la innovación, cuyos mercados sean diversificados, e ir progresivamente reduciendo los consumos de energía, agua y recursos naturales de toda la economía por unidad de producto. Es necesario por lo tanto que la mayor parte de la producción

---

45   Las políticas y reformas que planteamos en este capítulo y en los dos anteriores se complementan mutuamente en el marco de la Estrategia de Creación de Capacidades que expusimos resumidamente en el capítulo 5. Aquí discutimos nuestras propuestas para ampliar las bases de la economía productiva, incrementar su competitividad y complejizarla progresivamente.

46   El trabajo decente, concepto introducido por la OIT en 1999, está caracterizado por cuatro objetivos que dicha organización considera estratégicos: los derechos en el trabajo, las oportunidades de empleo, la protección social y el diálogo social (http://www.ilo.org/americas/sala-de-prensa/WCMS_LIM_653_SP/lang--es/index.htm).

de los sectores primario, secundario y de servicios se vaya alineando paulatinamente y en concordancia con las lógicas del conocimiento y la innovación que ya bosquejamos en el capítulo 7, cuando discutíamos sobre el Sistema Nacional de Ciencia, Tecnología e Innovación junto a la racionalidad de la economía circular[xxii].

De eso trata esta parte del libro, de ese proyecto de construcción de una nueva economía, y de la transición que nos llevará hasta ese sitio partiendo desde las complejidades de la crisis actual. Nuestras propuestas a este respecto están organizadas en dos grandes secciones que desplegamos en este capítulo.

La primera sección está dedicada al proyecto de construcción de la nueva economía y se organiza en dos apartes, uno donde se esbozan los logros que planteamos perseguir por horizontes temporales, y el otro donde se discuten las estrategias y políticas necesarias que proponemos para estos fines.

La segunda sección, referida a la transición, desarrolla el planteamiento de las políticas con las cuales proponemos corregir los desequilibrios y distorsiones de nuestra actualidad, con la finalidad de impedir el colapso económico del Estado y reiniciar un crecimiento donde se incluye la recuperación de la industria petrolera, el cambio de su dimensión y su redireccionamiento hacia el nuevo estilo de desarrollo que atisbamos posible.

El cambio de escala necesario y la construcción de la nueva economía

Para que nuestra economía productiva funcione de una manera diferente a como ha operado por más de cincuenta años, es necesario que se enraíce en ella una lógica esencialmente distinta a la que se ha manejado hasta el momento. En este sentido es preciso que pongamos en marcha reformas y políticas renovadoras que nos permitan cambiar de escala y que conduzcan a que el Estado deje de ser el eje de la producción y se abstenga de "escoger ganadores"; es decir, que el protagonismo de la producción sea asumido fundamentalmente por iniciativas provenientes de agentes privados, que puedan responder a la competencia utilizando las ventajas con que cuentan en los mercados para así desarrollar permanentemente nuevas ventajas, basadas cada vez más en activos de conocimiento.

En pocas palabras, la estrategia que proponemos para instalar esa nueva lógica consiste en promover transformaciones profundas que

Recuadro 8.1: Frases escogidas sobre la economía, de los *verbatim* de talleres de líderes en la iniciativa de construcción de una Visión Compartida de País

Queremos un país que siempre ofrece progreso material y puestos de trabajo para todos... que protege lo que es de cada quien... que garantiza seguridad jurídica y equilibrio de derechos de los trabajadores y los empresarios... Un país cuyas instituciones favorecen la integración de los esfuerzos de trabajadores y empresarios en la creación de bienestar para todos.

Donde las formas de producción asociativas se entrelazan con otras formas (privadas, públicas y comunitarias), creando alianzas y mecanismos de cogestión... que progresa sobre la base del trabajo y el esfuerzo, pero donde también se valora la solidaridad social... Y ofrece oportunidades de emprendimiento para aprovechar las potencialidades de todos, su contribución al desarrollo y su realización personal.

Un país que produce mucha riqueza en agricultura y en industrias... que construye mejorando las carreteras, la electricidad, los teléfonos y el servicio de agua, y aumentando la cantidad de viviendas, abriendo muchos puestos de trabajo.

Queremos una Venezuela que nunca tiene escasez de alimentos porque su producción es fuerte, y que no tiene que importar demasiados productos, lo que crea muchos puestos de trabajo en el país... que les vende muchos productos, no solamente petróleo, a los países a los cuales les compra... Así todos nos ayudamos.

generen una nueva economía de escala mucho mayor que se apoye en la competencia y en la innovación. En el horizonte inmediato –durante la transición a la democracia– deberemos echar las bases para el cambio de dimensión y corregir los agudos desequilibrios que hoy vive la economía, asegurando la solvencia del Estado, abriendo procesos que reinicien el crecimiento y comenzando a construir la institucionalidad económica que requiere el nuevo estilo de desarrollo.

Logros perseguidos por horizontes temporales

Es útil formular y enunciar por períodos las transformaciones fundamentales que persigue el proyecto de la nueva economía expresándolas en término de los logros de la sociedad a la cual esta transformación servirá. No se trata de hacer proyecciones ni de establecer metas precisas, sino de marcar unas referencias que permitan apuntar a objetivos relevantes y juzgar a lo largo del tiempo si nos estamos acercando a la realización de esos propósitos.

Una vez introducido el marco de este modo, los logros comentados pueden expresarse en tres estadios, tomando en cuenta los horizontes a largo, mediano y corto plazo.

Pensando primero en los objetivos a largo plazo, en un período de 25 a 30 años, deberíamos haber convertido a Venezuela en un país integrado mayoritariamente por familias de clase media, en una situación donde la economía es capaz de proveer oportunidades de emprendimientos y empleos formales estables a más de las tres cuartas partes de la población económicamente activa (PEA), así como proporcionar a la totalidad de la población el beneficio de un sistema integral de seguridad social que ofrezca atención para la salud, seguro de desempleo y pensiones de invalidez y retiro.

Para el año 2050 el tamaño de la economía debe haberse triplicado en términos reales en comparación con el que tenía en 2013, haciendo posible que el PIB per cápita se duplique en el mismo lapso y que los niveles de pobreza se hayan reducido a un cuarto de la población total del país[xxiii]. El aparato productivo debe haberse complejizado ampliamente, la manufactura debe representar más de un tercio del PIB total y todos los sectores deben haber avanzado de manera notable en la reducción de los consumos de energía, agua y materiales de la naturaleza por unidad de producto.

A lo largo de un período de 30 años las palancas principales de estas transformaciones habrían sido dos: por una parte, a partir de la primera década el cambio de escala de la industria petrolera nacional y su interconexión profunda con la manufactura y los servicios, y, por la otra, la aparición y posterior afianzamiento de muchas nuevas actividades exportadoras que habrían contribuido a consolidar la nueva dinámica a partir del segundo decenio.

Para 2030 las exportaciones per cápita de la industria petrolera ya habrían recuperado los niveles que tenían a mediados de la década de 1970, habiendo triplicado su volumen total con respecto a 2013. La dinámica de las nuevas actividades manufactureras y de servicios se habría beneficiado del cambio de escala de la economía y de las políticas que hemos comentado en capítulos anteriores referidas a la educación en todos sus niveles y al Sistema Nacional de Ciencia, Tecnología e Innovación.

Para el horizonte medio, de 15 a 20 años, debemos haber tomado una senda de crecimiento en la cual nuestro PIB per cápita esté convergiendo con el de los países desarrollados, cerrando la brecha que existía para 2017 a razón de un 1,2 % anual[47], y los salarios reales ya deben llevar años mejorando. Para el horizonte de 20 años se debe haber avanzado mucho en el objetivo fundamental de reducir la pobreza de ingresos a no más del 25 % de la población total.

Esta fase de la implantación del nuevo estilo de desarrollo es crucial porque en ella deberán haberse alcanzado cuatro transformaciones sustantivas en la economía productiva.

Las tres primeras transformaciones tienen que ver con la complejización y la innovación. En el horizonte de 15-20 años se debe haber avanzado en la diversificación y la generación de densos tejidos interindustriales, ya deben estar funcionando clústeres y cadenas innovadoras conectadas con la industria de los hidrocarburos, de los cuales se exporten servicios de alto contenido de conocimiento, y ya debe existir una conexión orgánica estable entre muchas empresas de diversos tamaños y sectores con los centros de investigación y demás componentes del Sistema Nacional de Ciencia, Tecnología e Innovación.

El cuarto cambio sustantivo tiene que ver con la alineación de los sectores productivos en la sostenibilidad ambiental, como fruto de la aplicación de marcos regulatorios que la incentiven. Se deberá haber logrado avances en ecodiseño y en modelos de negocio y procesos productivos de bajo impacto, y los agentes privados y el Estado deberán haber acordado un cronograma de implementación de la economía circular.

---

47 Durante más de quince años a partir de 1945, el PIB per cápita de Venezuela fue superior al PIB per cápita promedio de los países de la OCDE, llegando a ser más del 170 % de dicho promedio. Desde mediados de la década de 1970, el PIB per cápita de Venezuela diverge de manera creciente del PIBpc promedio de la OCDE, habiendo llegado a representar solamente un 27,4% de este último en 2017, es decir llegando a crearse una brecha equivalente al 72,6% del PIBpc de la OCDE en ese año.

FIGURA 8.1

Logros perseguidos de la economía hasta el año 2050

PIB per cápita (Miles de USD de 2014)
○ OCDE   ● Venezuela   ○ Chile

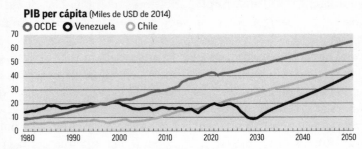

PIB per cápita relativo a los países desarrollados (OCDE=100)
○ OCDE   ● Venezuela   ○ Chile

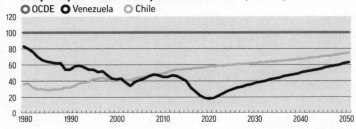

Fuentes originales: Maddison 2001, 2011; The Conference Board 2018; estimaciones propias

Inflación anual (%) Escala logarítmica

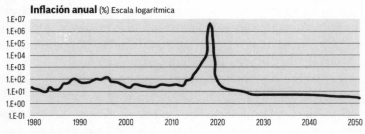

Pobreza de ingresos (% de la población)

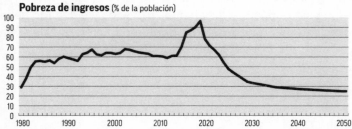

Fuentes: BCV, OCEI/INE varios años; ENCOVI 2015 al 2017; Asamblea Nacional 2016 al 2018; estimaciones propias

En un plazo no mayor de 10 años, Venezuela debe haber recuperado el PIB per cápita real que tenía en 2013, antes de la explosión de la crisis que ha devenido en emergencia humanitaria. La economía comienza a diversificarse, conducida por muchas iniciativas de agentes privados y capacitada para generar cada vez más emprendimientos y empleos que permitan un trabajo decente. En este punto crucial, las políticas de ciencia, tecnología e innovación comienzan a ser concertadas con las de diversificación productiva y competitividad.

Para un horizonte menor, que no supere los 6 años, el crecimiento de la economía ya debe ser estable, la inflación debe estar en un dígito bajo y los trabajadores deben estar recibiendo remuneraciones reales crecientes, soportadas en incrementos de la productividad[xxiv].

En el más corto plazo, durante la transición a la democracia, Venezuela tendrá que haber corregido los desequilibrios económicos de hoy y haber recibido un influjo importante de recursos para la reconstrucción de sus servicios fundamentales, la recuperación del abastecimiento y el rescate de la población de la telaraña de la emergencia humanitaria.

Ello requerirá de los programas que desarrollaremos en las secciones dedicadas a la estabilización y la recuperación, las acciones que comprenden el control de la inflación, la restructuración y la renegociación de cuantiosas deudas internacionales, la recuperación de la industria petrolera, la cual debe contribuir a financiar la recuperación, y las primeras reformas institucionales que aseguren el ingreso de recursos frescos, tanto en las formas de inversiones directas como de créditos multilaterales.

En los primeros 24 a 36 meses Venezuela no estará en capacidad de servir la deuda externa preexistente ni de comenzar a pagar nuevos empréstitos, por lo que la negociación internacional que se realice sobre los pasivos actuales y los nuevos financiamientos tendrá un enorme valor económico, social y político.

El funcionamiento de la nueva economía y las políticas para construirla

La construcción de la nueva economía consiste en un proceso amplio y dinámico que incluye la evolución de las empresas existentes, la incorporación de nuevas actividades y la transformación progresiva de la lógica de todas ellas. Como hemos dicho antes, en la nueva lógica las empresas deberán responder a la competencia utilizando

en los mercados las ventajas con que cuenten y desplegar sostenidamente nuevas ventajas, apoyadas cada vez más en sus activos de
conocimiento.

Esta transformación será facilitada por el despliegue de políticas
públicas de dos clases: las políticas "horizontales", las cuales proponemos aplicar a todas las actividades económicas por igual, y las políticas
"verticales", que se aplicarían para promover cambios importantes en
sectores productivos específicos que se consideren de interés estratégico para el nuevo estilo de desarrollo.

Adicionalmente, será necesario enfrentar dos serias restricciones de
partida que tendrá la iniciativa de construcción de la nueva economía:
por una parte, la confrontación con el precario estado de las infrestructu-
ras y la inviabilidad económica de su mejoramiento bajo los regímenes
institucionales actuales, y, por la otra, la necesidad de generar muchos
empleos formales que puedan sostener a la mayoría de la población,
aun antes de que la nueva economía se haya convertido en el principal
dinamizador general.

En función de lo esbozado, hemos organizado en cuatro secciones
nuestras propuestas. Las dos primeras se refieren a las políticas "horizontales" y "verticales" que acabamos de mencionar; las secciones
siguientes están dedicadas a explicar cómo hacer confiables y económicamente sostenibles los servicios que se prestan a través de redes
de infraestructuras indispensables para las actividades productivas. El
último punto incluye cómo dinamizar la demanda agregada para generar muchos empleos formales en los primeros tiempos del proceso,
cuando la nueva lógica no ha alcanzado aún un dinamismo suficiente.

Las políticas horizontales en la nueva economía

Las políticas horizontales para el desarrollo de la nueva economía,
que se aplicarían a todos los sectores productivos por igual, buscan incentivar en ellos la lógica de la competencia, la innovación y la minimi-
zación de los impactos adversos al medio ambiente, además de promover una progresiva complejización y una diversificación de productos
y de mercados, tanto nacionales como internacionales.

En una visión de conjunto, el nivel más alto de las políticas horizontales que proponemos corresponde a un marco regulatorio que debe
establecer las reglas del juego de toda la economía productiva y definir
los instrumentos que podrían ser empleados por el Estado en el resto
de sus políticas.

El conjunto de leyes, reglamentos y otros instrumentos jurídicos de ese marco regulatorio tiene que dar el protagonismo empresarial a la iniciativa privada y fijarle al Estado roles fundamentales como creador de externalidades positivas y otros bienes públicos, facilitador del funcionamiento competitivo de los mercados, promotor de la apertura internacional de la economía y la inversión nacional e internacional y protector de los derechos de propiedad y los derechos laborales.

Las demás herramientas horizontales comprenden políticas en siete áreas: macroeconómicas; de ciencia, tecnología e innovación (CTI), ya explicadas en el capítulo 7; de incentivo al funcionamiento de redes de cooperación; de financiamiento; de comercio internacional y de promoción y protección de inversiones; de sostenibilidad ambiental del crecimiento y de servicios apoyados en infraestructuras, tema al cual dedicaremos un aparte especial de la presente sección, una vez hayamos tratado el tema de las políticas verticales.

Las políticas macroeconómicas comprenden las vertientes dirigidas a asegurar una sana fiscalidad y a garantizar conductas monetarias y cambiarias prudentes que puedan generar un entorno favorable para el desenvolvimiento de los agentes económicos, el funcionamiento de amplios mercados financieros y el éxito de todas las demás políticas.

Entre las políticas de ciencia, tecnología e innovación que tratamos en el capítulo 7, aquí destacamos como incentivadoras de todas las empresas productivas las de financiamiento de la innovación que se apoyan en fondos parafiscales, como los que operaron hasta 2012 a través de la Ley Orgánica de Ciencia, Tecnología e Innovación (Locti). Con relación a las pequeñas y medianas empresas de cualquier sector, el beneficio de ese financiamiento debe comprender la capacitación gerencial y la asistencia técnica con acompañamiento en la implantación de nuevas prácticas en productividad, innovación y mercadeo internacional.

Con relación al resto del financiamiento requerido para la construcción de la Nueva economía, hay que diferenciar el de corto plazo, asociado con el giro normal de toda empresa, y el que se relaciona con la inversión en capital fijo y con la innovación, dinámicas que incluyen los esfuerzos de experimentación y "descubrimiento" propios de la economía del conocimiento en la que pretendemos entrar.

Tan pronto como Venezuela logre estabilizar su economía teniendo niveles de inflación de un dígito bajo y tipos de cambio predecibles, es de esperar que la banca en general comience nuevamente a desplegar instrumentos ágiles y eficaces para el financiamiento a corto plazo, con tasas de interés competitivas.

En el financiamiento de inversiones de largo plazo y el apoyo a la innovación y la experimentación en procesos y productos, nuestra propuesta incluye la promoción por parte del Estado de varios instrumentos cuyo funcionamiento en Venezuela siempre ha estado limitado. Este engranaje debe llevarse a cabo combinando el establecimiento de regulaciones específicas y la participación de recursos públicos y recursos internacionales en el fondeo y anclaje de los instrumentos. Es indispensable para el adecuado funcionamiento de estas herramientas que los agentes participantes hayan recuperado la confianza en el comportamiento macroeconómico de Venezuela y en la solvencia del Estado.

Para el financiamiento a la inversión de largo plazo, es necesario revivir el mercado de capitales, que prácticamente desapareció en Venezuela, y la banca de desarrollo. Esta última debe jugar el rol de intermediario de segundo piso para el acceso a líneas de crédito en moneda nacional fondeadas con recursos públicos y privados, incluidos los fondos de pensiones, así como el acceso a préstamos en divisas que estén financiados con recursos multilaterales.

Para el financiamiento a la experimentación en procesos y productos, caminos largos y riesgosos, y en general para el financiamiento de los emprendimientos asociados a la innovación tecnológica, en adición a los ya mencionados mecanismos parafiscales tipo Locti, el Estado debe apoyar los fondos de capital de riesgo privados que ya habrán comenzado a aparecer y promover activamente la creación de nuevos fondos en los que él mismo participe a través de alianzas público-privadas.

Para cerrar los comentarios referidos al financiamiento y como complemento a lo dicho, solo hará falta establecer reglas claras y políticas sostenidas que apoyen los emprendimientos de todas las pequeñas y medianas empresas, asegurando que sean razonables las tasas de interés que les sean aplicadas, y promoviendo la aparición de mecanismos dirigidos especialmente a liberar algunos cuellos de botella que ellas suelen sufrir. Entre esos mecanismos hay que destacar los fondos de garantías recíprocas, sociedades intermediarias que se establecen para apoyarlas y proyectarlas, facilitando el acceso a la banca y a los procesos de licitación y competencia.

En cuanto a las políticas internacionales de comercio e inversión, las aplicables por igual a todos los sectores comprenden el impulso del libre comercio, el fomento y la protección de la inversión extranjera, la promoción y defensa de la competencia y la defensa contra prácticas internacionales de *dumping*[48] y subsidios, haciendo uso de los espacios para políticas que requiere la estrategia general de construcción de la nueva economía, todo ello en observancia de los acuerdos internacionales de los que es parte Venezuela.

Las políticas internacionales comprenden además la negociación de nuevos acuerdos de comercio e inversión en beneficio de los objetivos planteados para la construcción de la nueva economía. Una vez iniciada la transición a la democracia, el Estado debe promover un consenso nacional acerca de las opciones que tomará Venezuela, si reinicia el camino de los acuerdos de integración en el hemisferio o si se abre preferentemente a múltiples acuerdos bilaterales de inversión y libre comercio en el marco global.

Por último y con relación a la sostenibilidad ambiental del crecimiento, nuestra propuesta incluye la aplicación de dos conjuntos de políticas para todos los sectores y empresas. El primer grupo se refiere a los reglamentos que estén vigentes, relativos a mitigación y adaptación al cambio climático y los referentes al control de los impactos específicos de cada empresa sobre el medio ambiente. El segundo conjunto consiste en implementar una estrategia por etapas dirigida a minimizar el consumo de energía, agua y otros insumos de la naturaleza por unidad de producto, actuando en concordancia con la perspectiva de la economía circular.

En una primera etapa serían dos las políticas de la estrategia de economía circular. En primer lugar la concesión de incentivos fiscales para la reducción del uso de insumos de la naturaleza; y, en segundo lugar, la promoción de actividades de investigación, desarrollo e innovación (I+D+i) para experimentar procedimientos en *ecodiseño* y establecer modelos de negocios adaptables a los productos de cada rama, apoyándose en las políticas de ciencia, tecnología e innovación que fueron explicadas en el capítulo 7.

En una etapa posterior sería posible establecer un sistema de estándares para la evaluación de diversos procesos, esquemas consensuados a los cuales tendrían que adaptarse las diversas ramas productivas en un lapso prudencial a partir de la fecha de su promulgación.

---

48 El *dumping* es una práctica desleal de comercio que consiste en vender un producto por debajo de su precio normal, o incluso por debajo de su coste de producción, con el fin inmediato de ir eliminando las empresas competidoras y apoderarse finalmente del mercado.

Dentro de los lineamientos y límites generales que hemos esbozado para las diversas políticas horizontales, será necesario desplegar instrumentos específicos que precisen algunas de ellas para hacerlas aplicables sin mayor complicación a las particularidades de ciertos sectores como son la minería, la agricultura y la agroindustria; la explotación de infraestructuras de transporte y logística, de energía, agua y saneamiento; de telecomunicaciones, incluyendo internet; las áreas del turismo y los sectores de servicios intensivos en conocimiento junto a las industrias mecánicas y químicas, entre otras ramas de la producción nacional.

Ideas básicas sobre políticas "verticales" dirigidas a sectores estratégicos

Los sectores estratégicos para la construcción de la nueva economía son aquellos que pueden servir de base para desarrollar complejos productivos amplios, clústeres innovadores y fortalezas de conocimiento que a su vez nos sirvan para exportar bienes de alto valor agregado y servicios intensivos en conocimiento, o que tienen en sí mismos el potencial para convertirse en grandes exportadores competitivos. El desarrollo de los sectores calificables como estratégicos de acuerdo con estos criterios debería contribuir a que la renta petrolera sea eventualmente desplazada como el dinamizador principal de la economía venezolana.

Por casi cien años, el impulso de la economía venezolana se ha originado principalmente en el gasto y la inversión del Estado que han sido financiados por la renta que este capta del comercio internacional de los hidrocarburos. Hay mucho espacio todavía para ampliar los impactos de insumo-producto que tienen la inversión y la producción petrolera en el país.

Es importante destacar que, según estos criterios, las actividades de explotación y procesamiento de hidrocarburos deben considerarse estratégicas en la medida en que se conviertan en ejes de clústeres[49] y complejos que maximicen los efectos multiplicadores sobre el resto del aparato productivo venezolano, lo que implicaría, entre otras cosas, elevar ampliamente los niveles de producción de crudo superando la tradicional estrategia rentista que busca mantenerlos represados para maximizar la renta por unidad de hidrocarburos producida.

49　Los clústeres son agrupamientos de empresas usualmente localizados en proximidad, que se vinculan por compra-venta de insumos intermedios y servicios o porque comparten sectores de soporte, los cuales están organizados en redes verticales y horizontales con el propósito de elevar sus niveles de productividad, competitividad y rentabilidad.

Las ventajas que convierten en estratégico a un sector o una rama de actividad tienen que estar reveladas en los mercados; debe haber señales concretas de esas ventajas y también inversionistas privados que estén dispuestos a asumir los riesgos empresariales de una actividad, para que así las políticas públicas puedan acompañar a esas iniciativas. No planteamos en estas propuestas que el Estado se convierta en un empresario más o asuma los riesgos empresariales de ningún sector designado como estratégico, pero sí que abra el compás de acción y propicie la movilización de recursos privados cuando existan los agentes no estatales dispuestos a asumir la producción.

Entre los sectores estratégicos pudiesen estar las actividades que puedan convertirse en vectores para las políticas del Sistema Nacional de Ciencia, Tecnología e Innovación (Sncti), y algunos en los cuales tenemos potenciales ventajas exportadoras derivadas de nuestra dotación de recursos naturales y de energía.

En el primer grupo, de los potenciales vectores para las políticas de este sistema (Sncti), están los servicios intensivos en conocimiento, las ingenierías, los emprendimientos de *software* y de aplicaciones de tecnologías de la información y la comunicación (TIC) y en general los emprendimientos tecnológicos que, aunque nacen pequeños, terminan tejiendo innumerables redes que impulsan los procesos de innovación en toda la economía.

En el segundo grupo, donde residen las actividades apoyadas en recursos naturales y en nuestras ventajas energéticas, están comprendidas las industrias metálicas básicas y las manufacturas mecánicas, pudiendo también incluirse las diversas actividades de las minerías, entre ellas las de minerales estratégicos, siempre y cuando su aprovechamiento se haga bajo regímenes y proyectos respetuosos de los ecosistemas naturales.

Evidentemente, uno de los sectores estratégicos del segundo grupo debe ser la industria petrolera nacional (IPN), para lo cual debe ser reorientada por políticas que la recuperen del colapso en que está y la realineen en sintonía con el *nuevo estilo de desarrollo*, como planteamos más adelante.

En adición a las políticas horizontales aplicables a toda actividad productiva, señalamos a continuación, a título de ejemplos, consideraciones que podrían apoyar específicamente a algunos sectores estratégicos.

Como modelo de actuación aplicable para apoyar el desarrollo de las ramas que se comportan como vectores de la Política de Ciencia,

Tecnología e Innovación (PCTI) –como son las ingenierías y la producción de *software*–, nuestra propuesta comprende la aplicación de requisitos de desempeño no compulsivos[50] en los grandes proyectos de inversión que se lleven a cabo en los sectores de minas e hidrocarburos, y en las contrataciones públicas de grandes infraestructuras, para incentivar a los inversionistas y a los oferentes a realizar compras nacionales de tecnología, insumos tecnológicos y servicios intensivos en conocimiento.

Un ejemplo importante de cómo pueden combinarse varias políticas es el fomento a la consolidación de clústeres de un sector estratégico. Una agencia de desarrollo sectorial o regional podría por ejemplo promover alianzas entre empresas, centros de I+D+i y gobiernos locales para el funcionamiento del clúster, podría darle acompañamiento a la consolidación y podría tramitar el subsidio de algunas actividades de esa consolidación en las que participen las pequeñas y medianas empresas. Así se podría gestionar la realización de inversiones públicas o de alianzas público-privadas focalizadas en las infraestructuras particulares que se requieran, incluidos los desarrollos inmobiliarios para zonas económicas especiales o equipamientos para el funcionamiento de incubadoras o núcleos del clúster.

Otros ejemplos relevantes son el subsidio directo a actividades de I+D+i del sector en cuestión en la experimentación de nuevos productos y procesos junto a la concesión de incentivos fiscales durante las etapas de posicionemiento de los productos, sin olvidar el apoyo en infraestructuras e incentivos de impuestos a empresas de servicios intensivos en conocimiento que apoyen la transformación tecnológica de la agricultura.

Finalmente, con relación a la sostenibilidad ambiental, dado que es de esperar que en algunos sectores estratégicos se generen dinámicas muy intensas, es importante que en todos los que impliquen explotación de recursos naturales o transformación manufacturera, se instrumenten políticas específicas dirigidas a la sostenibilidad de los ecosistemas, a la reducción de los impactos en el ambiente y a programas acelerados de economía circular tendentes a reducir el consumo de agua, energía e insumos naturales por unidad de producto.

---

50   Un requisito de desempeño no compulsivo en materia tecnológica consiste en la concesión de un incentivo a una empresa, en contrapartida por la alineación de su desempeño con una política de desarrollo local de tecnología. Por ejemplo, la compra local de servicios tecnológicos o la asociación con empresas locales que los produzcan para fortalecerlas a través de un proceso de transferencia de tecnología *learning by doing*.

Las redes de infraestructuras y los servicios prestados a través de ellas

En las décadas de los años 60 y 70 del siglo XX, Venezuela empleó en promedio el 4,4 % de su PIB para completar redes de infraestructuras que la colocaron en los lugares más altos de América Latina (De Viana, 2017). Pero a partir de los años 80, estas redes y los servicios que ellas prestaban comenzaron a decaer como consecuencia de una reducción notable que se produjo en las inversiones anuales, las cuales cayeron a 2,7 % del PIB entre 1979 y 1993, unido a serios problemas de organización e inviabilidad financiera de las empresas prestadoras. Los mismos servicios tuvieron un período de mejoría a partir de los años 90, como resultante de la reestructuración y la privatización de algunos de ellos, pero desde mediados de la primera década del siglo XXI los avances comenzaron a perderse hasta llegar a la situación actual, caos en el cual las infraestructuras y los servicios de agua y saneamiento, energía eléctrica, gas, telecomunicaciones y eliminación de desechos son absolutamente precarios. Para el año 2016-2017 el Global Competitiveness Index de infraestructuras que publica el World Economic Forum coloca a Venezuela en el lugar 121 de 138 países (De Viana, *ibid.*).

Es necesario a todas luces recuperar y modernizar las redes de infraestructuras venezolanas, pero en el futuro cercano no se puede contar con que el presupuesto del Estado financie sin recuperación las inversiones que hacen falta para mantener todas estas redes en buen estado y con tecnologías actualizadas; es indispensable que los ingresos de las empresas prestadoras de los servicios sean capaces de recuperar sus costos, incluidos los de inversión.

Frente a los retos que se nos presentan en el futuro en materia de infraestructuras, planteamos como propuesta general que se pongan en vigor marcos regulatorios que hagan factible la participación de capitales privados en la inversión y la prestación de los servicios, y que separen claramente la función del ente del Estado que otorga la concesión de las funciones de la empresa concesionaria que lo presta, sea esta pública, mixta o privada, con lo cual se deberían enfocar las tarifas como el medio idóneo a través del cual se garantiza la prestación del servicio a toda la población y a las actividades económicas que lo requieren.

Las empresas municipales o regionales, las firmas enteramente privadas y las diversas formas de alianzas público-privadas pueden ser la solución para la optimización de los servicios públicos prestados a través de redes de infraestructuras. La supervisión de las empresas a través de los respectivos entes reguladores y la presencia privada en la gestión de las mismas elevarían la probabilidad de que estos entes prestadores de servicios se conviertan en centros de excelencia como lo son en otros países.

En apoyo a su aparato productivo, Venezuela necesita completar una red ferroviaria mínima, así como ampliar y modernizar su vialidad y sus infraestructuras portuarias y aeroportuarias en todos los niveles. Debe también ampliar la capacidad de generación de agua potable, electricidad y gas y hacer reparaciones y renovaciones mayores a las respectivas redes de transmisión y distribución. Unido a esto debe dotarse de una red moderna de telecomunicaciones, incluyendo el internet en banda ancha de alta velocidad, así como dotar a sus ciudades de servicios de recolección y disposición de desechos sólidos.

Adicionalmente, y considerando que más de la mitad de nuestras familias vive desde hace más de 30 años en barrios urbanos con dotaciones y niveles de confiabilidad precarios en todos los servicios que venimos comentando, en otros apartados de nuestras propuestas hemos planteado el desarrollo de un ambicioso programa de mejoramiento del hábitat de las familias populares.

Afrontar las inversiones necesarias para cubrir los déficits acumulados, mantener las infraestructuras y actualizarlas permanentemente no solamente permitirá prestar unos servicios que son requeridos por la población y la economía productiva; en los primeros años de la reconstrucción de Venezuela, cuando la dinámica de la nueva economía aún no sea suficiente, la construcción y el mantenimiento de la infraestructura puede ser un importante generador de empleos, tema al cual nos abocamos en el próximo segmento.

Los programas de infraestructuras y la economía popular

Reducir sustancialmente el desempleo abierto y la proporción de los empleos informales de nuestra sociedad mientras aún no ha madurado la nueva lógica de crecimiento implica poner en movimiento desde el corto plazo una estrategia que dinamice la demanda agregada, lo que podrá hacerse mediante programas de construcción y mejora de infraestructuras como los comentados.

Desarrollar programas ambiciosos de infraestructuras, realizados en una alta proporción a través de alianzas público-privadas, incluidos los de mejoramiento de los barrios populares, ofrece ventajosas soluciones a tres objetivos prioritarios de carácter estratégico: mejorar el hábitat de la mayoría de los venezolanos, recuperar el empleo y elevar la competitividad. El programa que proponemos dedicado a los barrios populares tiene como norte elevar sostenidamente los estándares de sus infraestructuras y servicios públicos, hasta igualarlos con los de las zonas formales de las ciudades en un horizonte de 20 a 25 años.

Es necesario resaltar que abatir de manera estable el desempleo abierto y la informalidad requiere que se cumplan dos condiciones en las iniciativas que venimos comentando: primero, que los programas "del lado de la demanda" como los ya mencionados de construcción y mantenimiento de infraestructura no sean espasmódicos sino que se sostengan en el tiempo, y, segundo, que se implementen políticas "del lado de la oferta" capaces de generar condiciones para que los empleos que se creen en el corto plazo se mantengan. Estas iniciativas deben estar dirigidas a elevar la capacitación de la fuerza de trabajo, promover mejoras organizacionales y apoyar la elevación de la productividad en diversos segmentos de la economía popular.

La economía popular está formada por actividades económicas y prácticas sociales que realizan distintos miembros de los grupos populares fuera de relaciones de dependencia laboral sostenidas con empresas privadas o entes públicos, bien sea de manera individual o en asociaciones con otros miembros de las comunidades, a través de empresas apoyadas en la propiedad privada de los activos (economía privada popular), en organizaciones de cooperación solidaria (economía solidaria popular) o en formas colectivas de organización[xxv].

Combinar las políticas mencionadas del lado de la oferta y del lado de la demanda implica reconocer a dos sujetos de política que han sido tradicionalmente ignorados en las "estrategias de modernización" e integrar en las políticas públicas mecanismos propios de las comunidades, basados en la cooperación y la solidaridad, los cuales también han sido invisibles hasta hoy para aquellas estrategias.

Atendiendo a la necesidad social y política de generar "victorias tempranas" en cuanto a la recuperación económica en favor de los grupos de menores ingresos, proponemos la implementación de una primera fase de la política que se mantenga por lo menos en un primer horizonte de 7 a 10 años, donde se combine el fortalecimiento de la economía privada popular (EPP) y de la economía solidaria (ES), por una parte, y en otro ángulo desplegar los programas para la mejora de los equipamientos y servicios de los barrios populares que hemos mencionado, los cuales deben incluir: una conexión adecuada a la trama urbana regular; elevación de sus condiciones urbanísticas internas incluyendo la circulación, los espacios comunitarios y comerciales y el equipamiento para la atención primaria de salud, educación, seguridad ciudadana y recolección de desechos; reconocimiento de la propiedad de los terrenos a los residentes; mejoramiento de las redes para la prestación de servicios de agua y saneamiento, telefonía celular e internet de banda ancha, electricidad residencial y alumbrado público.

Este programa de infraestructuras, el cual forma parte del *Pacto para el progreso de todos y la superación de la pobreza* que analizaremos en el capítulo 14, debe propiciar que la economía privada popular y la economía solidaria se beneficien de la mayor parte de las oportunidades de empleo generadas en los barrios, complementado todo este impulso con programas de entrenamiento y asistencia técnica a las unidades productivas, para que sus miembros sean capaces de captar oportunidades generadas en el resto de la economía.

La recuperación económica en la transición a la democracia

La transición a la democracia que estaría por iniciarse en Venezuela está obligada a detener la crisis política y social que hoy vivimos y comenzar a resolverla; optimizar la gobernabilidad y garantizar la irreversibilidad de los cambios que se inicien; dando además los primeros pasos firmes en la reconstrucción de la institucionalidad.

En lo que respecta a la economía, en el período de la transición se deberán corregir los agudos desequilibrios actuales, comenzar a recuperar la industria petrolera, reiniciar el crecimiento y echar las primeras bases de una nueva institucionalidad económica. La nueva institucionalidad debe asegurar la solvencia del Estado y el establecimiento de un nuevo rol para el mismo dentro de la economía, incluyendo reglas y políticas que garanticen el mantenimiento de condiciones macroeconómicas que atraigan la inversión privada, guiándola hacia la creación de nuevas capacidades de producción pero también hacia otros espacios que iría dejando el Estado como consecuencia de la reducción del gasto público.

Los resultados referidos a la estabilización de la economía y el reinicio del crecimiento deberían lograrse en un horizonte comprendido entre doce y veinticuatro meses. En un período ubicado entre seis y ocho años la economía debería ya estar transitando por una senda de crecimiento sostenido.

En fin, la estrategia económica que planteamos para el período de la *transición* se fundamenta en dos líneas de políticas y reformas institucionales. La primera persigue la corrección de los desequilibrios y el reinicio del crecimiento; la segunda busca recuperar a la industria petrolera y reorientarla en la dirección positiva del nuevo estilo de desarrollo.

La corrección de los desequilibrios y el reinicio del crecimiento

Nuestras propuestas para corregir los desequilibrios actuales y reiniciar el crecimiento respetan los objetivos políticos de gobernabilidad e irreversibilidad de la transición. Estos planteamientos constan de un programa de ajustes y estabilización que lograría en muy corto plazo la desaparición de la hiperinflación y las distorsiones cambiarias; en un plazo más dilatado conseguiría diluir los desequilibrios fiscales y financieros[xxvi], apalancado en un programa masivo de financiamiento mediante apoyos internacionales que debe incluir un plazo inicial en el cual Venezuela no deba hacer erogaciones para servir su deuda externa, todo lo cual implicará renegociar las deudas del sector público, implementar reformas inmediatas en la organización financiera del Ejecutivo y llevar a cabo un proceso de restructuración de las empresas del Estado.

Un programa de ajuste y estabilización para derrotar con celeridad la inflación

El programa de corto plazo que planteamos como deseable para abatir la inflación se basa en la propuesta realizada por el profesor Leonardo Vera de la UCV (Vera, 2018), cuya estructura está inspirada en el "Plan Real" que implantó Brasil en 1994. Las acciones fundamentales de la propuesta son dos: buscar que en un período muy corto la economía exprese todos los precios en términos de una nueva unidad de cuenta que se crea, la "unidad de valor indexada" (UVI), la cual mantiene una paridad de 1 a 1 con el dólar de los EEUU, y liberar de manera instantánea la tasa de cambio, la cual tenderá muy rápidamente a una unificación al igual que la tasa de interés y los precios de los bienes y servicios en general.

A medida que el público vaya valorando las ventajas de esta unidad de valor indexada y exprese las transacciones y contratos en la nueva unidad de cuenta, los precios basados en ella tenderán muy rápidamente a estabilizarse. La paridad 1 a 1 de la UVI con el dólar se mantendría hasta que cesen los ajustes y se logre una tasa mensual de inflación muy baja, mientras la paridad entre la UVI y el bolívar se iniciaría con la equivalencia bolívar a dólar que resulte de la unificación, ajustándose diariamente con el prorrateo de la inflación mensual pasada. Finalmente, una vez se logre la estabilidad en los precios desaparecería la UVI y se promovería la conversión a una nueva moneda nacional cuya paridad inicial con el dólar sería de 1 a 1.

Debido a razones sociales y políticas que tienen que ver con la gobernabilidad y la irreversibilidad de la *transición* a la democracia, el programa debe contar desde su inicio con una red eficiente de auxilio social capaz de administrar transferencias directas a las familias más pobres. Todo este proceso debe iniciarse con la elevación inmediata del salario mínimo y las pensiones, al menos al nivel de la cesta normativa de alimentos.

Algunos economistas plantean que la población ya sufrió en los últimos tiempos los mayores rigores del ajuste, y que por lo tanto no hay que temer que el programa de ajuste y estabilización genere graves impactos sociales y eventualmente políticos. Creemos que nada garantiza eso, como tampoco hay garantía de que no haya agitación política provocada durante el proceso de estabilización.

La solución al cuello de botella de corto plazo y la garantía de solvencia y transparencia en la gestión financiera del Estado

Desactivar el colapso del Estado implica garantizar la capacidad de pagos del mismo y dar muy rápidamente una solución financiera a las cuantiosas demandas que hoy se plantean para el cortísimo plazo. Esto puede realizarse a través de varias vías, algunas de las cuales solo serán factibles a mediano plazo, cuando el ajuste macroeconómico vaya dando resultados.

Todo esto obliga a planificar un programa de aplicación de fondos que garantice la continuidad de la operación del Estado y que supla las demandas justificadas en muy corto plazo. Este plan debe atender prioridades que comprenden el restablecimiento en la oferta de bienes y servicios, las primeras mejoras en el suministro de servicios públicos a la población, el inicio de la reactivación de la economía y la garantía de que no empeorará y de que por el contrario comenzará a mejorar la seguridad ciudadana.

Para hacer lo antes dicho planteamos dos líneas de acción, una referida a la mejora de los ingresos del sector público y la programación realista de sus gastos, y la otra alusiva al manejo del financiamiento internacional.

En cuanto a la mejora de los ingresos y la programación de gastos, será necesario concebir y ejecutar los gastos de auxilio social mediante subsidios directos focalizados junto a la elevación de las tarifas de los servicios públicos del Estado que están ampliamente rezagadas; hay que implantar una política de cero gasto público en divisas extranjeras y retirar al sector público de las importaciones para el resto de la economía en las cuales actúa monopólicamente, y suspender el financiamiento a Pdvsa y a otras empresas públicas mediante emisión monetaria.

Por lo que respecta al financiamiento internacional, será necesario renegociar deudas y acuerdos de financiamiento hoy vigentes, como son los pasivos de origen comercial, los derivados del régimen cambiario y los acuerdos existentes con China; y es indispensable negociar e implementar un programa masivo de nuevo financiamiento externo que pueda comenzar a usarse a muy corto plazo a través de un grupo de instituciones tanto bilaterales como multilaterales[51]. Un producto indispensable de esas negociaciones tiene que ser un plazo de unos 24 a 36 meses en que Venezuela no tenga que hacer erogaciones para servicio de la deuda externa, ya que la prioridad inmediata tiene que ser resolver la emergencia humanitaria y poner en funcionamiento los servicios públicos, lo que demandará volúmenes muy importantes de recursos.

La asociación del Fondo Monetario Internacional (FMI) con el programa de financiamiento es indispensable porque las necesidades pueden ser muy elevadas y solo factibles de ser cubiertas si dicha institución hace creíble el programa completo, incluida la superación de las distorsiones y los desequilibrios que hemos comentado antes.

Por otra parte, hay que considerar que la viabilidad del financiamiento externo adicional que se requiere para el programa de estabilización pasa por que el Estado eleve la eficiencia y la transparencia en su administración y garantice la coordinación de su política financiera, y que la inversión extranjera que requerimos para reiniciar y consolidar el crecimiento requerirá de un marco de protección que hoy no existe. Estos asuntos serán discutidos en la sección del capítulo 10 que está dedicada a la discusión de las reformas institucionales inmediatas que son necesarias para comenzar la reconstrucción de la economía.

---

51   Entre estas instituciones destacan el Fondo Monetario Internacional (FMI), el Banco Mundial (BM), el Banco Interamericano de Desarrollo (BID) y la Corporación Andina de Fomento (CAF).

La reestructuración de las empresas del Estado

El programa de reestructuración de empresas del Estado busca dos fines concretos. El primero de ellos es recuperar la industria petrolera nacional y elevar considerablemente su escala de producción, tema que desarrollaremos con algún detalle más adelante en este mismo capítulo, y el segundo es dar inicio al retiro del Estado de las actividades productivas no petroleras, para lo cual se plantea convertir en sociedades de capital abierto las empresas públicas no petroleras y reprivatizar las empresas y tierras que fueron expropiadas por el régimen socialista.

Reformas institucionales durante la transición, dirigidas a dar base al nuevo estilo de desarrollo

Finalmente, proponemos dentro del período de la *transición* realizar una serie de reformas jurídico-institucionales dirigidas a apoyar las tres líneas de las políticas económicas recién comentadas, así como a iniciar las reformas legales que sustentarán el *nuevo estilo de desarrollo*, reformas que deberán encuadrarse dentro de un Programa Marco para la Reforma Institucional de la Economía.

Las propuestas sobre estos temas son tratadas con mayor detalle en el capítulo 10, en particular en la sección que hemos dedicado al rol del Estado en las iniciativas de desarrollo y en particular en la economía. Se trata de proveer soluciones con las cuales se puedan limitar los déficits fiscales e impedir el financiamiento del Banco Central al resto del sector público, sin olvidar el fortalecimiento de la capacidad de coordinación de las políticas financieras del Estado; la transparencia y la solidez del mercado de capitales y la protección a la inversión nacional y extranjera.

Rescatar la industria petrolera y reorientarla en dirección al nuevo estilo de desarrollo

En un horizonte que estimamos de largo plazo tendremos que haber sustituido la renta petrolera como motor económico fundamental de la economía venezolana y deberíamos haber logrado una diversificación importante de nuestro comercio de exportación. Pero aun en ese horizonte, hay tres razones por las cuales la industria petrolera nacional (IPN) seguirá siendo muy importante para nuestro desarrollo. La primera es que ella puede contribuir con divisas para la reconstrucción del país que debemos iniciar de inmediato; la segunda es que la IPN es nuestro mejor instrumento para elevar la escala de la economía en un horizonte de dos décadas, lo que es un objetivo estratégico; y la tercera es el papel fundamental que deberá jugar la industria como núcleo de variadas cadenas productivas y de clústeres innovadores que deberán emerger dentro de la nueva economía.

Para lograr que en el largo plazo la IPN cumpla ese papel distinto pero muy importante, en el corto-mediano plazo deberíamos haber completado reformas regulatorias profundas que contribuyan a erradicar el patrón rentístico de nuestro desarrollo y que atraigan los grandes volúmenes de inversión privada internacional que requerimos para su recuperación y su cambio de escala. En el horizonte de mediano plazo la industria debe haber alcanzado una operatividad de alto desempeño que le permita aprovechar racionalmente todo su potencial; con lo cual se deben crear condiciones para consolidar muchos encadenamientos productivos entre ella y el resto de la economía nacional.

Las reformas regulatorias a las que nos referimos deberán asegurar que los ingresos provenientes de los hidrocarburos no puedan ser empleados en el futuro para alimentar el populismo clientelar que nos llevó a cuarenta años de sostenido deterioro económico, social y político, y las nuevas reglas deberán convertirse en un marco transparente y confiable que atraiga la inversión privada, nacional e internacional, en las magnitudes que necesitaremos para que la IPN se recupere y alcance el nuevo rol que hemos comentado antes. Estas reformas deberán tocar asuntos de la mayor sensibilidad política, por lo que deben desprenderse de una consulta nacional que conduzca a un consenso amplio.

En el más corto plazo deberemos rescatar a Pdvsa del colapso en que se encuentra y realizar inversiones importantes con los propósitos de garantizar la continuidad de las operaciones, restituir estándares de normalidad, incluidos los medio-ambientales, junto al restablecimiento de las exportaciones de hidrocarburos en niveles que apoyen la recuperación de la solvencia del Estado. Es importante entender que Pdvsa no llegó al colapso actual por la caída de los precios internacionales del petróleo, sino porque esa reducción de los precios se sumó a la mengua que durante tres lustros ya venía modelando deficiencias, debido a la desnaturalización que sufrió la misión de la empresa, sin olvidar la politización, la corrupción reinante en ella y las erradas políticas que fueron aplicadas sobre el conjunto de la industria durante esos mismos quince años[xxvii].

Los mayores retos que hay que enfrentar en el corto plazo para recuperar la industria petrolera se concentran en recobrar la confianza del capital privado para incorporarlo como protagonista de la recuperación, así como en la superación del colapso financiero, la hipertrofia y la potencial conflictividad laboral en que se encuentra Pdvsa.

En este sentido, las medidas que proponemos se organizan dentro de los tres grupos de acciones que exponemos a continuación y que deben comenzar a ser implementadas en el corto plazo, aunque los frutos de algunas serán cosechados en un horizonte más dilatado: la aplicación de medidas urgentes de ajuste; la puesta en marcha de actividades dirigidas a recobrar el alto desempeño y a elevar la conexión productiva con el resto de la economía; y la realización de reformas más profundas que puedan definir nuevas relaciones entre el Estado y la gestión productiva y comercial de los hidrocarburos.

Un programa acelerado para la recuperación de la industria petrolera nacional a corto plazo

Para el plazo más corto las medidas fundamentales que proponemos para la recuperación están dirigidas al cumplimiento de cuatro objetivos capitales: garantizar la continuidad de las operaciones; incrementar la producción; revisar los convenios y las expropiaciones realizadas en los últimos años; y ajustar las reglas que rigen las relaciones macroeconómicas y financieras entre Pdvsa y el sector público.

En primer lugar, hace falta discriminar claramente y separar las actividades propiamente petroleras de las no petroleras que hoy realiza Pdvsa, para así tomar medidas urgentes que garanticen que la producción y la refinación detengan su caída y comiencen a retomar su curso; que disminuya el número de accidentes y que la comercialización y las contrataciones se realicen con transparencia.

En segundo lugar, hay que incrementar la producción de petróleo, lo que a muy corto plazo dependerá principalmente de los campos ya existentes bajo la gerencia de empresas distintas a Pdvsa e, inmediatamente después, del influjo de capitales internacionales que logremos atraer con señales que generen confianza. Es prioritario tomar las medidas que sean necesarias para dar inicio al desarrollo acelerado de la producción de gas natural, lo que permitirá atender más adelante los requerimientos de generación térmica de electricidad. Esto implica la presencia de inversión y de créditos, lo que a su vez involucra enviar al mundo claras señales de estabilidad, de respeto a los derechos y los acuerdos, y de cumplimiento de los compromisos financieros existentes de Pdvsa.

En tercer término, hay que revisar los convenios internacionales y profundizar en las estructuraciones legales de las empresas mixtas petroleras y las expropiaciones que fueron hechas, porque existen suficientes indicios de perjuicio a la nación en estos acuerdos y evidencias de que las expropiaciones estuvieron plagadas de injusticia para con las firmas y llenas de daños para Venezuela.

Se debe restablecer el carácter comercial de los convenios internacionales de venta de hidrocarburos y renegociar aquellos que prevén la garantía o el repago de deudas con petróleo, eliminando toda práctica lesiva al patrimonio o los intereses venezolanos. Hay que auditar los contratos y el desempeño operacional de las empresas mixtas para hacer ajustes según convenga operacional y financieramente, cancelando todos aquellos que no responden a razones comerciales y los que no estén cumpliendo con los términos contractuales. Es importante negociar con las empresas que hayan sido expropiadas para eventualmente lograr el retorno de sus activos y la continuidad de sus operaciones, condicionando la solución a la renuncia de futuras demandas por daños y perjuicios, a menos que hubiese habido destrucción o daños permanentes de su capital fijo que deban ser reparados.

Por último, deben ser ajustadas algunas reglas en lo macroeconómico y en las relaciones financieras de Pdvsa con el Estado, incluyendo la eliminación del financiamiento del BCV a Pdvsa mediante pagarés; la restauración del Convenio Cambiario N.º 1 según el cual Pdvsa debe vender todas las divisas que recibe al BCV; la suspensión de la discrecionalidad en la distribución del ingreso petrolero; la prohibición de que el pago de la deuda pública sea garantizado con activos o ingresos petroleros; el encaminamiento de que sea el Ejecutivo y no Pdvsa el que asuma los subsidios tanto al mercado interno como los que se originan en acuerdos internacionales del Estado; y, finalmente, la negativa de que Pdvsa asuma gastos del Gobierno.

Hacia una industria petrolera nacional de alto desempeño que apalanque sobre bases competitivas el resto de la economía productiva

En paralelo con las medidas de efecto inmediato que hemos propuesto antes, planteamos poner en marcha desde el corto plazo un plan para alcanzar de nuevo un alto nivel de desempeño en Pdvsa y para incrementar los encadenamientos productivos de la industria con el resto de la economía productiva venezolana.

A tal efecto proponemos varias líneas de políticas que deberán mantenerse también después de ser implementadas las reformas de mayor aliento que estaremos planteando en el próximo aparte. Estas líneas son: la restitución de una gerencia meritocrática con patrones internacionalmente competitivos; el restablecimiento de los estándares en un marco de planificación estratégica que incluya a toda la industria petrolera nacional para atraer el retorno de profesionales venezolanos del exterior; la restitución de los esfuerzos sistemáticos de investigación y desarrollo tecnológico en torno a los temas de energías fósiles y renovables, que puedan ser desplegados tanto en centros especializados de la industria de hidrocarburos como en universidades nacionales; la promoción de la inversión privada en todos los segmentos, incentivando sobre bases competitivas la participación creciente de empresas de capital nacional; y, para finalizar, el apoyo constante y activo para el desarrollo de la integración vertical de la industria y su conexión productiva con otros sectores de la economía.

La integración vertical debería hacerse promoviendo nuevas petroquímicas y empresas que permitan industrializar las corrientes de refinación en Venezuela y en otros países, si ello resulta beneficioso desde una perspectiva comercial para la industria petrolera nacional.

Una mayor vinculación productiva con el resto de la economía busca contribuir a la consolidación de clústeres en los cuales otros sectores nacionales proporcionen –sobre bases internacionalmente competitivas– insumos, servicios, equipos y tecnología y/o procesen productos de la industria petrolera, apoyándose en los espacios para políticas que existen en los acuerdos internacionales de comercio e inversión en los que participa la república.

Los espacios para políticas se refieren al derecho que tienen los países a aplicar políticas activas para su competitividad, siempre que no violen sus compromisos en los acuerdos internacionales. Particularmente los acuerdos que se negocien no deben impedirle a Venezuela aplicar políticas activas del lado de la oferta, dirigidas a generar capacidades tecnológicas y promover complementariedades y encadenamientos (Corrales, 2007)[xxviii].

Reformas jurídico-institucionales mayores, orientadas a la eficiencia de la industria petrolera nacional y a su contribución a un modelo no rentístico de desarrollo para Venezuela

Dos consideraciones estratégicas de largo plazo deben enmarcar el impulso futuro de la industria para que ella contribuya a apalancar el *nuevo estilo de desarrollo* del país. Por una parte, Venezuela debe apuntar a convertirse en un proveedor internacional competitivo de productos de valor agregado y de servicios y tecnologías para el aprovechamiento y la transformación de la energía; por la otra, tanto la inversión productiva petrolera como la inversión de la renta que se genere del comercio internacional deberán ser realizadas en una nueva perspectiva de construcción de capacidades, alejada de las conductas tradicionales del rentismo populista clientelar.

En ese nuevo estilo, la inversión que se realice en la industria petrolera nacional debe capacitarla para producir el máximo posible dentro de criterios de rentabilidad, competitividad y sostenibilidad ambiental, y tendrá que propiciar una integración productiva mucho mayor que la que ha existido en el pasado entre ella y el resto de la economía nacional, conexión que debería contribuir a elevar los multiplicadores de la actividad petrolera, es decir a ampliar los efectos dinamizadores de la misma sobre el conjunto de toda la economía. Este planteamiento es además coherente con el hecho de que es altamente probable que los precios internacionales del petróleo tengan un comportamiento tendencial decreciente a partir de la década de 2030, reduciendo cada vez más las oportunidades de captar renta del comercio internacional.

Para mover la inversión en la industria petrolera nacional según lo que hemos planteado es necesario atraer capital, convocar recursos humanos y tecnología en niveles de los que no dispone Venezuela en la actualidad, por lo tanto es indispensable dotarse de un marco institucional seguro y confiable que los atraiga efectivamente[xxix]. Además, para inducir el progreso de cadenas y clústeres relacionados con la industria, ese marco institucional debe permitir explícitamente el uso de políticas activas, armónicas con el funcionamiento de los mercados y respetuosas de los acuerdos internacionales de comercio e inversión de los que Venezuela forma parte.

Con miras a lograr lo antes planteado, hemos propuesto tres líneas de reforma jurídica que requerirán de un consenso nacional muy amplio y que serán desarrolladas en el capítulo 10 como parte de las reformas inmediatas para comenzar la reconstrucción de la economía. Se trata de la creación de una Agencia Independiente Reguladora de las Actividades de Hidrocarburos, la cual administraría las reservas y supervisaría la aplicación de la política petrolera; la apertura a la participación accionaria privada en la industria petrolera nacional; y la puesta en vigor de un marco legal que estaría dirigido a corregir las influencias populistas clientelares asociadas históricamente al rentismo.

Cerramos aquí los tres capítulos de la Estrategia de Creación de Capacidades, afirmando que si somos exitosos en ella habremos construido las bases materiales para hacer factibles todos los objetivos de desarrollo. No será automático el logro de los demás, pero el déficit de capacidades habrá dejado de ser un impedimento como lo ha sido en las últimas décadas.

Retomaremos las capacidades en el capítulo 10, cuando reflexionemos sobre las reformas institucionales necesarias para que el Estado asuma un nuevo rol en el desarrollo, y en el capítulo 14 al discutir un *Pacto para el progreso de todos y la superación de la pobreza*, el cual reúne compromisos sobre la educación, la seguridad social y la economía, entre otros asuntos, en un acuerdo que busca asegurar piso político a todas las estrategias.

xxii   Una economía circular se propone preservar y aumentar el capital natural optimizando el rendimiento de los recursos, circulando siempre productos, componentes y materiales en su nivel más alto de utilidad. La economía circular minimiza el consumo de agua, energía e insumos de la naturaleza elevando la proporción de materiales reciclables y reciclados que puedan reemplazar materiales vírgenes. En diciembre de 2015 la Unión Europea publicó la comunicación "Cerrar el círculo: un plan de acción de la UE para la economía circular", que constituye su estrategia para la transición a una economía circular. Dos años después de la adopción del paquete de medidas, su aplicación sigue el calendario marcado. https://eur-lex.europa.eu/resource.html?uri=cellar:8a8ef5e8-99a0-11e5-b3b7-01aa75ed71a1.0011.02/DOC_1&format=PDF.

xxiii   Se hacen las comparaciones de PIB entre 2050 y 2013 para evitar la deformación de los años que van del 2014 al 2018, en los que ya se había entrado en la crisis que devino en emergencia humanitaria; entre 2018 y 2050 el PIB per cápita en dólares de 2014 se habría cuadruplicado. Alcanzar en 2050 un valor de 25% de la población en pobreza implica haber sacado de esa situación a 17 millones de personas de los 27 millones calificados como pobres en 2017.

xxiv   El salario real de los trabajadores venezolanos creció de manera sostenida desde la década de 1920 hasta 1978. A partir de entonces ha tenido una caída casi continua para llegar a ser en 2016 menos del 10 % de lo que fue en 1978.

xxv   En sus actividades, los miembros de la economía popular emplean su propia fuerza de trabajo y otros recursos a los que tienen acceso (p.e. capital económico, capital social relacional), con miras a satisfacer sus necesidades, bien sea persiguiendo generar excedentes económicos que puedan ser intercambiados en los mercados, o buscando lograr una mejor calidad de la vida en común a través de acciones de solidaridad organizadas en el ámbito de la comunidad. En términos más amplios, la economía solidaria está conformada por empresas que reúnen a actores de variados grupos sociales –no solo de los grupos populares– y persiguen fines diversos en distintos sectores económicos, siendo la solidaridad entre sus participantes lo que distingue su misión, su gestión y su organización.

xxvi   Es casi seguro que la *transición* a la democracia se iniciará sin que hayan sido dominadas la depreciación acelerada del signo monetario, la hiperinflación (se estima para el año 2018 una inflación anual situada alrededor del 4.000.000 %), y la depauperación de los salarios reales que hoy dominan la economía, lo que cierra las opciones de un programa de ajuste y estabilización gradual, que todavía era imaginable a comienzos del año 2017.

xxvii   La plantilla de trabajadores de Pdvsa ha pasado de 67.000 personas a finales de los años 90 a un nivel cercano a las 150.000 en la actualidad, mientras la producción total de la IPN sufría una contracción neta del orden de un millón y medio de barriles diarios. Debido a que la caída de producción de los crudos livianos y medianos ha sido muy alta, la IPN ha debido sustituir parte de la producción de los crudos más comerciales por crudos pesados y extrapesados, y ha tenido que limitar la producción de sus refinerías a la vez que importar crudos livianos para reducir el déficit de materia prima que ellas registran.

xxviii El concepto de *espacios para políticas* trata sobre la existencia legítima de derechos para las políticas de desarrollo en la normativa internacional de comercio; derechos definidos de manera clara y no residual. El primer planteamiento de este concepto en la OMC fue hecho por Venezuela, en julio de 1999, a través de una propuesta presentada por su embajador durante el proceso preparatorio de la Conferencia Ministerial de Seattle. El primer manejo internacional del concepto había sido hecho un año antes, en 1998, en el marco de las negociaciones que Venezuela mantenía sobre un Acuerdo de Inversiones con los EEUU, el cual nunca llegó a ser suscrito porque Venezuela se negó a aceptar la exigencia de EEUU de prohibir el uso de requisitos de desempeño de cualquier clase, incluso los referidos a transferencia de tecnología, que no están vedados en los acuerdos de la OMC. Los argumentos originales pueden verse en Corrales (1998a); Venezuela (1999); Corrales y Rivera (2000); Corrales (2003, 2003a; 2003b, 2004).

xxix   Solo está desarrollado el 4% de los 76.000 MMb de reservas probadas de crudo en las áreas tradicionales más las áreas asignadas a las cuatro asociaciones de la Faja, y el 19% de las reservas probadas de gas natural que son de 196 billones de pies cúbicos (tcf), pero para poner a producir el resto y además promover nuevas petroquímicas e industrias procesadoras de corrientes de refinación, harían falta reglas claras y enormes inversiones, conocimientos, tecnología y recursos humanos especializados.

Capítulo 9
El primer eje de la estrategia institucional: la reforma del Estado[52]

Dedicamos el presente capítulo a discutir nuestras propuestas sobre la superación del rentismo populista clientelar y las directrices de la reforma política y de administración del Estado.

Poner el Estado al servicio del ciudadano y superar las trampas del rentismo son objetivos que corresponden a los consensos cuarto y séptimo de La Venezuela que Queremos Todos. En la medida en que nos acerquemos a ellos podremos comenzar a vivir el *nuevo estilo de desarrollo* del que hemos venido hablando y elevar la conciencia de las mayorías para que cada venezolano se convierta en agente de su propia vida.

Todas las propuestas que aquí hacemos persiguen la superación del rentismo y la transformación del Estado en un instrumento al servicio de los ciudadanos. No obstante, convertir en realidad estas propuestas requiere de un compromiso firme por parte de los liderazgos, lo que les dará viabilidad a los objetivos y a la hoja de ruta en torno a todas las reformas institucionales.

Superar el rentismo populista clientelar que se opone al desarrollo y la libertad

Vencer las trampas políticas, culturales y económicas del rentismo implica combinar tres movimientos: debilitar mediante acciones directas las conductas del populismo clientelar; modificar las perspectivas sobre el progreso que se transmiten a la sociedad a través de la educación y los mensajes políticos; y crear condiciones institucionales concretas para la diversificación económica y el crecimiento sostenido.

Los tres apartes que siguen en esta sección exponen propuestas focalizadas sobre estos tres movimientos, pero muchas de las iniciativas que hacemos en las demás secciones del capítulo y en el capítulo 10 contribuyen también a debilitar ese nudo de conductas populistas

---

52 Los contenidos del presente capítulo y de los capítulos 10, 11 y 12 se complementan mutuamente como parte de la Estrategia de Reforma Institucional.

Recuadro 9.1: Frases escogidas sobre la superación de los vicios del rentismo, de los *verbatim* de seminarios de expertos en la iniciativa de construcción de una Visión Compartida de País

Superar las trampas económicas, políticas y culturales del rentismo, que obstaculizan nuestro desarrollo, implementando estrategias culturales-educativas y una profunda reforma institucional que favorezcan la economía productiva, destierren la manipulación clientelar y fomenten una cultura que valore los logros basados en el esfuerzo y la responsabilidad.

clientelares y a crear condiciones favorables para la diversificación económica, todo lo cual comentaremos en sus debidas oportunidades.

Debilitar las conductas clientelares

Para debilitar directamente las manipulaciones políticas del rentismo es necesario limitar el uso potencialmente clientelar de la renta por parte de los actores políticos que llegan al poder y fortalecer la conciencia y los mecanismos de democracia participativa de todos los ciudadanos.

En la primera dirección destacamos como necesaria la realización de reformas que eleven la transparencia y el poder contralor real de la sociedad sobre la gestión estatal, minimizando también por vía constitucional la discrecionalidad y los incentivos que existen para el uso clientelar de los fondos públicos por parte de los partidos que tienen acceso al poder. Pertenecen a esta clase de inciativas todas las reformas que acercan las decisiones del Estado a los ciudadanos como lo son las referidas a la descentralización y las capaces de mejorar el control de la sociedad sobre la gestión pública, entre otras las que sean planteadas para ampliar el poder contralor del Parlamento sobre el Ejecutivo.

Tiene un rol destacado en la limitación del uso clientelar de los recursos públicos, la creación de fondos de ahorro y fondos anticíclicos a los cuales sean destinados los ingresos de proporciones predeterminadas de la renta de los hidrocarburos y otros minerales que entren al fisco cada año. Los fondos de ahorro solo deberían ser empleados para la creación de capacidades a través de la formación de capital humano, la realización de actividades de investigación, desarrollo e innovación y la ejecución de inversiones en infraestructuras; mientras los fondos anticíclicos solo deberían utilizarse para atenuar las presiones recesivas que pudiesen derivar de la eventual caída de los precios internacionales de nuestras exportaciones generadoras de renta.

En la segunda dirección, hay que fortalecer la conciencia responsable y los mecanismos de democracia participativa, con lo cual tendrían que ser ampliadas las opciones que tienen los ciudadanos para su intervención activa en las decisiones de lo público, estableciendo un vínculo real del ciudadano con el Estado que funcione más allá de los partidos políticos, quienes en términos prácticos siguen teniendo el monopolio como intermediarios entre la sociedad civil y las decisiones estatales.

Para contribuir a la concientización y la organización de la sociedad para su defensa frente al populismo clientelar, será necesario desarrollar las previsiones que contiene la Constitución de 1999 sobre las vías de participación alternativas a los partidos, así como incentivar mediante políticas específicas el protagonismo nacional de diversas clases de organizaciones de la sociedad civil que se ocupan de temáticas públicas como los derechos humanos, la educación, la salud, la cultura o el ambiente, estimulando el protagonismo local y organizaciones comunitarias políticamente muy autónomas, como lo son las cooperativas.

Promover nuevas perspectivas sobre el progreso y el rol del Estado

El segundo movimiento de reformas y políticas que proponemos persigue objetivos culturales y se cimenta en la modificación de las perspectivas que son transmitidas a la sociedad venezolana a través de la educación y de los mensajes políticos de alta difusión, todo referido a desarrollar comunicaciones que amplíen las explicaciones sobre cómo se genera el progreso personal y cuál es el rol que debe tener el Estado en ese progreso.

Se trata de renovar tres concepciones a través de las cuales se ha favorecido por más de cuarenta años el rentismo populista clientelar.

La primera idea a erradicar, y de la cual derivan en parte las otras dos, es aquella que fundamenta que el Estado es inmensamente rico y todopoderoso y que el progreso de la sociedad depende fundamentalmente de lo que él haga en la distribución de la riqueza que maneja. Esta nociva creencia se apoya en la historia venezolana de los últimos cien años, período a lo largo del cual la renta petrolera fue el sustento único del gasto público y este movió la economía: creó infraestructuras, promovió capacidades humanas a través de la educación y la salud, subsidió iniciativas empresariales en casi todos los sectores económicos y financió gastos de consumo que beneficiaron a muchos hogares. No obstante, estos dos últimos tipos de gasto estatal fueron la principal palanca que movió el perjudicial populismo clientelar de las últimas cinco décadas.

La segunda noción, complementaria con la anterior, es la creencia de que todos y cada uno de los venezolanos, independientemente de las capacidades que hayamos desarrollado, somos ricos gracias a la dotación de recursos naturales que tiene nuestro país y que solo recibiremos lo que nos corresponde de esa riqueza si el Estado se encarga de explotar y repartir. Sobre la base que manipula esta concepción se han construido imaginarios variables según los cuales se les debe agradecimiento y lealtad a los administradores del Estado que nos benefician distribuyéndonos renta.

La tercera es la concepción según la cual el Estado debe usar parte de la renta que percibe de la actividad petrolera para hacerse empresario invirtiendo en "actividades estratégicas" distintas a la de hidrocarburos, una interpretación estrecha y sesgada de cómo "sembrar el petróleo".

Modificar estas tres creencias requiere comprometer por largo tiempo los esfuerzos del sistema educativo, lo cual hemos planteado en el capítulo 6 de este libro cuando discutíamos la necesaria formación en valores que demanda el desarrollo venezolano. Amerita también el sostenimientos de campañas de comunicación masivas y sistemáticas, concertadas entre el Estado y los medios privados para consolidar una línea comunicacional a través de la cual se promueva la conciencia de los derechos y deberes de los ciudadanos y la defensa activa frente a la perniciosa manipulación populista clientelar.

Pero, principalmente, para modificar todas esas creencias es prioridad construir una institucionalidad que debilite el ejercicio de las conductas clientelares. Esa institucionalidad debe bloquear estas conductas por las vías que fueron expuestas en párrafos anteriores y debe dominarlas a través de reformas que pongan al Estado al servicio del ciudadano, obligándolo a rendir cuentas, limitando la influencia del Ejecutivo y garantizando la independencia de los demás poderes públicos. Diseñar y ejecutar reformas que le impidan al Estado el exceso de protagonismo en la economía que ha tenido por muchas décadas.

Crear condiciones institucionales para la diversificación y el crecimiento sostenido

Para que Venezuela destierre los vicios políticos y culturales del rentismo es necesario que supere progresivamente los condicionantes y los efectos económicos del mismo. Los elementos más evidentes –dentro de estos condicionantes y efectos– son la inestabilidad del crecimiento económico asociada al uso procíclico de la renta del petróleo; la escasa complejización de la economía productiva, que no se diversifica ni se interconecta suficientemente; y el excesivo protagonismo económico del Estado. Resolver esos tres problemas capitales requiere de un cambio importante en los marcos regulatorios y en las políticas económicas.

El marco regulatorio general de la economía, del cual ya hemos hablado en el capítulo 8 y volveremos a hacerlo en el 10, debe establecer normas y límites sujetos a un control efectivo por el Poder Legislativo para el rol económico del Estado dentro de la economía. Esto debe otorgar el protagonismo empresarial a la iniciativa privada y no al Estado, reglamentando la conducta fiscal y reconociendo la autonomía real del Banco Central para concebir y ejecutar sin interferencias las políticas que le competen.

Por otra parte, para que las políticas macroeconómicas y las de desarrollo productivo contribuyan a la complejización y al crecimiento sostenido con estabilidad, además de encuadrarse dentro del marco regulatorio comentado deben apoyarse en mecanismos que estimulen, entre otros fines, la movilidad de los recursos entre los diversos sectores de actividad, la conexión productiva de las industrias basadas en riquezas naturales –incluida la hidrocarburífera– y el resto de la economía, la innovación y el fortalecimiento del Sistema Nacional de Ciencia, Tecnología e Innovación (Sncti).

Finalmente, el funcionamiento de los fondos anticíclicos y de ahorros que fueron planteados como instrumentos necesarios para limitar el uso clientelar de la renta contribuye también al crecimiento con estabilidad al limitar la amplitud de variación de las tasas de crecimiento del producto cuando se modifican los precios internacionales, y al contribuir a la creación de capacidades humanas y externalidades que aseguran bases sólidas para el crecimiento sostenido de la economía.

La reforma política y de administración del Estado

En el *nuevo estilo de desarrollo* el Estado debe estar al servicio de los ciudadanos y por eso debe proteger su vida y su integridad personal, su libertad individual y sus derechos; debe estimular la responsabilidad ciudadana y propiciar obligaciones en el desempeño de todas las personas para con los demás miembros de la sociedad; debe garantizar la tranquilidad, la resolución pacífica de conflictos y el acceso de todos a la justicia. Finalmente, debe contribuir al desarrollo con equidad creando igualdad de oportunidades para que todos puedan construir capacidades y emplearlas para su propia realización.

Estos conceptos son la base de las propuestas de reforma institucional que hacemos en la presente sección. Ellos son desarrollados en los apartes que siguen como principios fundamentales y como propuestas específicas para reformas y nuevas orientaciones de políticas, referidas al sistema de gobierno, a la descentralización y al sistema de justicia.

El Estado al servicio del ciudadano: principios fundamentales para la reforma

En sintonía con los objetivos de desarrollo plasmados en los siete consensos de La Venezuela que Queremos Todos, con las estrategias que hemos propuesto para la creación de capacidades y la reconstrucción del tejido social, así como con el fin específico de superar el rentismo populista clientelar, el *nuevo estilo de desarrollo* exigirá por parte del Estado que eleve su proactividad y su compromiso en funciones que solo él puede llevar a cabo para el beneficio de los ciudadanos, debe minimizar su actuación en aquellos ámbitos que competen a las iniciativas de estos y no debe actuar en modos y espacios que coarten la libertad o manipulen la voluntad de los mismos.

En términos políticos y de organización institucional, para volver al Estado de derecho y dar soporte al *nuevo estilo de desarrollo*, hace falta que los poderes públicos funcionen con independencia, que se fortalezcan las instituciones jurídicas de control del poder y los mecanismos para la contraloría de gestión y la lucha contra la corrupción, es preciso asegurar la supremacía de la Constitución y rendir cuentas de su gestión sometiéndose al escrutinio y a la supervisión de los ciudadanos.

Es ineludible que todo el Estado resguarde el orden democrático y la seguridad nacional ante las amenazas externas o frente a los intentos sediciosos internos, debe organizarse y operar descentralizadamente sobre la base de normas sencillas, de forma que eleve su eficacia en

Recuadro 9.2: Frases escogidas sobre la reforma institucional, de los *verbatim* de talleres de líderes en la iniciativa de construcción de una Visión Compartida de País

Queremos un país regido por la justicia, el imperio de la ley y el respeto a los derechos humanos... donde se garanticen el Estado de derecho y la independencia de los poderes... en el cual se respete la Constitución y se dé seguridad jurídica a todos sus ciudadanos.

Con instituciones sólidas e independientes, con reglas claras para la convivencia y el emprendimiento y que apoyen una alta eficiencia de la gestión pública... donde su administración sea controlada por la gente... y haya manejo honesto del Gobierno, eliminando la corrupción.

Queremos que el Estado esté al servicio de los ciudadanos y no al revés... un Estado que ofrezca espacios asociativos para la construcción desde las organizaciones de base, con participación creciente de los ciudadanos... con poder creciente de las regiones, municipios y comunidades... que garantice un equilibrio políticamente eficaz entre participación y representación... con controles legales efectivos para impedir abusos del poder central.

las funciones que le competen y se acerque al ciudadano, principal objetivo a quien el Estado debe servir sin complicaciones burocráticas innecesarias.

Cambios en el sistema de gobierno y los mecanismos de participación de los ciudadanos

La Constitución de 1999 establece el funcionamiento de cinco poderes autónomos en Venezuela, los cuales a nivel nacional están constituidos por: el Poder Ejecutivo, encabezado por el Presidente de la República; el Poder Legislativo, constituido por la Asamblea Nacional; el Poder Judicial, dirigido por el Tribunal Supremo de Justicia; el Poder Ciudadano, cuyos órganos son la Defensoría del Pueblo, el Ministerio Público y la Contraloría General de la República; y el Poder Electoral, ejercido por el Consejo Nacional Electoral. Pero en la actualidad no existe una real independencia de los poderes públicos del Estado e incluso los voceros más calificados de los mismos postulan una supuesta inconveniencia de la separación entre ellos (Duque Corredor y Morles, 2011).

En realidad, el problema de la falta de independencia de los poderes va más allá de las violaciones sistemáticas a la Constitución que han caracterizado al socialismo del siglo XXI. El diseño mismo del sistema de gobierno vigente en Venezuela y el control que dentro de ese diseño pueden realizar los poderes Legislativo y Judicial, junto a la forma como se accede al poder por elecciones, constituyen los ángulos de una combinación propicia para que los ciudadanos no puedan influir de manera relevante; de este modo se auspicia la manipulación clientelar y se favorece que el Gobierno derive hacia un régimen autoritario como el que tenemos hoy, que transgrede constantemente las libertades.

El sistema venezolano de gobierno es presidencialista y el poder se concentra en extremo en el presidente de la república, quien es a la vez jefe del Gobierno y jefe del Estado, lo que implica potencialmente que él puede orientar las ejecutorias del Ejecutivo en dirección al cumplimiento de fines clientelares, teniendo además que ejercer una gran variedad y complejidad de funciones. Si bien existen previsiones constitucionales que podrían moderar esto, su efecto práctico es muy débil; el requerimiento de que algunas decisiones del presidente sean tomadas en Consejo de Ministros es puramente formal, porque los ministros son asesores y si no refrendasen sus posiciones saldrían del gabinete; el vicepresidente ejecutivo tiene algunas atribuciones diferenciadas pero es designado y removido por el presidente, y la capacidad real de control de la Asamblea Nacional es bastante reducida.

La elección del presidente se hace por mayoría simple en el conjunto de los votos válidos emitidos para todos los candidatos de los comicios, y en ellos existe una ventaja notable de los partidos políticos para llevar candidatos. Esto hace que los partidos sean en la práctica la única vía de participación de los ciudadanos en la elección de una figura que concentrará tantos poderes como los que han sido comentados, lo que posibilita que el presidente sea elegido con una proporción muy baja de los votos de los ciudadanos, restándole legitimidad de origen.

En fin, para poder iniciar un *nuevo estilo de desarrollo* que coloque al Estado al servicio del ciudadano y que ponga fin al populismo clientelar, es necesaria una reforma del sistema de gobierno, comenzando por transformar la manera como se accede al poder mediante elecciones y los mecanismos con los que realmente cuenta el ciudadano para influir en la política.

La opción de reforma por la cual nos pronunciamos para lograr esos propósitos amerita cambios en la Constitución vigente para arribar a un esquema parecido al del sistema de gobierno francés, que separe las figuras del presidente-jefe de Estado y del primer ministro-jefe del Gobierno, asignando al primero roles fundamentalmente estratégicos, de promoción de los grandes consensos nacionales y de conducción de las estrategias de desarrollo, y al segundo funciones principalmente político-administrativas concernientes al Gobierno.

El primer ministro sería elegido y podría ser removido por una mayoría calificada de la Asamblea Nacional, mientras que el presidente debería ser electo por votación popular, directa y secreta con un mínimo de votos que supere la mitad de los sufragios, lo que obligaría a realizar una segunda vuelta si en la primera votación no se alcanzase esa mayoría. En el marco de esa reforma, para contribuir al equilibrio entre los poderes, debería evaluarse la conveniencia de otorgar al presidente potestades de disolución de la Asamblea Nacional.

Con miras a mejorar el control independiente de las decisiones de gobierno, lo antes dicho debería complementarse con un perfeccionamiento legal de los mecanismos a través de los cuales el Poder Judicial y el Poder Legislativo pueden controlar al Poder Ejecutivo, así como con una revisión de los instrumentos y dispositivos que puedan facilitarles a los ciudadanos la promoción de candidatos a las elecciones de Presidente y de diputados a la Asamblea Nacional, o la promoción de referendos de diversas clases, a través de organizaciones de la sociedad civil distintas a los partidos políticos.

Retomar y profundizar la descentralización

El proceso de descentralización se inició a finales de la década de 1980 como respuesta a las demandas de organizaciones de la sociedad civil que fueron tomando cuerpo a lo largo de veinte años. Estas exigencias fueron acogidas por el Gobierno central, que creó la Comisión Presidencial para la Reforma del Estado (Copre), alineación que fue autora de proyectos de reforma institucional en muchas esferas.

En el ámbito político la descentralización inició cambios que fortalecían a los ciudadanos al debilitar la concentración del poder en el presidente de la república para transferir parte de él a los gobernadores y alcaldes electos por votación popular; más allá de eso, dentro de los partidos políticos se marcó el comienzo de un juego dinámico en el que adquirirían mayor autonomía los liderazgos regionales y locales.

En la esfera de la gestión de políticas, la descentralización produjo avances notables para los ciudadanos en la calidad y la cobertura de los servicios públicos asociados al hábitat urbano, en la educación y en la salud. En algunos casos emblemáticos, la administración descentralizada de infraestructuras viales, portuarias y aeroportuarias tuvo un impacto importante en la competitividad de las actividades turísticas, las agroindustrias y otras producciones manufactureras.

En fin, para la última década del siglo XX la descentralización había alcanzado logros importantes en lo político y administrativo y comenzaban a generarse innovaciones promisorias como lo fueron algunas alianzas público-privadas destinadas a la consolidación de clústeres en las regiones. Pero el proceso fue detenido a partir del año 2002, haciéndolo incluso retroceder en aspectos muy importantes dentro de la gestión de políticas como las educativas, de salud y de infraestructuras del transporte, entre otras.

En lo relativo a la participación ciudadana en las decisiones de lo público, los avances de la descentralización fueron destruidos a través de diversas leyes y decretos que puso en vigor el régimen del socialismo del siglo XXI. Después de aprobada la Constitución vigente fueron promulgados varios instrumentos para normar la participación en contra del espíritu constitucional; a partir de 2003 se agravó el atentado contra la participación y contra las competencias del ámbito municipal a través de las leyes del Poder Comunal que se dictaron desde ese año y de las 26 leyes habilitantes del 2008. En el año 2010 entraron en vigor varias leyes que impiden el ejercicio de la participación de los ciudadanos o lo mediatizan a través de instrumentos clientelares que en realidad concentran todo el poder en el Gobierno nacional.

Retomar la descentralización en los ámbitos originales es muy importante para apoyar el inicio del *nuevo estilo de desarrollo*, porque acerca el Estado a los ciudadanos, les ofrece a estos mejores oportunidades de participación política y disminuye la concentración del poder en los líderes del Ejecutivo Nacional, debilitando los entornos potenciales para las conductas clientelares de ese nivel. Por otra parte, además de contribuir a elevar la eficiencia de la gestión pública, la descentralización es un instrumento necesario de la estrategia de desarrollo de capacidades que fue planteada en los capítulos 6, 7 y 8, en particular dentro de las políticas de salud, de educación, de desarrollo productivo y de ciencia, tecnología e innovación.

Pero no basta retomar el proceso descentralizador que fue desandado. El reinicio de la descentralización debe corregir las desviaciones clientelares y las limitaciones a la participación auténtica de los ciudadanos que introdujo el régimen socialista. El nuevo proceso debe superar algunas deficiencias y fricciones que la misma descentralización vivió y debe tener una agenda más ambiciosa y profunda.

Para enfrentar y corregir las desviaciones y limitaciones que introdujo el régimen socialista, deberán ser revisadas todas las normativas que fueron dictadas en materia de Poder Comunal, así como todas las disposiciones contenidas en las 26 leyes dictadas bajo el régimen habilitante de 2008 donde se violan competencias del ámbito municipal; la ley Orgánica de Planificación, la Ley de Consejos Estadales de Planificación y Coordinación de Políticas Públicas, la Ley de Consejos Locales de Planificación, la Ley Orgánica de la Administración Pública, la Ley Orgánica del Poder Ciudadano y las relacionadas que entraron en vigor en 2010, entre ellas la reforma de la Ley Orgánica del Poder Público Municipal, la Ley Orgánica del Consejo Federal de Gobierno, la Ley de Contraloría Social y la Ley de Participación Ciudadana y del Poder Popular.

En el ámbito político y de gobierno pareciera necesario, además, afinar los mecanismos de referendos para revocar mandatarios regionales y locales, así como perfeccionar la definición de las competencias exclusivas de los estados y los municipios, y de aquellas concurrentes entre estos y el poder nacional. Estas definiciones son importantes para lograr la mayor eficacia de las funciones nacionales y descentralizadas de la educación primaria y secundaria, la gestión de infraestructuras de transporte, agua y energía, la prestación de servicios de salud y las gestiones de contraloría, procuraduría y defensoría del pueblo; la validez y firmeza en este caso dependen de que dichas funciones marchen con armonía.

El financiamiento de las funciones transferidas a los estados y municipios es otro tema a repasar en el reinicio de la descentralización. Es necesario revisar y conciliar entre sí las bases de tres procesos que convergen en la viabilidad de tal financiamiento: los criterios que están establecidos para la distribución del situado constitucional, el funcionamiento de un fondo para la descentralización y la capacidad legal que sea otorgada a los estados y municipios para crear y recaudar tributos.

Finalmente, hay que explorar vías para que los estados y municipios puedan participar activamente en alianzas con agentes privados, poniendo en marcha infraestructuras especializadas y otros programas de apoyo a iniciativas de desarrollo que tradicionalmente fueron exlusivas de los entes nacionales. Las políticas de desarrollo productivo y de ciencia, tecnología e innovación requieren para su continuidad en el tiempo de estos mecanismos.

Reinstitucionalizar el sistema de justicia

La realidad presente del sistema de justicia está muy lejos de lo que prescribe la Constitución y podría decirse que es todo lo contrario de lo que se pretende con "poner el Estado al servicio del ciudadano"[xxx]. La falta de independencia del TSJ, el uso de los tribunales y procesos penales para perseguir a enemigos políticos del régimen, la impunidad de las violaciones de derechos humanos que cometen funcionarios públicos y la inhumanidad de los centros penitenciarios son algunos de los rasgos más resaltantes y nocivos del sistema de justicia actual.

La propuesta que aquí presentamos para la reforma del sistema de justicia se basa principalmente en los lineamientos del proyecto elaborado en 2017 por el Bloque Constitucional con la coordinación de Román J. Duque Corredor y Cecilia Sosa Gómez (Bloque Constitucional, 2017), el cual se focaliza en la recuperación de la legitimidad, la legalidad y la conducta ajustada a derecho de sus componentes vitales, persiguiendo dos grupos de objetivos principales.

En primer lugar, las propuestas buscan reconstruir la institucionalidad del Estado de derecho para garantizar la independencia del Poder Judicial, del Ministerio Público y de la Defensoría del Pueblo. En este sentido hay que hacer un deslinde claro entre la función jurisdiccional del Tribunal Supremo de Justicia (TSJ) y la función de gobierno y administración del Poder Judicial; restablecer la carrera judicial y las garantías procedimentales de la estabilidad de los jueces; y asegurar la participación efectiva del gremio de abogados y de los ciudadanos en el sistema de justicia tal y como lo establece la Constitución.

En segundo término, la reforma persigue restituir las garantías de protección a los derechos humanos y hacer que Venezuela reingrese al sistema interamericano que protege estos derechos; asegurar la realización de procesos judiciales transparentes, eliminar el terrorismo judicial y las conductas partidistas del Ministerio Público, e integrar la jurisdicción militar al sistema de justicia.

Las reformas que planteamos a continuación en el sistema de justicia son indispensables para alcanzar los objetivos mencionados en los párrafos anteriores, y además para apoyar la reconciliación con justicia que proponemos en el capítulo 13. En concreto, varias de las políticas planteadas allí solo son factibles si se lleva a cabo la reinstitucionalización del sistema de justicia, entre ellas la política de "tolerancia cero", propuesta que establecemos como parte de los instrumentos para reducir la violencia; la estrategia de compromiso con los derechos humanos y la eventual puesta en vigor de algunos mecanismos de justicia transicional. A continuación resumimos las propuestas de reformas en el sistema de justicia, organizadas en cinco áreas temáticas.

El sistema en su conjunto, los componentes principales y el gobierno judicial

Las reformas del sistema de justicia deben proveer, en primer lugar, la consagración de los derechos de los ciudadanos ante la justicia, destacando su derecho a una justicia oportuna. Por lo tanto su agenda mínima debe contemplar la revisión del diseño del sistema de justicia y de la integración de sus componentes; la regulación legal de las responsabilidades personales de los jueces y magistrados en el desempeño de sus funciones; la profesionalización de la Defensa Pública y del Ministerio Público; la revisión de la estructura funcional de la Defensa Pública tendiente a su descentralización; la promoción activa de los medios alternos de resolución de conflictos por parte del Estado en los diferentes sectores económicos y sociales; la revisión de la justicia de paz para preverla como un medio para la municipalización de la justicia para las pequeñas causas; y la creación de la veeduría judicial ciudadana, mecanismo que les permita a los ciudadanos y a las comunidades ejercer vigilancia sobre la gestión respecto a las autoridades judiciales.

En segundo lugar, la reforma a emprender debe resultar en un Tribunal Supremo de Justicia fortalecido en su legitimidad y su legalidad, para lo cual sus bases deben revisar la competencia del TSJ y la autonomía funcional que tiene la Dirección Ejecutiva de la Magistratura en lo relativo al gobierno y a la administración del Poder Judicial; también es necesario considerar opciones respecto al objeto, finalidad y composición de la Sala Constitucional y evaluar la conveniencia o no de crear un Tribunal Constitucional fuera del TSJ para determinados procesos constitucionales; se deben revisar la integración del máximo tribunal, los procedimientos de elección y remoción de los magistrados y plantear reformas en el Comité de Postulaciones Judiciales.

Productos específicos de la reforma en este ámbito podrían ser una Ley del Sistema de Justicia que regule el gobierno y la administración del Poder Judicial, por ejemplo, y una Ley Orgánica de la Jurisdicción Constitucional que regule los procesos constitucionales.

La carrera judicial

Los concursos para la provisión de jueces fueron suspendidos en el año 2003 y, como resultado de quince años sin el funcionamiento de este mecanismo idóneo, más del 70 % de los jueces no son hoy titulares, pueden haber sido designados por motivos políticos sin tener las credenciales y están potencialmente sujetos a remoción arbitraria, todo lo cual atenta contra la independencia, la transparencia y la imparcialidad de la administración de justicia.

Las reformas en relación con la carrera judicial deben garantizar la idoneidad y la honestidad de los jueces, a través de la selección, las evaluaciones y la formación continua de los mismos.

Es necesario asegurar que la selección de jueces titulares sea a través de concursos de oposición y evaluaciones de rendimiento y capacidad de los aspirantes a la carrera o a la titularidad judicial mediante los jurados de circuitos judiciales, y la elección de los jueces de la jurisdicción disciplinaria debe ser realizada por los colegios electorales judiciales. También es importante restringir el empleo de las figuras de jueces provisorios, temporales e interinos, regular debidamente el ingreso excepcional por méritos relevantes o por grados superiores de la judicatura y revisar el régimen y la organización de la jurisdicción disciplinaria.

Complementariamente, las reformas deben contemplar que las promociones y ascensos en la carrera judicial respondan al rendimiento, la especialización y la calidad del trabajo de los jueces y no solo a su antigüedad en los cargos. Finalmente, las reformas deben implantar un plan de mejoramiento socioeconómico de los jueces y los funcionarios judiciales, acompañando estas mejoras con una ley de seguridad social que los proteja.

Los procesos penales y el sistema penitenciario

Las reformas del sistema de justicia deben dar especial importancia a simplificar y mejorar la investigación previa haciendo más transparente el proceso penal. Hay que otorgar efectivamente a los enjuiciados los beneficios a los que tienen derecho y mejorar las condiciones en las que viven los privados de libertad dentro de los establecimientos penitenciarios.

En esa dirección, la agenda de reformas debe contemplar la regulación de las funciones del juez para no afectar los derechos fundamentales, el empleo de procedimientos expeditos para delitos menores y la revisión de las medidas coercitivas y del procedimiento de investigación previa al proceso penal.

Los ajustes en este campo deben así mismo delimitar con precisión los derechos de los enjuiciados según su condición de investigados, imputados, acusados y condenados; deben incluir la reforma de la prisión provisional y de preferencia del cumplimiento de penas no privativas de libertad frente a medidas reclusorias; y deben promover una Ley de Beneficios Procesales y Penitenciarios en proporción a la duración de los procesos de los reclusos y la extensión de beneficios para la rehabilitación de los internos.

Por último, las reformas deben favorecer la descongestión de los establecimientos penitenciarios; la creación de un ente autónomo, técnico y descentralizado del sistema central y la promoción de una Ley de la Carrera de Penitenciaristas.

La justicia militar

La reforma de la justicia militar debe hacer cumplir el principio de que en el Estado democrático de derecho la justicia militar forma parte del Poder Judicial y no del Ministerio de la Defensa. Hay que ratificar los principios de que solo debe conocer de las faltas de los deberes de la función militar y no de delitos comunes o políticos; que ella no puede estar sometida a los planes estratégicos operacionales de seguridad y defensa; y que no es un fuero sino una justicia a cargo de jueces especializados en derecho militar, quienes deben ser elegidos mediante concursos públicos ante jurados independientes.

La reforma debe conducir a que el proceso de las faltas a los deberes militares sea el previsto en el Código Orgánico Procesal, que los jueces militares no tengan sujeción jerárquica o funcional a las autoridades militares, que la Fiscalía Militar sea parte del Ministerio Público, que la Defensa Pública Militar sea parte del sistema de Defensa Pública y que los tribunales militares funcionen en las instalaciones del Poder Judicial.

El sistema de protección de los derechos humanos

El balance de la última década de actuación del Estado en materia de derechos humanos es profundamente negativo. No solamente ha habido una violación sistemática de esos derechos por parte de funcionarios policiales y militares, sino que el Poder Ejecutivo y el Poder Judicial han desconocido los principios de la Constitución en la materia y Venezuela se ha colocado al margen del sistema internacional de protección de los derechos humanos.

Las acciones y reformas en esta materia deben incluir la reintegración de Venezuela al Sistema Interamericano de Protección de Derechos Humanos; la definición del derecho internacional de protección y respeto de los derechos humanos como fuente del derecho constitucional nacional; la implementación del Estatuto de Roma que crea la Corte Penal Internacional mediante la incorporación de los crímenes internacionales en la legislación interna y la firma de un Acuerdo de Cooperación con la Corte Penal Internacional, sin olvidar la reforma de la Defensoría del Pueblo para que ejerza efectivamente su misión constitucional de protección de los derechos ciudadanos.

Adicionalmente, es necesario promover un conjunto de leyes que desarrollen los planteamientos anteriores; entre otras, una ley para la ejecución del compromiso de estricto acatamiento de las decisiones o sentencias de los organismos internacionales de protección de los derechos humanos y otra sobre la reparación de las violaciones a los derechos humanos prevista en el artículo 30 de la Constitución.

Finalmente, y considerando la necesidad de una reconciliación con justicia en ocasión de la transición venezolana a la democracia (tema que abordamos en el capítulo 13 como parte de la Estrategia de Reconstrucción del Tejido Social), las reformas a emprender deben habilitar al sistema de justicia para determinar responsabilidades por las violaciones de derechos humanos ocurridas en los últimos años, así como para reparar a las víctimas. Por ello se deberán contemplar normativas que garanticen el esclarecimiento de la verdad (Fernández, 2016), la no impunidad por las violaciones, incluidos los crímenes de lesa humanidad, y las alternativas de penalización posibles en un marco de justicia transicional (Rodríguez Cedeño y Betancourt, 2016)[53].

---

53 Una de las vías sugeridas por expertos para organizar la justicia transicional es la creación de tribunales híbridos, similares a los de Timor Oriental, integrados por jueces nacionales e internacionales, quienes se encargarían de aplicar el derecho internacional y el derecho penal internacional (Betancourt, 2018).

La reforma política y de la administración del Estado, y las reformas dirigidas a superar los vicios del rentismo clientelar, que hemos discutido en este capítulo, constituyen un eje fundamental para la reconstrucción de la república y están alineadas con los siete consensos de La Venezuela que Queremos Todos. Ellas se complementan con las reformas que discutiremos en los capítulos 10, 11 y 12 referidas respectivamente a la definición de un nuevo rol para el Estado en el desarrollo, la relegitimación de Venezuela en el mundo y la reforma de la Fuerza Armada Nacional.

Tomaremos nuevamente las propuestas que acabamos de considerar aquí sobre la descentralización y la reinstitucionalización del sistema de justicia cuando discutamos la reconciliación con justicia en el capítulo 13, y en el capítulo 14 al discurrir sobre los componentes del *Pacto para el progreso de todos y la superación de la pobreza*.

---

xxx   El sistema de justicia tiene como función hacer cumplir la Constitución y las leyes por todos los poderes públicos, controlar la legalidad de la actuación administrativa y ofrecer tutela efectiva a todas las personas en el ejercicio de sus derechos e intereses legítimos. Está compuesto por el Tribunal Supremo de Justicia (TSJ) y los demás tribunales que determine la ley; el Ministerio Público y la Defensoría Pública; los órganos de investigación penal; los funcionarios de justicia y el sistema penitenciario; los medios alternativos de justicia, los ciudadanos que participan en la administración de justicia y los abogados autorizados para el ejercicio.

Capítulo 10
La reforma institucional para un nuevo rol del Estado en el desarrollo[54]

Cuando hablamos del desarrollo nos referimos a los procesos económicos, sociales, culturales y políticos que conducen a la realización de la mayoría de los miembros de una sociedad, procesos que son protagonizados por las personas ejerciendo su libertad, apalancándose en sus propias capacidades y en la cooperación con otras personas.

Tres consideraciones basadas en este concepto son importantes para definir el rol que debe jugar el Estado en el desarrollo. La primera es que los protagonistas del desarrollo son los ciudadanos y no el Estado; la segunda es que las capacidades humanas son palancas fundamentales de los procesos involucrados; y la tercera es que para concebir la nueva institucionalidad no basta con definir el rol del Estado en la economía, hay que definirlo en el conjunto que integra todos los procesos del desarrollo.

Estas tres ideas están alineadas con los consensos de La Venezuela que Queremos Todos, los cuales, como hemos dicho varias veces, hemos asumido como objetivos de desarrollo para Venezuela, y con expresiones que aparecieron reiteradas veces en los talleres de líderes y en los eventos de expertos de la iniciativa de construcción de una Visión Compartida de País.

En el marco de las tres consideraciones anteriores, nos interesa en el presente capítulo ampliar con mayor precisión un conjunto de reformas que son particularmente importantes para apoyar el éxito de las estrategias y las políticas de creación de capacidades que discutimos en capítulos anteriores, así como las de reconstrucción del tejido social que introduciremos en los capítulos 13 y 14.

Se trata de las reformas que conformarán los marcos regulatorios de la nueva economía, incluyendo las que son indispensables en el proce-

---

54   Los contenidos del presente capítulo y de los capítulos 9, 11 y 12 se complementan mutuamente como parte de la Estrategia de Reforma Institucional que fue introducida en el capítulo 5.

Recuadro 10.1: Frases escogidas sobre el Estado y el desarrollo, de los *verbatim* de seminarios de expertos en la iniciativa de construcción de una Visión Compartida de País

Queremos un país que ofrezca igualdad de oportunidades para todos... donde se garantice la libertad de iniciativas y se eviten los controles indebidos que las estorben... cuyas instituciones soporten todos los esfuerzos de los ciudadanos y la cooperación entre ellos.

Un país donde se respeten los derechos económicos, en particular los derechos a la propiedad y al emprendimiento... que haya superado la ficción de que ser ricos en recursos naturales asegura el progreso y el bienestar... que esté interesado en que haya inversión privada de Venezuela y de otros países para generar mucho empleo.

Queremos un país donde los ciudadanos y el Estado preserven el ambiente... donde el Gobierno impida los daños a la naturaleza... donde se utilicen los recursos naturales de forma racional para garantizar la sostenibilidad ambiental.

so de transición a la democracia. Aquí destacan las reformas que son requeridas para apoyar la creación de un nuevo sistema de seguridad social, aquellas que ayudarán con mayor fuerza a maximizar los impactos reales de la educación en nuestro desarrollo, las que serán sustento de las políticas dirigidas a fortalecer el Sistema Nacional de Ciencia, Tecnología e Innovación, y aquellas que darán soporte a la Estrategia de Reconstrucción del Tejido Social, incluyendo los postulados de reconciliación con justicia y el *Pacto para el progreso de todos y la superación de la pobreza.*

Principios que sustentan las propuestas sobre el nuevo rol del Estado

Tomando en cuenta las consideraciones anteriores, el Estado no debe limitar su papel en las dinámicas del desarrollo tan solo a proteger los derechos económicos de los ciudadanos. Él tiene mucho que aportar creando condiciones propicias para que las personas acumulen capacidades y ejerciten con éxito las libertades de emprendimiento económico, social, cultural y político, y para que los resultados de estas iniciativas beneficien a toda la sociedad.

Lo que no debe hacer el Estado es asumir el protagonismo de iniciativas que corresponden a los ciudadanos y que ellos pueden acometer por sí solos, o impedir a estos ejercerlo. Por lo tanto, la regla general debe ser que el Estado no ocupe los roles del empresario que invierte, arriesga y concurre a competir en los mercados de bienes y servicios, y que solo debe actuar como productor en servicios sociales como la salud y la educación, o en servicios que implican grandes inversiones que no pueden desarrollar por sí solos los privados, casos en los cuales debe preferir la actuación en alianzas público-privadas.

Solo en casos excepcionales debería el Estado asumir el rol de empresario, pero nunca debe hacerlo con reserva exclusiva de la actividad que realice, y siempre tendrá que estar sujeto a leyes especiales y sistemas regulatorios que impidan que su rol limite indebidamente las iniciativas de los actores privados. Ese podría ser el caso de la producción de hidrocarburos.

Caben básicamente tres clases de acciones por parte del Estado para dar esos aportes en el *nuevo estilo de desarrollo*. La primera es proteger la vida, la integridad personal y los derechos de todo tipo de los ciudadanos, garantizando la seguridad jurídica y el acceso a la justicia; la segunda es crear oportunidades para que todos ellos puedan acrecentar sus capacidades humanas, por ejemplo a través del acceso sin discriminación ni barreras a la educación de calidad, la seguridad social, los servicios de salud y los mercados de financiamiento. La tercera es crear externalidades positivas que favorezcan la eficiencia de las iniciativas que emprenden los ciudadanos, como por ejemplo la promoción de la competencia y la provisión de infraestructuras capaces de inducir aumentos en la productividad y la competitividad de la economía.

El Estado puede dar aportes de los tres tipos comentados a través de la creación y la supervisión de marcos regulatorios, como lo son los conjuntos de leyes y reglamentos que gobiernan la descentralización o la competencia, o también puede actuar en la implementación de políticas activas, como por ejemplo las políticas de educación, de estabilización macroeconómica y de fomento a la innovación tecnológica.

Los marcos regulatorios para dar soporte a la nueva economía

En términos resumidos, al conjunto de los marcos regulatorios de los cuales necesitamos dotarnos le corresponde respaldar un crecimiento con estabilidad, ambientalmente sostenible y capaz de generar muchas oportunidades de emprendimiento y trabajo decente; debe propiciar el funcionamiento de mercados competitivos y libres de barreras de entrada que ofrezcan seguridad jurídica a los agentes, garantizando sus derechos económicos y sociales; y también necesita dar soporte a una inserción exitosa de Venezuela en la economía global[55]. Esto implica incentivar flujos de tecnología, de capitales y de bienes y servicios entre Venezuela y el resto del mundo.

Para lograr lo anterior y dar soporte al despliegue de la nueva economía deberán realizarse reformas en muchos ámbitos, las cuales deberán expresarse en leyes y reglamentos diversos, y ser integradas de manera armónica en un Programa Marco para la Reforma Institucional de la Economía. El Programa Marco debe contener un diseño básico de las reformas jurídicas que soportarán la estrategia de desarrollo económico de largo plazo, así como especificar los objetivos concretos y los adecuados cronogramas para su implementación.

La ejecución de la reforma misma, la cual debería completarse en un lapso comprendido entre dos y tres años a partir de la aprobación del Programa Marco, incluirá la preparación de los proyectos detallados, así como la realización de las revisiones, ajustes y transformaciones de los cuerpos legales actuales y la aprobación de los nuevos planteamientos por parte de los órganos competentes.

Este conjunto de reformas implica un viraje importante en lo que ha sido la concepción dominante de lo económico en el seno del Estado y constituye un tema de gran sensibilidad política para la sociedad venezolana, lo que amerita una amplia discusión para el establecimiento y la construcción de consensos. En virtud de ello se propone que los diseños de las reformas y del Programa Marco sean realizados por un Consejo de Concertación para la Reforma (CCR) y el anteproyecto deberá ser difundido para su conocimiento público y llevado a la Asamblea Nacional para su discusión y aprobación como ley de la república.

---

55 Una inserción exitosa de Venezuela en la economía global implica mantener con el resto del mundo flujos estables de comercio, inversión, conocimientos y tecnología, y que el resultado neto de los intercambios conduzca en el tiempo a la optimización del ingreso nacional per cápita de nuestro país.

El Consejo de Concertación para la Reforma podría estar compuesto por los ministros de la economía y de relaciones exteriores y el procurador general de la república, así como por representantes de las academias nacionales, de las universidades, de las regiones y de los sectores empresariales y laborales; debe estar dotado de una secretaría técnica integrada por equipos de expertos en desarrollo, instituciones económicas, comercio, energía, políticas productivas, inversión y política exterior.

Como una contribución a la estructura de las reformas a realizar, señalamos a continuación los objetivos que deben tener los cuatro conjuntos regulatorios que enmarcarán las diversas políticas del Estado en materia económica. Se trata de un conjunto fundamental de reglas para garantizar seguridad jurídica a los agentes; un marco legal en el cual encuadrar las políticas macroeconómicas; otro marco referido a las políticas activas del Estado para el desarrollo productivo; y el último grupo dedicado a las políticas necesarias para la inserción de Venezuela en la economía mundial.

El marco fundamental

En términos de jerarquía, consideramos que el primer producto de la reforma debe ser un marco fundamental de principios y reglas que –como hemos dicho reiteradas veces– garantice seguridad jurídica y previsibilidad a los agentes económicos; que limite la actuación del Estado como empresario a casos excepcionales suficientemente regulados y supervisados por el Poder Legislativo; y que en función de la libertad, el progreso y el bienestar de todos proteja de forma armónica los derechos de propiedad y de libre emprendimiento, incluidos los de los sectores de la economía popular y la economía solidaria.

Los principios de este marco deben asimismo garantizar los derechos de los consumidores y los derechos laborales, incluida la seguridad social de los trabajadores; deben comprometer al Estado con la integridad de los ecosistemas naturales y el ambiente en beneficio de las generaciones presentes y futuras; y deben concurrir en la creación de oportunidades económicas para el progreso de todas las regiones del país apoyando la descentralización del Estado, incluidas sus funciones impositivas y de fomento del desarrollo económico.

Las reglas en las cuales encuadrar las políticas macroeconómicas

Para orientar el comportamiento del Estado en el ámbito económico, planteamos que la reforma debe producir un conjunto de reglas que establezca parámetros para las políticas macroeconómicas futuras. Estos parámetros deben limitar los déficits fiscales; instituir fondos especiales para el uso de la renta de los hidrocarburos y la minería en la creación de capacidades de la sociedad y en dar apoyo a la estabilidad del crecimiento frente a posibles choques externos; tienen que impedir al Banco Central financiar al resto del sector público y garantizar su autonomía frente al Ejecutivo y que lo obliguen al manejo de políticas monetarias, financieras y cambiarias prudentes que permitan a la economía crecer de manera estable y con una inflación mínima.

El marco para las políticas activas del Estado dirigidas al desarrollo productivo

Para ejercer sus roles de regulador y de promotor de políticas activas de desarrollo en general, el Estado debe encuadrar su conducta en reglas que promuevan y resguarden las inversiones nacionales y extranjeras y que regulen el establecimiento y la operación de agencias públicas y de alianzas público-privadas dedicadas, entre otras cosas, a la producción de servicios públicos basados en redes de infraestructuras y al fomento de actividades de investigación, desarrollo e innovación (I+D+i). Así mismo deben postularse leyes y reglamentos que regulen la recaudación y la aplicación de recursos para los mismos fines en los niveles centrales, regionales y locales, incluidos fondos de financiamiento y organismos de promoción y asistencia técnica, junto a leyes y otras reglas que deberán establecer los fines, los tipos de políticas y los límites de la acción que podrían tener dichas agencias, alianzas y formas de aplicación de recursos.

Las normas para guiar las políticas de inserción de Venezuela en la economía global

Finalmente, proponemos que la reforma produzca un conjunto de normas claras que propicie flujos de comercio, inversión y tecnología con el resto del mundo que sean favorables al *nuevo estilo de desarrollo*. Las normas deberán estar encuadradas en los conjuntos regulatorios antes mencionados, deben comprometer al país con el desarrollo ambientalmente sostenible, favorecer la cooperación internacional en los mismos campos y enmarcar la conducta del Estado en la negociación de acuerdos económicos internacionales, preservando los espacios de política que son necesarios para desplegar las políticas de desarrollo productivo.

Reformas de corto plazo para comenzar la reconstrucción económica

Las políticas de aplicación necesarias en el corto plazo para estabilizar la economía y reiniciar el crecimiento tienen requerimientos jurídico-institucionales cuya implementación debe ser inmediata, tan pronto se inicie la transición a la democracia.

Reformas inmediatas necesarias para reconducir las conductas económicas del Estado

Planteamos que las reformas legales inmediatas, además de proveer instrumentos eficaces para limitar los déficits fiscales e impedir el financiamiento del Banco Central al resto del sector público, deben fortalecer la capacidad de coordinación y elevar la eficiencia y la transparencia de las políticas financieras del Estado centralizando todas las transacciones del Gobierno central y creando un Consejo Nacional de Política Financiera. Estas reformas deben robustecer la Superintendencia de Bancos (Sudeban) y el Fondo de Garantías de Depósitos (Fogade), y deben elevar la transparencia y la solidez del mercado de capitales, así como la capacidad reguladora y supervisora del mismo por parte de la Comisión Nacional de Valores (CNV).

En la misma dirección, entre otras acciones urgentes, planteamos la revisión de la Ley de Administración Financiera del Sector Público, la Ley del Banco Central, la Ley de Bancos y Otras Instituciones Financieras, la Ley del Mercado de Capitales y la Ley de Promoción y Protección de Inversiones, así como las leyes que regulan los procesos de expropiación.

Adicionalmente, proponemos que deben ser revisados –para derogarlos o modificarlos– todos los instrumentos legales a través de los cuales se ha dado a la Fuerza Armada Nacional el control de muchos entes económicos del Estado, entre ellos los de la minería y los hidrocarburos, así como de varias empresas públicas a las cuales se les ha otorgado el monopolio de importaciones o exportaciones de insumos y productos de diversos sectores de la economía. Entre dichos instrumentos se encuentra el Decreto 2241 del Arco Minero del Orinoco, ampliamente cuestionado por resultar inconveniente a causa de razones ambientales, económico-financieras y de corrupción.

La reestructuración de las empresas del Estado completa las reformas que proponemos en este primer grupo. Ella persigue como fin concreto iniciar el retiro del Estado de las actividades productivas no petroleras, para lo cual planteamos reprivatizar todas las empresas y tierras que fueron expropiadas por el régimen socialista y convertir en sociedades de capital abierto las empresas públicas no petroleras, como primer paso para su eventual privatización total o para el establecimiento de alianzas con capitales privados para manejarlas.

Reformas relativas a la industria petrolera nacional

El pronto rescate de la economía nacional implica recuperar en el menor plazo posible la industria petrolera nacional (IPN) y encaminarla hacia una senda de desarrollo como la que propusimos en el capítulo 8, cuya implementación deberá iniciarse a muy corto plazo.

La primera de esas reformas mayores reside en permitir y promover activamente la participación accionaria privada en la industria petrolera y establecer un marco fiscal petrolero que asegure que el Estado optimice la proporción que reciba de la renta y que no comprometa la viabilidad financiera de las empresas que operan en el sector, garantizando que la inversión privada seguirá fluyendo hacia la industria.

La segunda reforma consiste en dar vigor legal a las medidas que planteamos en el capítulo 9 dirigidas a corregir las influencias rentísticas que ha habido tradicionalmente sobre la economía del país, como lo son el funcionamiento de fondos macroeconómicos anticíclicos y de ahorro; la promoción de la integración productiva de la industria con el resto de la economía nacional; y la reanudación de esfuerzos sistemáticos de investigación y desarrollo tecnológico, incluyendo la asignación de una fracción del ingreso de la industria para financiar esos esfuerzos en el campo de los hidrocarburos y de manera más amplia en los campos de la energía.

Finalmente, la tercera reforma radica en la creación de una agencia independiente reguladora de las actividades de hidrocarburos en el país, la cual a partir de su creación se focalizará en administrar las reservas de hidrocarburos, vigilar la ejecución de contratos operacionales y supervisar la aplicación de la nueva política petrolera en todos sus ámbitos.

Ajustes institucionales para apoyar las demás políticas de creación de capacidades

Las políticas que planteamos en los capítulos 6 y 7 referidas a la seguridad social, la educación y el sistema nacional de ciencia, tecnología e innovación, requieren de apoyos institucionales que en nuestra actualidad son muy débiles o inexistentes, lo cual justifica las reformas que proponemos a continuación.

Reformas específicas para hacer viable el nuevo sistema de seguridad social

Nuestra propuesta para el nuevo sistema de seguridad social consta de un Subsistema Público de Salud (SPS) y un Subsistema de Pensiones y Auxilio al Desempleo (SPAD), como expusimos en el capítulo 6.

Específicamente en materia del SPS, los planteamientos más importantes que hicimos están referidos a la organización, la prestación de los servicios y el financiamiento, y requieren del soporte de reformas legales que les den una base sólida. Habrá que superar algunas limitaciones establecidas por la Constitución de 1999, la cual considera que los bienes y servicios públicos de salud son propiedad exclusiva del Estado. Deberá entonces reiniciarse la descentralización que fue revertida en la primera década del siglo XXI, tal como planteamos en el Capítulo 9, y deberá crearse un cuerpo normativo que asegure la coordinación de las fuentes de financiamiento público.

En lo que respecta al Subsistema de Pensiones y Auxilio al Desempleo, la propuesta que hicimos se basa en tres pilares: el primero es de carácter asistencial y solidario y los otros dos están basados en la capitalización individual. Esta concepción difiere diametralmente del subsistema actual, de forma que la base legal requerida deberá ser muy distinta a la hoy vigente, la cual tendrá que ser derogada y sustituida.

En síntesis, viendo el sistema en su conjunto, es necesario definir una nueva Ley Marco del Sistema de Seguridad Social, derogando la Ley Orgánica del Sistema de Seguridad Social del 2002 y la Ley del Seguro Social reformada en 2008, para crear todo un nuevo cuerpo normativo en apoyo a los dos subsistemas que ya comentamos y que propusimos en el capítulo 6.

Reformas en apoyo a las políticas propuestas en la educación

Las reformas institucionales más importantes para dar soporte a las políticas que planteamos en los capítulos 6 y 7 referidas a la educación son las que propiciarán la elevación de la calidad de la educación inicial, primaria y secundaria, y las que tocan la gobernanza universitaria y el financiamiento para las universidades nacionales.

Tal como expusimos en la sección del capítulo 9 referida a la descentralización, este proceso debe servir de estructura para las reformas financieras y de gestión que fueron propuestas para la educación inicial, primaria y secundaria. Estas reformas, incluido el fomento a escuelas y liceos no estatales que participen en la educación pública, son muy importantes para elevar la eficiencia de la gerencia escolar, y como consecuencia de ello para mejorar la calidad de la educación que reciben la mayoría de los niños y jóvenes venezolanos.

En lo que respecta a las reformas en la educación superior pública, la gobernanza y la viabilidad financiera son los temas más álgidos. La posibilidad de que las universidades formen con excelencia a los especialistas de alto nivel que requerimos, y que sean capaces como instituiciones de dar soporte a nuestra transición a la sociedad del conocimiento, pasa por asegurar su viabilidad financiera y garantizar que las comunidades académicas y las autoridades tomen las grandes decisiones sobre su misión y su funcionamiento con base en criterios fundamentalmente académicos, no teñidos por la inmediatez de los juegos políticos.

Nuestra propuesta primordial referida a la gobernanza universitaria consiste en una reforma de los reglamentos de la Ley de Universidades, o de la ley misma de ser necesario, que apunte a dos fines capitales. El primero de ellos es la regulación de cómo deben conducirse los procesos en los cuales son elegidas las autoridades para asegurar que se cumplan en ellos los principios académicos y evitar desviaciones políticas que lamentablemente suceden en algunas casas de estudio, condicionando las decisiones más importantes que las autoridades deben tomar con respecto a la gestión académica y económica. El segundo de estos fines tiene que ver con la instauración de nuevos sistemas para la evaluación de los profesores e investigadores, los cuales deben considerar sus aportes a la excelencia de la investigación y la docencia, lo que serviría de base para mejorar sensiblemente su remuneración laboral.

Con respecto al financiamiento de la educación superior, el asunto central es que la viabilidad económica de las universidades debe resultar del equilibrio entre los costos que implica cumplir sus fines, sujetos a un manejo racional, por una parte, y, por la otra, los aportes presupuestarios del Estado, uniendo a ello los ingresos propios que genere cada institución como consecuencia de sus actividades docentes, de investigación y de extensión. En este conjunto, las reformas deben asegurar a las universidades ingresos provenientes de quienes se benefician de la educación en ellas, dado que el Estado no está en capacidad de suplir totalmente el incremento necesario de sus presupuestos de inversión y funcionamiento. Los costos de la educación superior son muy altos y el aporte que puede dar el Estado, sumado a la racionalización de los costos y la elevación de la eficiencia en la gestión universitaria no son suficientes para alcanzar el equilibrio.

En cuanto a cómo asegurar el ingreso proveniente de los beneficiarios de la educación superior, en el capítulo 7 nos pronunciamos por una modificación en dos pasos. En el corto plazo hay que implementar una reforma que no requiere modificaciones de la Ley de Universidades o la Constitución, en la cual los egresados de las universidades nacionales paguen un impuesto específico que contribuya a su financiamiento; simultáneamente se deben promover reformas o enmiendas de los artículos 102 de la Constitución y 11 de la Ley de Universidades, que permitan implementar más tarde una solución basada en el pago de aranceles por parte de los estudiantes mientras cursan sus carreras.

Con base a lo que propusimos en el capítulo 7, cuando discutíamos el financiamiento de la educación superior, deberá añadirse a las reformas comentadas en el párrafo anterior la creación de un Fondo Nacional de Jubilaciones para la Educación Superior, el cual asuma todos los pasivos que por este concepto tienen actualmente las instituciones de educación superior del Estado.

Reformas para dar apoyo al Sistema Nacional de Ciencia, Tecnología e Innovación

Las reformas que hemos propuesto en reflexiones anteriores referidas a la regulación de la economía en general y a los cambios en la gobernanza de las universidades contribuirán en buena medida a crear un entorno favorable al funcionamiento del Sistema Nacional de Ciencia, Tecnología e Innovación. Dentro de ellas es necesario destacar algunos aspectos y precisar medidas específicas de reforma que incentivarán las actividades de investigación, desarrollo e innovación (I+D+i).

Los marcos regulatorios de la economía deben producir estímulos concretos para que los empresarios valoren la creación de activos de conocimiento, para que sea atractiva la creación y explotación de grandes infraestructuras en alianzas público-privadas, y para que los investigadores e innovadores se sientan motivados en sus actividades. Para ello, en el marco de los sistemas regulatorios generales ya discutidos, tienen particular importancia las normativas que estimulen la creación y el funcionamiento de mercados financieros modernos, incluyendo los de capital de riesgo, los incentivos fiscales a la inversión en I+D+i, la protección de los derechos de propiedad intelectual, las normativas sobre tarifas de servicios públicos intensivos en tecnología y la seguridad jurídica a los inversionistas que se asocien con el Estado.

La reforma de la institucionalidad universitaria venezolana, que hemos tratado en apartes anteriores, es muy importante porque la mayor parte de las actividades de investigación y el 80 % de los investigadores pertenecen hoy a las universidades nacionales. Los principales cambios que son necesarios para que la investigación universitaria apalanque al Sncti tienen que ver con la gobernanza de la misma, lo cual ya hemos comentado en párrafos anteriores.

Las reformas a implementar deben apoyar que las agendas de investigación sean definidas concertadamente entre cada universidad y los agentes económicos que demandan los conocimientos, para así asegurar que los institutos que hacen las investigaciones puedan disponer de los recursos que reciban en contraprestación, incluyendo el pago de remuneraciones atractivas a los propios investigadores. Las remuneraciones de los investigadores tienen que responder a la calidad y a la productividad de su labor, no pueden estar regidas por baremos que ignoran esos factores.

Acoplamientos para dar soporte a la Estrategia de Reconstrucción del Tejido Social

La estrategia de reconstrucción del tejido social propone dos conjuntos de políticas, la reconciliación con justicia, que desarrollaremos en el capítulo 13, y el *Pacto para el progreso de todos y la superación de la pobreza*, el cual discutimos en el capítulo 14. Dedicamos la presente sección a exponer solo las propuestas sobre la reforma de instituciones que será necesario anclar para darles apoyo.

Reformas necesarias para poner en marcha la reconciliación con justicia

La reconciliación con justicia es uno de los componentes de la Estrategia de Reconstrucción del Tejido Social y se apoya en tres grupos principales de políticas: por una parte, la despolarización política y la cooperación social; en segundo lugar, las políticas dirigidas a la reducción de la violencia; y por último, las políticas referidas a la protección de los derechos humanos y a la administración de justicia en los casos de violación de dichos derechos y de ejercicio abusivo del poder.

La implementación de las políticas del primer grupo no requiere de reformas jurídico-institucionales, puede hacerse con base en el sistema hoy vigente. Pero el éxito de los otros dos grupos de políticas solo será alcanzable si se llevan a cabo las reformas del sistema de justicia que fueron propuestas en el capítulo 9.

En particular la reducción de la violencia y la política de "tolerancia cero" dependen de que se implementen las reformas que fueron propuestas con relación a la carrera judicial, los procesos penales y el sistema penitenciario.

Por su parte, implementar con éxito la protección de los derechos humanos y lograr la aplicación de la justicia en los casos de ejercicio abusivo del poder y de violación de aquellos derechos depende de la ejecución de las reformas que fueron propuestas con relación a la justicia militar y al sistema de protección de los derechos humanos, junto a la implementación efectiva de una normativa que garantice el esclarecimiento de la verdad, la no impunidad y las alternativas de penalidad posibles en un marco de justicia transicional.

Ajustes en apoyo al Pacto para el progreso de todos y la superación de la pobreza

El *Pacto para el progreso de todos y la superación de la pobreza*, que ampliaremos en el capítulo 14, es un instrumento fundamental para el conjunto de las estrategias de desarrollo que hemos propuesto hasta ahora. Este *Pacto* debe comprometer al Estado y a todos los sectores de la sociedad civil con la ejecución de reformas y políticas en cinco áreas, durante un período total comprendido entre 20 y 25 años.

Su agenda consta de objetivos estratégicos y de políticas públicas que necesitan ser alcanzadas y que se refieren a la educación de calidad, al desarrollo del nuevo sistema de seguridad social, a la estabilización y la recuperación del dinamismo de la economía, a la realización de un programa de reordenamiento y de dotación de infraestructuras y equipamientos de servicios públicos en los barrios populares, y a la elevación del disfrute real de los derechos civiles por parte de los miembros de dichos grupos, destacando su acceso a la justicia y su participación real en las decisiones de lo público.

Ese conjunto de objetivos debe mantenerse permanentemente en un primer nivel dentro de las prioridades políticas del país, lo que implica que la ejecución de este *Pacto* tenga un seguimiento real por parte de la sociedad civil, independiente del Ejecutivo. Todos sus propósitos deberán ser actualizados y sus compromisos requieren de la renovación entre las partes por ciclos razonables.

En función de lo anterior hace falta el despliegue de reformas institucionales que garanticen dos clases de apoyos para el *Pacto*, las que faciliten a la sociedad civil el seguimiento de la ejecución y a todas las partes la actualización de los objetivos y la renovación de los compromisos, y aquellas que den soporte institucional a la ejecución de las políticas y programas en las cinco áreas mencionadas.

Apoyo institucional para el seguimiento de la ejecución y la actualización de los objetivos

En el capítulo 14 proponemos la creación de un Consejo del Pacto, un cuerpo del más alto nivel político que se encargue de la revisión de las políticas convenidas después de un tiempo prudencial, así como de la recomendación de ajustes a los respectivos sectores. El Consejo estaría integrado por representantes del Estado y de la sociedad civil, entre ellos delegados de las organizaciones de trabajadores y empresarios, de las universidades nacionales, de las iglesias y de organizaciones no gubernamentales. También hemos propuesto que dicho Consejo sea apoyado por un Observatorio del Pacto, un cuerpo técnico capacitado para la recolección y el procesamiento de información relevante para el seguimiento y la evaluación de los objetivos acordados.

Entre las reformas jurídico-institucionales que se deberán producir será necesario que este Consejo funcione como órgano consultivo del presidente de la república, con las atribuciones ya mencionadas, y que el Observatorio figure como su secretaría técnica

Apoyo institucional para la ejecución de las políticas y programas sectoriales

En relación con los apoyos institucionales que necesitan las políticas y programas sectoriales de las cinco áreas del *Pacto*, el conjunto de las reformas que hemos presentado en el capítulo 9 y en secciones anteriores del presente capítulo garantiza esos soportes.

Allí trazamos propuestas que apoyan al objetivo de elevar el disfrute real de los derechos civiles por parte de los grupos populares; se trata de la reforma del sistema de gobierno y de los mecanismos de participación de los ciudadanos, la descentralización y la reinstitucionalización del sistema de justicia. Aquí hemos discutido las directrices propuestas para las cuatro áreas restantes, que son la educación, el desarrollo del sistema de seguridad social y la economía, incluyendo el desarrollo de infraestructuras y equipamientos de servicios públicos.

Para cerrar el presente capítulo retomamos la consideración que hicimos en sus primeros párrafos referida a que la persona, y no el Estado, es la protagonista y el centro del desarrollo. En el fondo, las ideas de autonomía y protagonismo de la persona en el desarrollo inspiran todos los planteamientos de la estrategia de capacidades, las propuestas que hicimos para superar los vicios de rentismo clientelar y las de reconstrucción del tejido social que discutiremos en los capítulos 13 y 14. Una lectura reflexiva de los siete consensos de La Venezuela que Queremos Todos también nos lleva a encontrar en ellos la intención de vivir en un país donde se pueda ser autónomo y ser protagonista de la vida que uno tiene razones para valorar.

Capítulo 11
Reformas y políticas para relegitimar a Venezuela en el mundo[56]

El descrédito de Venezuela como Estado ha invadido todas las áreas de la agenda internacional, hasta considerársele actualmente como un riesgo para la paz y la seguridad del hemisferio americano, lo que ha resultado en que se la haya aislado de muchos ámbitos económicos y políticos del mundo.

> **Recuadro 11.1: Frases escogidas sobre las relaciones internacionales de Venezuela, de los *verbatim* de talleres de líderes en la iniciativa de construcción de una Visión Compartida de País**
>
> *Queremos que Venezuela sea amiga de todos los países, de Colombia, de los EEUU, de todos.... También de los amigos nuevos, de Rusia, de Nicaragua y de China y Bolivia.*
>
> *Queremos un país que sepa hacer negocios con otros países... un país que compre solamente lo necesario de otros países del mundo, en especial de países amigos, para que haya alta calidad y se reduzcan la escasez y la especulación... que venda muchos productos, no solamente petróleo, a los países a los cuales les compra... Así todos nos ayudamos.*

Las conductas que se imputan al Gobierno venezolano y que nos han colocado como país de alarma en esta situación, incluyen el contravenir acuerdos internacionales de comercio e inversión, vulnerar los derechos de inversionistas extranjeros y el desconocimiento de deudas internacionales cuantiosas; se acusa a Venezuela de violar sistemáti-

---

56   Los contenidos del presente capítulo y de los capítulos 9, 10 y 12 se complementan mutuamente como parte de la Estrategia de Reforma Institucional que introdujimos en el capítulo 5.

camente los derechos humanos y de incumplir las obligaciones internacionales del Estado en la materia referida. No bastando con ello se imputa al Gobierno venezolano que agravia recurrentemente a jefes de Estado de otros países, apoya el desarrollo de movimientos guerrilleros y el terrorismo islámico, ideologiza a grupos juveniles de otros países y se alinea con regímenes dictatoriales repudiados por casi todo el mundo como lo son los de Siria y Corea del Norte o los ya desaparecidos de Muammar Gadafi en Libia y Saddam Hussein en Irak. A todo este historial se le suma que Venezuela siga manteniendo en altas funciones de Estado a jerarcas que han sido acusados internacionalmente de narcotráfico y lavado de dinero proveniente de la corrupción.

Durante la égida del Gobierno socialista Venezuela ha sido suspendida como miembro del Mercosur, se ha retirado de acuerdos internacionales de arbitraje de inversiones, está sujeta a numerosas demandas internacionales por sumas cuantiosas y prácticamente se ha aislado de todos los mercados financieros mundiales; ha abandonado la Comunidad Andina de Naciones, la Organización de Estados Americanos y los acuerdos hemisféricos de protección de los derechos humanos, y ha dejado de participar en los convenios americanos de cooperación en la lucha antidrogas[xxxi].

A este cuestionable comportamiento que hemos comentado, conocido hoy por todo el mundo, debemos añadir que las decisiones de la política exterior venezolana se toman de manera opaca, sin escrutinio por parte de los órganos de control político que establece la Constitución y sin que la ciudadanía tenga conocimiento de las mismas. Las alianzas que el régimen socialista ha hecho con Cuba, Rusia, Bielorrusia, China, Irán y con los pequeños países del Caribe han sido instrumentadas a través de un gran número de acuerdos internacionales que son desconocidos fuera del Ejecutivo, algunos de los cuales implican obligaciones económicas cuantiosas que no fueron aprobadas por los órganos competentes.

Las propuestas que hacemos aquí comprenden tanto reformas institucionales como acciones de política de Estado, dirigidas a relegitimar a Venezuela en la comunidad internacional y a encaminar de nuevo su política exterior para promover con eficacia sus fines en las relaciones bilaterales y los escenarios multilaterales.

En este sentido planteamos tres grupos de acciones y reformas: las diligencias diplomáticas, negociaciones y reformas a ser realizadas desde el inicio del período de transición a la democracia; las actuaciones políticas y reformas jurídico-institucionales dirigidas a renovar y consolidar nuestros compromisos internacionales con la agenda de la paz, la democracia y la protección de los derechos humanos; y los cambios orientados a establecer un nuevo modelo de inserción económica en el mundo, en favor de nuestro desarrollo.

En la concepción de la agenda política de las propuestas nos hemos beneficiado de discusiones que sostuvimos en 2015 con varios diplomáticos venezolanos de primera línea, entre ellos los embajadores Milos Alcalay, Milagros Betancourt, Emilio Figueredo, Edmundo González y Rosario Orellana, cuando coordinamos la preparación de las propuestas para la transición a la democracia que presentaron al país los líderes de los partidos Vente Venezuela, Voluntad Popular y Alianza Bravo Pueblo, y del estudio del reciente trabajo de la embajadora Milagros Betancourt "La nación en el concierto mundial. Soberanía, gobernanza internacional y desarrollo" (Betancourt, 2018).

Diplomacia y reformas en la transición relativas a obligaciones internacionales

Las agendas del período de la transición a la democracia implican informar y negociar internacionalmente en temas petroleros, financieros, de inversión, comerciales, sociales y políticos[57], para lo cual será necesario un despliegue diplomático amplio e intenso desde las primeras semanas del mismo.

En adición al despliegue diplomático, planteamos que durante el período de la transición se deberán realizar reformas legales internas relacionadas con nuestros compromisos internacionales. Ellas son necesarias para impedir que se repita la experiencia del régimen socialista con la negociación de acuerdos por el Poder Ejecutivo a espaldas de los demás poderes del Estado y de la sociedad. Es necesario apoyar la reconciliación con justicia que tratamos en el capítulo 13 y dar viabilidad a las políticas económicas de corto plazo que propusimos en el capítulo 8, particularmente las referidas a grandes operaciones de financiamiento externo para el programa de estabilización económica y al reinicio de los flujos de inversión extranjera directa que requiere nuestra recuperación económica.

---

57   La propuesta petrolera y la macroeconómica de la transición fueron planteamientos desarrollados en el capítulo 8, incluyendo lo relativo a los convenios internacionales del petróleo, así como lo referido a la banca privada internacional y a los organismos multilaterales.

Las palancas diplomáticas necesarias en un plazo inmediato

Tan pronto se dé inicio al período de transición, la diplomacia venezolana se verá en la necesidad de realizar negociaciones en muchos frentes, relacionadas con temas políticos, sociales y económicos, y deberá de igual modo asumir la representación de los intereses de Venezuela en procesos contenciosos internacionales que estén en curso o próximos a iniciarse.

En soporte a las agendas económicas y sociales de muy corto plazo, nuestra diplomacia tendrá que contribuir a obtener apoyos para operaciones perentorias de financiamiento multilateral y de cooperación humanitaria bilateral y multilateral, que permitan iniciar con prontitud la recuperación de los sistemas de salud y los servicios de energía y agua potable, así como la importación de alimentos, medicamentos y repuestos, con miras a reducir la precariedad que estará sufriendo la población al momento de comenzar la transición. Corresponden a negociaciones más especializadas aquellas que permitirán concretar los nuevos financiamientos que requieren los programas de ajuste y estabilización macroeconómica propuestos en el capítulo 8.

También en lo que respecta a la agenda económica, tendrán que establecerse contactos bilaterales que permitan iniciar la renegociación de deudas y acuerdos de financiamiento hoy vigentes, como son los existentes con China, los pasivos de origen comercial y aquellos derivados del régimen cambiario, así como acercamientos concretos con países miembros de la Organización Mundial del Comercio (OMC) y el Mercosur, encuentros y acuerdos que darán pie al apoyo que necesitarán las solicitudes de exención temporal de obligaciones (*waivers*) comerciales que eventualmente tendremos que presentar ante esos entes.

En el ámbito netamente político, la prioridad inmediata deberá estar concentrada en la creación de confianza en la comunidad internacional sobre la conducta que tendrá Venezuela durante la transición a la democracia. Ella deberá ser de absoluto respeto a los derechos humanos, libre de retaliaciones internas, marcada por el cumplimiento de sus compromisos internacionales, asegurando que los procesos comiciales y judiciales podrán ser ejecutados efectivamente con independencia absoluta del Ejecutivo y con la presencia certificadora de una veeduría internacional[xxxii].

Para completar la agenda diplomática inmediata –considerando la necesidad que tendremos de soportes internacionales para hacer exitosa la transición, así como los escenarios de alineaciones políticas que podrían presentarse en un futuro en América Latina– es recomendable que se hayan estudiado las eventuales ventajas y desventajas que podría tener la constitución de un Grupo de Amigos de Venezuela, que haga seguimiento internacional al desenvolvimiento de la situación en el país durante la transición y que facilite el cauce de posibles acuerdos internacionales en su apoyo.

En complemento a lo comentado respecto a las agendas de muy corto plazo, Venezuela deberá enfrentar con gran responsabilidad durante la transición todos los procesos contenciosos en su contra que están abiertos o por abrirse en temas económicos, como los numerosos procesos arbitrales que están en curso en el Centro Internacional de Arreglo de Diferencias Relativas a Inversiones (Ciadi)[58], y también en asuntos políticos, como los casos por violación de derechos humanos en la Corte Penal Internacional y la controversia territorial con Guyana sobre el Esequibo, disputa que el secretario general de las Naciones Unidas refirió a la Corte Internacional de Justicia, uno de los temas de más alta sensibilidad política que debe ser tratado con la máxima seriedad y responsabilidad por parte de Venezuela (Betancourt, 2018).

Como hemos dicho, nuestro país deberá también solicitar la exoneración temporal de ciertas obligaciones comerciales en la OMC y en el Mercosur, para contribuir a dar viabilidad a la recuperación del aparato productivo nacional.

Es de entender hasta este punto que en cuanto a diligencias diplomáticas y negociaciones que deberán realizarse durante el período de la transición, nuestra diplomacia tendrá que asumir muchas y muy variadas tareas, para lo cual deberá reconstituir equipos de negociadores, juristas y asesores especializados en asuntos de derechos humanos, de energía, de inversión, de comercio y de finanzas, entre otros, que fueron disueltos por el régimen socialista.

Para cerrar las propuestas sobre gestiones diplomáticas durante la transición, proponemos que, superado el período de las acciones más urgentes, y avanzadas las investigaciones sobre violaciones de derechos humanos y otros delitos cometidos en los últimos años, el Ministerio de Relaciones Exteriores produzca un "Libro Blanco" sobre los traumas del proyecto totalitario y su superación.

---

58   La ola de expropiaciones arbitrarias y sin compensación que desató el gobierno del presidente Chávez a mediados de la primera década del presente siglo afectó a muchos inversionistas internacionales, lo que tuvo como consecuencia que Venezuela enfrente hoy numerosos procesos arbitrales en el Ciadi.

El Libro Blanco debería ser distribuido por todas las misiones diplomáticas y consulares venezolanas a los entes oficiales y las organizaciones de la sociedad civil de los países en que ellas actúen y servir de base para un programa comunicacional que se implemente a través de todos los escenarios multilaterales y la presencia de delegaciones venezolanas en todo evento internacional.

Revisiones de acuerdos internacionales y de la normativa interna para ponerlos en vigor

A lo largo de dos décadas, el régimen socialista negoció y suscribió en medio de una gran opacidad muchos acuerdos, convenios y pactos internacionales, entre ellos con Cuba, China, Rusia, Bielorrusia, Irán y varios países de Centroamérica y el Caribe, cuyos contenidos e implicaciones, tanto políticos como económicos, son prácticamente desconocidos por el país (Betancourt, *ibid.*).

A ello se le suma que el Gobierno denunció cuatro tratados muy importantes para el desarrollo y la democracia en Venezuela, como lo son el Acuerdo de Cartagena de la Comunidad Andina de Naciones (CAN) y el Acuerdo de Washington del Ciadi en los campos de la integración y la inversión extranjera; en el ámbito político hizo lo mismo con la Convención Americana de los Derechos Humanos y con la Carta de la Organización de los Estados Americanos (OEA), valiosos tratados que forman parte del Bloque Constitucional al que se refiere el artículo 23 de la Constitución vigente, por lo que su denuncia contraviene la Carta Magna[xxxiii].

Es imprescindible en este sentido iniciar prontamente una evaluación de todas las decisiones referidas, revisión que nos permita actuar en pro de los intereses de Venezuela, revirtiendo los pasos que fueron dados para retirar a Venezuela de la OEA, el Ciadi y la Convención Americana de los Derechos Humanos, así como terminar algunos acuerdos bilaterales y renegociar otros.

La mencionada tarea de revisión y evaluación de acuerdos vigentes será considerable, debe ser asumida a la mayor brevedad y no puede ser planteada por Venezuela de una forma imprecisa que genere internacionalmente dudas sobre el cumplimiento de sus compromisos. La reorientacion que requiere nuestra política exterior dependerá entre otros factores de cómo manejemos la madeja de compromisos internacionales que heredaremos de estos últimos veinte años.

Por último, la experiencia vivida en los veinte años del régimen socialista debe dejar lecciones para evitar que se repitan en el futuro las conductas inconsultas, arbitrarias y opacas que han llevado a incontables acuerdos internacionales que el Poder Legislativo y la sociedad no conocen. En ese sentido hacemos nuestras las propuestas que ha formulado la embajadora Milagros Betancourt (Betancourt, ibid), donde se amplían tres reformas legales o reglamentarias que afectarían las negociaciones y el proceso de aprobación de los tratados, sin olvidar una que regularía la facultad que tiene el Ejecutivo en lo que respecta a la denuncia de tratados internacionales, al retiro de pactos o acuerdos y a la salida de organizaciones internacionales.

La primera reforma relativa a la negociación y aprobación de tratados es una modificación de la Ley de la Administración Pública que establezca la obligación del Ejecutivo de hacer consultas sobre las negociaciones, tanto con otras instituciones del Estado que pudieran estar vinculadas a ellas como con la sociedad civil y con la Asamblea Nacional a través de su Comisión de Política Exterior. La segunda es establecer una reglamentación que obligue a los ministerios que participen en negociaciones de tratados, a mantener informada a la Comisión de los avances de las negociaciones y de las posiciones que se defienden en ellas. La tercera persigue evitar la aprobación de los tratados internacionales en la Asamblea Nacional de forma automática y sin discusión previa, exigiendo el requisito de mayoría calificada en lugar de mayoría simple.

En cuanto a regular la facultad que tiene el Ejecutivo para denunciar tratados, decidir el retiro de pactos o acuerdos y resolver el abandono de organizaciones internacionales, la propuesta consiste en una reforma que establezca condiciones como la aprobación de las iniciativas del Ejecutivo por una mayoría calificada de dos terceras partes de los miembros de la Asamblea Nacional o bien mediante una consulta popular para casos relativos a los derechos humanos, basándose en el artículo 23 de la Constitución que les da rango constitucional a los tratados en tal materia.

Ajustes inmediatos en normativas internas en respuesta a compromisos internacionales

La agenda internacional de la transición implica realizar ajustes en la normativa interna para adecuarse a los compromisos internacionales que ha incumplido Venezuela, así como para responder a intereseses nacionales específicos de plazo inmediato que requieren del apoyo internacional. Se trata principalmente de implementar en el país la normativa internacional sobre derechos humanos y de crear marcos regulatorios de la economía que hagan factible la obtención del nuevo financiamiento y de las inversiones directas que requeriremos de los mercados internacionales.

Con relación a implementar en el país la normativa internacional sobre derechos humanos, las propuestas que ya hicimos en el capítulo 9, cuando discutíamos la reforma del sistema de justicia, planteaban diversas acciones y reformas, algunas de las cuales corresponden al período de la transición.

Ellas son particularmente la reintegración de Venezuela al Sistema Interamericano de Protección de Derechos Humanos y la promoción de la normativa necesaria para esclarecer la verdad acerca de las violaciones de derechos humanos cometidas en los últimos años, incluidos los crímenes de lesa humanidad, así como la implementación de un sistema de justicia transicional que contribuya a la reconciliación con justicia discutida en el capítulo 13.

Con respecto a las reformas regulatorias de la economía, destacamos aquí aquellas que son necesarias para reinsertar a Venezuela en los flujos internacionales de inversión y en los mercados globales de financiamiento, y particularmente las que son necesarias para hacer factible la obtención de nuevos créditos en el corto plazo, del mercado financiero internacional y de entes multilaterales como el Banco Interamericano de Desarrollo (BID), el Banco Mundial (BM) y la Corporación Andina de Fomento (CAF).

Se trata de algunos propósitos que planteamos en el capítulo 10, cuando discutíamos las reformas inmediatas para comenzar la reconstrucción de la economía, en particular las referidas a otorgar garantías sobre la eficiencia y la transparencia de la administración del Estado, de la coordinación de sus políticas financieras, de la reestructuración y privatización de las empresas públicas y de la debida protección a las inversiones extranjeras.

Renovar compromisos con las agendas de la paz, la democracia y los derechos humanos

Nuestro país debe legitimarse nuevamente en el mundo con respecto a los temas de la democracia, los derechos humanos y la paz, y recobrar la influencia que ha perdido en los escenarios multilaterales como consecuencia de la deriva totalitaria que tomó el régimen socialista y de las deplorables conductas internacionales que comentáramos en la introducción de este capítulo.

Proponemos para esos fines tres líneas de acción, las dos primeras corresponden a temáticas especializadas e implican tanto acciones internacionales como internas, mientras la tercera se refiere a las actuaciones de Venezuela en muy diversos temas en los foros multilaterales.

La primera línea mencionada tiene que ver con los derechos humanos; la mayor parte de estas acciones ya fueron planteadas en párrafos anteriores como una parte esencial de las gestiones internacionales necesarias para la transición que incluyen nuestra reincorporación al sistema interamericano de protección de aquellos derechos. Esta directriz se complementa con un apoyo amplio que debe dar Venezuela a la Corte Interamericana de Derechos Humanos y a la Corte Penal Internacional de La Haya, así como a las partes que hayan introducido denuncias o iniciado procesos por delitos de lesa humanidad.

La segunda línea consiste en reiniciar y profundizar la cooperación internacional en materia de lucha antidrogas y contra el lavado de fondos provenientes del crimen y la corrupción. Esto implica no solo la reincorporación a convenios bilaterales que abandonó Venezuela y la entrada en acuerdos multilaterales para esos fines, sino además la revisión de la legislación interna de la materia, la debida depuración de las organizaciones policiales y los cuerpos militares que han participado en las gestiones antidrogas, y el establecimiento del control civil de todas las operaciones relacionadas con ambos temas junto a la implementación efectiva de los acuerdos.

Finalmente, la tercera línea comprende volver a tener conductas proactivas sobre los temas mencionados en los foros políticos multilaterales, en particular en la Organización de Estados Americanos y en las Naciones Unidas, guiadas por una estrategia dirigida a la recuperación del liderazgo perdido.

Las actuaciones encaminadas a los fines expuestos en los ámbitos de la OEA y la Corte Interamericana de Derechos Humanos deben comenzar de inmediato y, como propusimos antes, por retirar las denuncias de la Convención Americana de los Derechos Humanos y de la Carta de la Organización de Estados Americanos, para así ratificar el compromiso con los propósitos y principios de la Comisión Interamericana y de la Organización.

En línea con la proactividad mencionada, Venezuela podría plantear la redefinición de las competencias del secretario general de la OEA en materia de derechos humanos y de democracia, y promover la modificación de la Carta Democrática Interamericana para hacerla más efectiva, así como mantener un apoyo permanente al trabajo que realiza la Comisión Interamericana de Derechos Humanos (Betancourt, *ibid.*).

En las Naciones Unidas sería recomendable elevar el perfil de Venezuela a través de una acción en el Consejo de Seguridad que reafirme los valores y compromisos en cada iniciativa o asunto de la agenda, y en el Consejo de Derechos Humanos es aconsejable formular propuestas prácticas para asegurar su eficiencia y su efectividad, especialmente en lo relativo a la obligatoriedad de las recomendaciones o decisiones adoptadas.

Finalmente, la promoción de candidatos venezolanos a cargos en organismos internacionales contribuye a recuperar la influencia perdida en ambos foros, por lo que el Ministerio de Relaciones Exteriores debería retomar iniciativas dirigidas a ello. En pos de sumar el apoyo de los candidatos y de los funcionarios venezolanos preexistentes en esos organismos, es deseable activar un programa de información acerca de la reconstrucción de Venezuela y de los temas del "Libro Blanco" que antes recomendamos publicar.

Hacia una nueva forma de insertarnos en la economía global

Las políticas de comercio, de promoción y protección de inversiones, de promoción de cadenas de valor y clústeres, y de ciencia, tecnología e innovación, son apoyos fundamentales para la diversificación y la competitividad de la nueva economía y tienen implicaciones muy importantes en el plano internacional. Por otra parte, es legítimo apuntalar esas políticas empleando las ventajas geoeconómicas con las que cuente el país, todo en un marco de respeto a los compromisos internacionales que haya adquirido la república.

En función de lo anterior, la política exterior debe contribuir a elevar las ventajas económicas de Venezuela haciendo uso de todas las oportunidades legítimas que ofrezcan los acuerdos, incluyendo preservar los espacios de política existentes en ellos. En otras palabras, la política exterior en sus dimensiones económicas, y en particular en la negociación de acuerdos económicos internacionales, debe perseguir la maximización de los beneficios para el desarrollo venezolano a través del apoyo a las políticas mencionadas, y no la rendición de tributos a ideología económica alguna, sea esta de liberalización absoluta y abstención de toda acción del Estado, o de control estatal de toda actividad económica.

En el marco así definido, las agendas principales de la política exterior en el ámbito económico son tres: gestiones económicas internacionales y revisiones de acuerdos económicos durante el período de la transición, tratadas en secciones precedentes; reformas y negociaciones bilaterales o de integración referidas al libre comercio; y una activa participación en foros económicos multilaterales.

Gestiones económicas internacionales y revisiones de acuerdos durante la transición

Según lo que planteamos en secciones precedentes, la agenda económica inmediata incluye reincorporar a Venezuela al Centro Internacional de Arbitraje en materia de Inversiones (Ciadi), así como adelantar reformas y crear instrumentos legales que hagan factible la obtención de nuevos créditos internacionales en el corto plazo, a través de procesos y acciones que garanticen la eficiencia y la transparencia de la administración del Estado, la coordinación de sus políticas financieras, la reestructuración de las empresas públicas y la protección debida a las inversiones extranjeras, todo lo que ya planteamos en el capítulo10.

Esta importante agenda también incluye una revisión de los acuerdos establecidos con China, Rusia, Irán y Bielorrusia, que comprenden temas comerciales, energéticos, de viviendas e infraestructura, tecnológicos y militares, para, entre otros fines, cortar las compras adicionales de armas y las ventas de petróleo a futuro como pago de los créditos obtenidos.

Por último, estos lineamientos engloban unas negociaciones dirigidas a honrar los pasivos de origen comercial y aquellos derivados del régimen cambiario y los acercamientos que antes propusimos con países miembros de la OMC y el Mercosur para obtener su apoyo en las solicitudes de exención temporal de obligaciones.

Reformas y negociaciones bilaterales o de integración referidas a libre comercio

Venezuela debe estudiar con una visión estratégica de mediano y largo plazo cuáles son sus mejores opciones para orientar su integración en Suramérica y su posicionamiento en el Caribe y Centroamérica.

En el muy corto plazo, durante la transición, deben ser revisados los acuerdos de cooperación energética con los países centroamericanos y caribeños, lo cual necesita desembocar en la redimensión de los mismos y en una nueva estrategia de posicionamiento geoeconómico en esa región, que en lo posible pueda combinarse con una reactivación del Acuerdo de San José y la participación en él de México, Ecuador y Colombia, concentrados en la tarea de proveer petróleo en condiciones favorables a las naciones más pobres de la región.

También en ese plazo inmediato nuestro país deberá solicitar la posposición de lapsos para las aceptaciones y ratificaciones pendientes en el Mercosur, mientras evalúa cómo han sido afectados sus intereses comerciales y productivos en el acuerdo y cómo podrían serlo en el futuro, lo cual debería llevar al programa de exenciones temporales de obligaciones varias veces mencionado y a otras medidas que permitan enmendar errores y evitar daños ulteriores en un marco constructivo posterior.

Por último, Venezuela tiene que analizar la conveniencia o inconveniencia de restablecer la relación de integración que el régimen socialista rompió con la Comunidad Andina de Naciones y/o de suscribir acuerdos de libre comercio con países específicos no pertenecientes a Mercosur, como lo son Chile, Colombia, México y Panamá, y actuar en consecuencia tratando de maximizar sus oportunidades comerciales.

Participación en organizaciones económicas multilaterales

Apartando los bancos multilaterales de desarrollo como lo son el Banco Mundial (BM), el Banco Interamericano de Desarrollo (BID) y la Corporación Andina de Fomento (CAF), de cuyo financiamiento deberá hacer extenso uso durante la reconstrucción, interesa a Venezuela su participación en tres organizaciones muy relacionadas con el comercio y el desarrollo. Se trata de la Organización Mundial del Comercio (OMC), la Conferencia de Naciones Unidas para el Comercio y el Desarrollo (Unctad) y la Organización para la Cooperación y el Desarrollo Económicos (OCDE).

Los acuerdos multilaterales de comercio y la participación activa en la OMC son un seguro contra las prácticas desleales de comercio de otros países y una referencia para preservar y hacer valer los espacios de política que requiere Venezuela en cualquier negociación comercial, tecnológica o de inversión bilateral o regional.

La participación de Venezuela en la Unctad le garantiza una fuente de cooperación técnica sumamente valiosa para el entrenamiento de negociadores, así como para el diseño de estrategias de gestión e intermediación para las políticas comerciales y de inversión.

Por último, planteamos que Venezuela debe proponerse como meta a mediano plazo su incorporación a la Organización para la Cooperación y el Desarrollo Económicos. A partir de la solicitud de incorporación que hagamos a esta organización, y del acuerdo al que lleguemos sobre la implementación de un programa de reformas en todos los ámbitos referidos a regulaciones y políticas económicas, Venezuela puede contar con una asesoría permanente, enlace que la ayudará a diseñar y hacer un efectivo seguimiento de todas sus políticas y de la disciplinada vigilancia en su ejecución.

Concluimos la discusión sobre las reformas relativas a nuestras relaciones internacionales, reproduciendo una idea que en primera instancia podría considerarse una verdad de Perogrullo, y es que tales relaciones tienen que ser contempladas y asumidas como instrumentales para nuestro desarrollo. Pero hilando más fino, y considerando la situación de emergencia humanitaria y de violación sistemática de derechos humanos a la que ha llegado Venezuela, profundizar los acuerdos internacionales relativos a la democracia y a los derechos humanos constituye una estrategia deseable para la protección de nuestras libertades una vez que las recuperemos.

---

xxxi   Hasta el año 2014, el Gobierno de Venezuela todavía gozaba de un juicio internacional positivo, tanto en el hemisferio como en el resto del mundo, que se apoyaba en una exitosa campaña de propaganda y de compra de apoyos políticos que había desarrollado por más de una década, que lo hacía aparecer como adalid de la justicia social doméstica e internacional, como campeón de los pobres frente a las injusticias que pretendía mantener la "oligarquía nacional", y como víctima de una persistente conspiración antidemocrática que desconocía sus logros en materia de equidad y reducción de la pobreza, salud, alimentación y educación. A esta imagen internacional habían contribuido permisivamente las publicaciones y los discursos de funcionarios de algunas agencias de la ONU como Unesco, PNUD, Cepal y FAO, que se hacían eco de estadísticas gubernamentales que dichas agencias no verificaban.

xxxii   Una primera acción que proponemos en la dirección indicada es una declaración oficial hecha inmediatamente a todos los jefes de misiones diplomáticas acreditados en Caracas, reiterada seguidamente en visitas *ad-hoc* del canciller a los secretarios generales de la OEA y de la ONU y a sus pares en gobiernos escogidos del hemisferio, por ejemplo los EEUU, Canadá, México, Colombia, Brasil, Argentina y Perú, que comprometa inequívocamente a Venezuela con la conducta descrita. Esta acción debería ser complementada a través de contactos que hagan delegaciones plurales venezolanas, integradas por representantes de partidos políticos, líderes empresariales y directores de medios privados de comunicación, que transmitan los mismos conceptos a los líderes de los parlamentos del hemisferio y a los dirigentes de los medios de comunicación y cadenas internacionales de información.

xxxiii En su reciente trabajo "La nación en el concierto mundial. Soberanía, gobernanza internacional y desarrollo", la embajadora Milagros Betancourt, exdirectora de tratados internacionales de la Cancillería venezolana, expresa que desde el inicio del Gobierno de Chávez en 1999 y hasta el año 2015, la mayoría existente en la Asamblea Nacional aprobó todos los tratados y acuerdos que le fueron presentados. "Aunado a esto, el Ejecutivo dio una interpretación laxa y extensiva a las excepciones del artículo 154 de la Constitución (...) lo que condujo a la proliferación de acuerdos internacionales sin el debido control parlamentario, que fueron suscritos y publicados en Gaceta Oficial y sin que la Asamblea Nacional reclamara por ello. Se sabe, además, que se han suscrito un número sin determinar de acuerdos con países aliados como Cuba, China, Rusia e Irán, que ni siquiera han sido publicados, cuyo control y ejecución quedó en manos de la Presidencia de la República y no del Ministerio de Relaciones Exteriores, lo que no permite saber con precisión los compromisos internacionales que tiene la república" (Betancourt, 2018).

Capítulo 12
La reforma institucional, la Fuerza Armada Nacional y la democracia[59]

Por casi tres décadas, desde mediados de los años 60 hasta inicio de los años 90 del siglo pasado, los venezolanos dejamos de preocuparnos por los intentos de grupos militares de tomar el poder, que antes habían sido tan frecuentes. Pero la historia de los últimos veinte años no solo nos demostró que la FAN no se había vuelto incondicionalmente leal a la democracia, sino que en su seno seguía habiendo raíces culturales de lo que fueron las dictaduras de la primera mitad del siglo XX.

Lograr una lealtad activa de la Fuerza Armada Nacional (FAN) a la Constitución será indispensable para reconstruir y consolidar nuevamente las instituciones republicanas, y, en el corto plazo, para que vivamos una transición pacífica e irreversible a la democracia. Para lograr esto deberemos depurar los altos mandos, corregir vicios en la conducta de buena parte de los oficiales superiores, hacer amplias reformas en los estatutos que sustentan el funcionamiento de la FAN y promover en ella una cultura efectivamente civilista y democrática.

Se trata de una tarea ardua porque el Gobierno chavista ideologizó por veinte años a jóvenes militares, implantó el clientelismo en la corporación, corrompió a los oficiales de alta graduación e introdujo cambios legales y doctrinarios que volvieron opaca la institución frente al escrutinio de la sociedad venezolana, alejándola de los preceptos constitucionales que la sujetan al poder civil.

Los cambios estructurales que realizó el socialismo del siglo XXI en la FAN la transformaron sucesivamente, de una fuerza profesional como está establecido en la Constitución, a un cuerpo pretoriano que finalmente ha decantado en un nocivo instrumento armado de la revolución socialista, que lo emplea para enfrentar a supuestos "enemigos internos" de Venezuela, que no son otros que los ciudadanos que la confrontan porque valoran la autonomía y la libertad.

---

[59] Los contenidos del presente capítulo y de los capítulos 9, 11 y 12 se complementan mutuamente como parte de la Estrategia de Reforma Institucional que fue introducida en el capítulo 5.

Los juicios y las reformas que planteamos en este capítulo se inspiran en las discusiones que sostuvimos con los profesores Luis Buttó, Santiago Guevara y María Teresa Belandria sobre la FAN, cuando coordinamos la preparación de las propuestas para la transición a la democracia que presentaron al país los líderes de los partidos Vente Venezuela, Voluntad Popular y Alianza Bravo Pueblo, y en el reciente trabajo de la profesora Belandria "La Fuerza Armada Nacional y la construcción de la Venezuela democrática" (Belandria, 2018).

Los vicios y deformaciones introducidos en la institución militar por el régimen socialista

El régimen socialista empleó tres procesos para llevar a cabo la desinstitucionalización de la FAN: el clientelismo militar que se acompaña con oportunidades de corrupción a los altos mandos; una transformación legal de la estructura de la FAN implementada para convertirla en un cuerpo comprometido ideológica y políticamente con los objetivos de la revolución socialista; y el empleo de la FAN en la represión y la violación de los derechos de los disidentes.

El clientelismo se inició muy temprano en la Fuerza Armada Nacional con el Plan Bolívar 2000, el cual dio a los militares el manejo de los programas sociales que eran instrumentos políticos del Gobierno, sembrando entre ellos oportunidades de corrupción que han prevalecido a lo largo de las dos últimas décadas.

Ese clientelismo potencialmente corrupto se ha extendido con el proceso de militarización de toda la administración pública que llevó a cabo el régimen socialista, siendo su máxima expresión actual la dirección por parte de altos oficiales de la FAN de muchas de las empresas del Estado, entre ellas todas las involucradas en la minería y los hidrocarburos, así como aquellas a las cuales se les ha otorgado el monopolio de la importación y la distribución de alimentos, medicinas y otros productos, en cuya gestión se administran enormes sumas en dólares preferenciales cuya gestión no se audita por las vías adecuadas para ello.

La transformación estructural de la FAN estuvo orientada por parte del Gobierno a ponerla al servicio de la revolución y ha buscado en estos veinte años dos grandes fines: concentrar en el presidente de la república, máximo líder de la revolución y del Partido Socialista Unido de Venezuela (PSUV), todo el control de las áreas militares, y modificar las estructuras organizativas y los conceptos de seguridad de la nación para convertir legalmente a la FAN en instrumento esencial de la revolución. Esto ha sido logrado a través de leyes, entre las cuales destaca por su jerarquía la Ley Orgánica de la FANB, junto a una serie de reglamentos y planes estratégicos operacionales como el Plan Sucre y el Plan Zamora, entre otros.

Como resultado de estas reformas, el presidente de la república concentra todo el poder de mando y de conducción operacional de la FAN a través del comandante estratégico operacional (CEO), el cual le reporta directamente, mientras que el Ministerio de Defensa se ha convertido en un ente puramente administrativo.

La reforma también introdujo el perverso concepto del "enemigo interno" contra quien la FAN debe luchar, valga decir los ciudadanos que en ejercicio de sus derechos rechazan la revolución, y con esto consolidó legalmente la existencia de la Milicia Bolivariana, un cuerpo no previsto en la Constitución, llamado a protagonizar la "guerra popular prolongada".

Por las mismas vías de reforma legal fueron establecidas nuevas formas de organización para la defensa que militarizan a toda la sociedad, todo en circunstancias poco claras que son decididas por personeros de la FAN e inspiradas en la estructura de las Fuerzas Armadas Revolucionarias de Cuba. Se trata de las Regiones Estratégicas de Defensa Integral (REDI) y las Zonas Operativas de Defensa Integral (ZODI). A los comandantes de las REDI se atribuye la tutela efectiva sobre los gobernadores de los estados, y a los de las ZODI se les da la potestad de organizar y adiestrar a "cuerpos combatientes", unidades compuestas por ciudadanos civiles.

En cuanto a la violación de derechos humanos, en la evolución de la FAN y en particular a partir de los cambios implantados por los planes estratégicos operacionales, se asignó como primera prioridad a la Guardia Nacional Bolivariana en la represión de los disidentes internos. Este cuerpo participa de manera sistemática en acciones de represión desmedida y en muchos casos letales contra manifestaciones pacíficas, acciones que se realizan bajo órdenes operacionales verbales en un intento de evadir la justicia por parte de los niveles superiores de las cadenas de mando. La sujeción legal de la justicia militar al Ministerio de la Defensa y la subordinación de hecho de todo el sistema de justicia al Poder Ejecutivo completan una estructura que niega el acceso a la justicia para las víctimas de violaciones de derechos humanos.

En pocas palabras, como fruto del clientelismo militar y de las reformas comentadas, la FAN es hoy un instrumento de la dominación política, una herramienta de la represión establecida por un partido sobre la sociedad y un puntal de la estructura burocrática del régimen socialista.

Adicionalmente, en este proceso de instrumentalización por parte del régimen, los jefes circunstanciales han relajado la disciplina y descuidado el apresto operacional de la FAN, el cual ha decaído a pesar de los enormes gastos hechos en sistemas y equipos. Nuestros militares se han hecho cómplices de la penetración de la institución castrense por agentes de Cuba y han tomado parte activa en la violación de los derechos humanos de muchos compatriotas.

En respuesta a la desinstitucionalización comentada de la FAN, las propuestas de reforma y reorientaciones que planteamos para ella se organizan en tres grupos principales, de las cuales las pertenecientes al primero deberían ser completadas tempranamente en el período de la transición a la democracia. Las propuestas del segundo grupo comprenden la promoción de una cultura republicana en el seno de la FAN, la cual, aunque debe iniciarse de inmediato, es una tarea más dilatada en el tiempo. Las del tercer grupo son reformas jurídico-institucionales profundas, basadas en la Constitución, las cuales también deben empezar durante la transición, a pesar de que comporten más tiempo en su implementación.

Recuperar la misión y la institucionalidad de la FAN en el corto plazo

Las propuestas del primer grupo se dirigen a dos objetivos a ser alcanzados en el corto plazo: lograr un liderazgo militar y una capacidad de gestión de la FAN puestos al servicio de la transición pacífica e irreversible a la democracia; restableciendo en el corto plazo un funcionamiento eficiente de la FAN apegado a su misión institucional.

Liderazgo y capacidad de gestión de la FAN puestos al servicio de la transición a la democracia

Son cuatro las líneas de acción de carácter más inmediato que proponemos para asegurar que los líderes de la FAN apoyen una transición pacífica a la democracia, que recuperen con propósitos legítimos el control de todas las capacidades de la institución y las pongan al servicio de la reinstitucionalización.

La primera consiste en designar los cargos del Alto Mando Militar y los vértices de cada componente en absoluta atención al profesionalismo y a los méritos militares y con apego a la norma constitucional. Hay que restablecer de inmediato la sujeción de todo el personal militar a las respectivas jerarquías de sus unidades y componentes, suspendiendo todo sistema paralelo de subordinación.

La segunda línea es poner fin a la cooperación militar con Cuba y despedir a todo el personal militar cubano; revisar los sistemas de inteligencia de la FAN, eliminar toda sujeción a organizaciones extranjeras y la dependencia de sistemas de asesoría, entrenamiento, tecnología e información proveniente de Cuba; es necesario arbitrar los recursos humanos, técnicos y económicos para concebir y poner a operar un sistema de inteligencia independiente y de alta confiabilidad bajo el control único de los mandos venezolanos competentes para ello.

La tercera acción consiste en poner en marcha un programa de depuración del personal de la FAN en todos los niveles, dentro del marco de las normativas vigentes, y atendiendo con justicia y transparencia a criterios relacionados con el profesionalismo y la ética.

Nuestra propuesta para la tercera línea consta de cuatro acciones: pasar a retiro a todos los oficiales generales, almirantes y superiores que hubiesen incurrido en politización dentro de la FAN o en uso político-partidista de las capacidades de la misma; ordenar la apertura de consejos de investigación en los casos en los que haya indicios de delitos de lesa humanidad, violación de derechos humanos y cesión de soberanía por parte de cualquier oficial; iniciar el saneamiento de las tropas profesionales y alistadas, retirando de su seno a quienes presenten antecedentes por hechos ilícitos; y comenzar las investigaciones correspondientes cuando haya indicios de delitos del personal militar cometidos en el ejercicio de sus funciones en la FAN, procediendo según los reglamentos vigentes.

La cuarta línea de acción es la instauración de una política formal de intercambio frecuente entre el liderazgo militar (Alto Mando Militar y Cuerpo de Oficiales Generales y Almirantes) y el liderazgo civil de los poderes del Estado (Ejecutivo, Legislativo, Judicial, Electoral, Ciudadano) con el propósito de informarse sobre el rumbo, los logros y las necesidades de apoyo necesarios para la transición a la democracia.

Restablecer altos niveles de eficiencia y profesionalismo de la Fuerza Armada Nacional

Es necesario restablecer a la mayor brevedad la eficiencia de la FAN en el ejercicio de su misión y dedicarla a las funciones que le competen de acuerdo con la Constitución. Para ello hay que desaparecer los vicios y deformaciones que fueron implantados en ella por el régimen socialista a través del clientelismo corruptor, la ideologización y la instrumentalización política, así como recuperar el apresto operacional que en gran medida se ha deteriorado, todo lo cual fue comentado en párrafos anteriores.

Siguiendo los lineamientos de que la FAN debe dedicarse a las funciones que le competen según lo contemplado en la Constitución, y que es relevante superar la instrumentalización política y el clientelismo, planteamos que los oficiales deben estar concentrados en labores profesionales militares, excluyéndolos de funciones civiles que competen al Gobierno, así como de la administración de empresas del Estado, de la policía y el control del orden público, de la seguridad ciudadana y de la coordinación de servicios, salvo en las movilizaciones comiciales que corresponden al Plan República y en casos especiales que conlleven situaciones de calamidad pública o desastres.

Con miras a erradicar los vicios de corrupción y de utilización política de la FAN por parte de los gobiernos, deben tomarse medidas específicas con respecto a la Milicia Bolivariana y a la Guardia Nacional. Con respecto a la Milicia, mientras se decide sobre reformas jurídico-institucionales que le den un destino definitivo, se deben minimizar sus labores, excluirla de las actividades en apoyo al Poder Electoral y someterla a la jerarquía ordinaria del Componente Ejército.

Con respecto a la Guardia Nacional, planteamos la evaluación a la mayor brevedad posible de las funciones, las normas, los procedimientos y sus prácticas efectivas. Es urgente implementar los correctivos y controles que resulten necesarios, en especial los vinculados a problemas graves que existen en dos ámbitos de su acción: lo relativo a la violación de los derechos humanos en el control del orden público y la corrupción en la lucha contra las drogas.

Finalmente, es necesario formular y poner en funcionamiento un programa amplio de optimización del apresto operacional en todos los componentes y todas las unidades del país, programa al cual debería dedicarse todo el personal profesional de la FAN, como una prioridad. Ello implicará revisar las asignaciones presupuestarias internas de la FAN y la inspección sobre los contratos de compra y mantenimiento de sistemas de armas establecidos con otros países, para sustentar las decisiones que deban tomarse sobre los sistemas asignados a los distintos componentes.

Afirmar entre los militares valores republicanos y de lealtad activa a la Constitución

Veinte años de ideologización por parte del régimen socialista han hecho mella en la cultura y los valores preponderantes en la FAN. La afirmación en sus miembros de una cultura basada en los valores de la Constitución, de una lealtad activa con la misma y del compromiso debido con las instituciones llevará años, pero debe iniciarse de inmediato a través de diversos medios, entre los cuales destacamos dos líneas fundamentales.

La primera de ellas deberá cimentarse en la educación militar y en los mensajes cotidianos que se transmiten en los establecimientos militares. Es una campaña a través de imágenes, lenguaje común y "órdenes del día", todo lo cual debe estar focalizado en el fortalecimiento de los valores de la Constitución: valores republicanos, civilistas, de soberanía, de respeto a los derechos humanos y de negación de todo "culto a la personalidad".

En esa línea deben ser revisados los pénsum de estudios de las academias y de las escuelas de la FAN para asegurar que contribuyen efectivamente a la formación ciudadana apegada a los valores y compromisos mencionados; las "órdenes del día" de todos los establecimientos militares deben enmarcarse de manera sistemática y explícita en estos mismos principios nacionales; se debe eliminar de toda instalación militar y de todo mensaje institucional de la FAN cualquier significado que maneje contenido político-partidista y cualquier manifestación de culto a la personalidad; así mismo deben ser tomadas medidas disciplinarias severas contra todos aquellos militares, profesionales o no, que realicen actos políticos o exterioricen opiniones políticas en detrimento de lo que dicta la Constitución.

La segunda línea de acción que señalamos precisamente debe estar dirigida a consolidar una cultura basada en los valores de la Constitución, y consta de dos componentes fundamentales. El primero de ellos es promover sistemáticamente –en el seno de la oficialidad a todos los niveles y entre los cadetes de todas las academias– la reflexión sobre los valores y lineamientos programáticos de la Constitución y su visión de país, así como sobre los valores de ciudadanía, institucionalismo, no personalismo y respeto a los derechos humanos que deben informar y sostener el ejercicio del liderazgo militar. El segundo consiste en desarrollar campañas de comunicación frecuentes, con contenidos que refuercen la estimación mutua del mundo militar y de la sociedad civil en torno a los valores republicanos y a la defensa de la democracia.

Reformas jurídico-institucionales mayores en la Fuerza Armada

Las propuestas que aquí presentamos se refieren a reformas mayores en lo jurídico-institucional que deben dar el sustento a una relación de la FAN con la sociedad venezolana basada en los principios constitucionales y en los valores republicanos que planteamos en los párrafos precedentes. En estas renovaciones deben desaparecer la armazón de leyes, reglamentos, decretos y resoluciones que han servido de apoyo a las desviaciones que ha vivido la FAN en los últimos veinte años y que han dado opacidad a su funcionamiento.

El primer conjunto de reformas mayores consta de tres propuestas que atienden a la obligación de convertir a la FAN en una institución transparente al escrutinio de la sociedad civil junto a la imperante acción de librarla de la imagen ideológica que la identifica con los mitos principales de la revolución socialista y que la moldea como un instrumento más de la misma, hermanándola con el destino de la nación.

La primera propuesta se centra en establecer la obligación de la Secretaría del Consejo de Defensa de la Nación de producir periódicamente para la difusión pública el Libro Blanco de la Defensa Nacional; la segunda consiste es revisar la estructura y organización de la FAN, incluyendo el Concepto Estratégico de la Nación; y la tercera está dirigida a denominar a la Fuerza Armada Nacional de la manera como está expresado en el artículo 328 de la Constitución, eliminando el adjetivo "bolivariana", el cual le fue incorporado a través de la ley.

Las reformas del segundo conjunto están referidas a los núcleos de la Milicia Bolivariana y la Guardia Nacional. Se plantea revisar las leyes y reglamentos vigentes relativos a la Milicia y decidir con base en la Constitución si se debe eliminar o no y el destino que se le dará a la misma. Con el mismo nivel de prioridad política, planteamos concebir e implementar una reorganización de la Guardia Nacional que corrija los vicios que han sido comentados antes, en particular los relativos a la corrupción y a las prácticas sistemáticas atentatorias contra los derechos humanos.

El tercer grupo de reformas mayores implica el enorme trabajo de revisar para reformar, derogar y/o sustituir un conjunto de leyes, reglamentos, decretos, resoluciones y normas que afectan a la FAN, con miras a asegurar la alineación del entramado legal con los principios constitucionales y con los valores republicanos planteados en párrafos precedentes.

Entre las leyes que deben ser revisadas, de acuerdo con lo que plantea María Teresa Belandria en su trabajo "La Fuerza Armada Nacional y la construcción de la Venezuela democrática" (Belandria, 2018), están todas las del llamado "Poder Popular" y la Ley Orgánica sobre Estados de Excepción que asignan funciones políticas y roles represivos a la FAN, la Ley Orgánica de la Fuerza Armada Nacional Bolivariana (Lofanb), la Ley Orgánica de Seguridad de la Nación, la Ley Especial de Reincorporación a la Carrera Militar y al Sistema de Seguridad Social de la Fuerza Armada, la Ley de Registro y Alistamiento para la Defensa Integral de la Nación y las leyes de Educación Militar, de Carrera Militar, de Disciplina Militar, de Servicio Militar y de Armas y Explosivos[xxxiv].

La revisión debe abarcar así mismo las "normas" sobre la actuación de la Fuerza Armada Nacional Bolivariana en funciones de control de orden público, de la paz social y de la convivencia ciudadana en reuniones públicas y manifestaciones; el Reglamento Interno del Circuito Judicial Penal Militar y el Reglamento Orgánico de la Dirección de Contrainteligencia Militar. También deben ser revisados los decretos y resoluciones por los cuales se crean las Regiones Estratégicas de Defensa Integral, por los que se crean y activan la Fuerza de Choque, el Sistema Popular de Protección para la Paz y la Brigada Especial contra Grupos Generadores de Violencia (BEGV)[xxxv].

xxxiv Ley Orgánica sobre Estados de Excepción, publicada en Gaceta Oficial N.° 37.261 del 15 de agosto de 2001; Ley Orgánica de Seguridad de la Nación, publicada en la Gaceta Oficial N.° 37.594 del 18 de diciembre de 2002; Ley Especial de Reincorporación a la Carrera Militar y al Sistema de Seguridad Social de la Fuerza Armada, publicada en la Gaceta Oficial N.° 39.858 de fecha 6 de febrero de 2012; Ley Orgánica de la Fuerza Armada Nacional Bolivariana. Decreto N.° 1.439 de fecha 17 de noviembre de 2014, publicado en la Gaceta Oficial Extraordinaria N.° 6.156 del 19 de noviembre de 2014; Ley de Registro y Alistamiento para la Defensa Integral de la Nación publicada en la Gaceta Oficial N.° 40.440 del 25 de julio de 2014.

xxxv Reglamento Interno del Circuito Judicial Penal Militar publicado en la Gaceta Oficial N.° 39.595 del 17 de enero de 2011; Reglamento Orgánico de la Dirección de Contrainteligencia Militar. Decreto N.° 1.605 del 10 de febrero de 2015, publicado en la Gaceta Oficial N.° 40.599 del 10 de febrero de 2014. Resolución mediante la cual se crea y activa la Fuerza de Choque, adscrita al Comando Estratégico Operacional de la Fuerza Armada Nacional. Resolución N.° 6.574 del 17 de septiembre de 2014, publicada en la Gaceta Oficial N.° 40.502 el 22 de septiembre de 2014; Regiones Estratégicas de Defensa Integral. Decreto N.° 6.417 del 15 de septiembre de 2008; Normas sobre la actuación de la Fuerza Armada Nacional Bolivariana en funciones; decreto mediante el cual se crea el Sistema Popular de Protección para la Paz N.° 1.471 de fecha 19 de noviembre de 2014, publicado en la Gaceta Oficial N.° 40.582 del 16 de enero de 2015; Normas sobre la actuación de la Fuerza Armada Nacional Bolivariana en funciones de control de orden público, la paz social y la convivencia ciudadana en reuniones públicas y manifestaciones. Resolución N.° 008610 de fecha 23 de enero de 2015 publicada en la Gaceta Oficial el 27 de enero de 2015; Decreto mediante el cual se crea la Brigada Especial contra Grupos Generadores de Violencia (BEGV) N.° 1.014 del 30 de mayo de 2014, publicado en la Gaceta Oficial N.° 40.440 de fecha 25 de junio de 2014.

Capítulo 13
La reconciliación con justicia[60]

Una inmensa mayoría de los venezolanos quiere recuperar la paz y la armonía en todos los ámbitos de la vida, después de años de negaciones a ese respecto que nos han llevado a la violencia de hoy y que han acarreado la inmensa pérdida de relaciones y modos de vivir que son muy preciados para todos los ciudadanos. La reconciliación con justicia es el primero de los siete consensos de La Venezuela que Queremos Todos; no la imaginamos como la quimera de una sociedad sin discordia ni conflictos, ni creemos que este proceso será sencillo o será corto en el tiempo. Sin embargo, estamos seguros de que debemos salir pronto del rumbo de confrontación que llevamos, apelando a la sensibilidad de aquella mayoría.

Nuestras propuestas sobre la reconciliación con justicia persiguen la resolución de situaciones de hostilidad y desgarramiento de tejidos sociales que nos impiden recuperar la paz y que imposibilitan el rescate de aquellas relaciones y formas de vida tan valoradas por el venezolano. En el fondo de algunas de esas circunstancias se encuentran como ejes de distorsión la confrontación política extrema y la represión violenta a los disidentes, acciones que ha promovido sistemáticamente el régimen socialista, la permisividad por parte del Estado con el funcionamiento de amplias redes criminales, y la situación de pobreza y exclusión social en que vive la mayor parte de la población venezolana.

En una primera dimensión el planteamiento que proponemos busca superar la extrema animosidad a la cual nos ha llevado el curso de la política en las dos últimas décadas, lo que ha derivado en una confrontación violenta entre ciudadanos, grupos sociales e incluso entre familiares.

---

60 La Estrategia de Reconstrucción del Tejido Social tiene dos fines específicos, como se explicó en el capítulo 5. El primero de ellos, ampliado en el presente capítulo, es la reconciliación con justicia. El segundo está constituido por el *Pacto para el progreso de todos y la superación de la pobreza*, que se desarrolla en el capítulo 14.

En una segunda esfera estas proposiciones plantean hacer justicia y reparar a las víctimas de crímenes graves cuyos responsables, dirigentes del Estado, han violado sistemáticamente los derechos humanos de los ciudadanos y han saqueado el país, así como realizar reformas capitales que impidan la repetición de estos hechos en la Venezuela del futuro.

Finalmente, en un tercer espacio, las propuestas que hacemos persiguen reducir a la mínima expresión posible la violencia delictual que ha llegado a niveles nunca antes vividos, lo que nos coloca en las cotas de los países mas inseguros del mundo.

Como queda claro y frente a lo que hemos dicho, la reconciliación que planteamos no implica impunidad para delitos y crímenes sino reconocimiento, enmienda y reparación. Por otra parte, la reconciliación con justicia no solo es válida porque nos ayudará a lograr la paz e impedirá que sigamos en un derrotero que augura la violencia abierta en un futuro no muy lejano. La reconciliación con justicia es muy valiosa por eso, pero es tanto o más preciosa porque lograrla es un requisito indispensable para que los venezolanos estemos dispuestos a trabajar juntos, por mucho tiempo y en dirección a un mismo futuro como país. Si no logramos avanzar en la reconciliación no alcanzaremos esa Venezuela de progreso y de paz que tanto deseamos.

Uno de los siete consensos de La Venezuela que Queremos Todos se refiere a la reconciliación; cerca de 1.800 diálogos de comunidades y más de 300 talleres de líderes, que congregaron en total la participación de más de 60.000 personas, plantearon una Venezuela reconciliada y en paz como un rasgo fundamental de la sociedad que querían vivir.

En términos políticos concebimos el proceso de reconciliación en una sucesión de logros en el tiempo y no como un "salto de extremo a extremo", secuencia que nos permitirá superar la confrontación casi febril de la actual *cohabitación*, lograr un *modus vivendi* que nos provea de prácticas pacíficas en la resolución de controversias en el mundo de lo público (Vallés, 2016)[xxxvi] y finalmente alcanzar el *consenso ciudadano* deseado, que trascienda los pactos de élites y las negociaciones de intereses y que garantice la paz y la estabilidad de la democracia más allá de las presentes generaciones.

Considerando todo lo antes dicho, abordamos la reconciliación con justica desde dos ópticas que responden, por un lado, al hecho de que en gran medida los potenciales de violencia a reducir tienen sus raíces en procesos sociopolíticos, y, por el otro, a que hace años vivimos una

Recuadro 13.1: La reconciliación en las Voces de la Gente: textos escogidos de la primera etapa de la construcción de una Visión Compartida de País

En enunciados que sintetizan resultados registrados de más de 300 talleres de líderes y cerca de 1.800 diálogos de comunidades, el consenso sobre la reconciliación planteaba:

Queremos un país donde los ciudadanos conversen y no estén siempre enfrentados y acusándose... un país donde el que esté en el Gobierno no sea violento con la gente ni la persiga por su (preferencia) política... (y) los que estén en la oposición no ofendan al pueblo porque (este) crea en el Gobierno... donde los periódicos, la TV y la radio le bajen el volumen a la pelea política y a las noticias de delincuencia y de muertes...

En el seno de todos los grupos sociales las Voces de la Gente se pronunciaron por superar la violencia en general, los atropellos de agentes del Estado y la discriminación política, hechos que limitan nuestras libertades y amenazan por igual nuestras vidas y el futuro de los hijos de todos.

Queremos un país seguro, donde se viva sin temores y todos podamos andar por la calle sin peligro... y vivir uno con sus hijos sin miedo a una bala fría... Un país (en el) que la policía y los militares lo cuiden a uno y que uno no tenga que cuidarse de ellos... Aspiramos a un país unido sin odios... que nos veamos como hermanos... todos... Por eso nos comprometemos con una (estrategia) de reconciliación.

realidad de víctimas y victimarios que clama por justicia y reparación, proceso resultante del desbordamiento del delito organizado y de la comisión sistemática de crímenes contra los derechos humanos propiciados desde el Estado.

En la primera perspectiva, la sociopolítica, planteamos lineamientos de acción que buscan la recuperación de las condiciones para la convivencia en la sociedad; ellos tienen que ver con el fomento activo del reconocimiento entre los venezolanos, la promoción de la despolarización y la eliminación de los potenciales focos de violencia que se generan en la exclusión social y la discriminación política.

A través de la otra dimensión, la jurídica, proponemos el acceso a la justicia, la no impunidad, la reparación de las víctimas de violaciones de derechos humanos; la documentación de la memoria histórico-jurídica del país; y la aplicación de una justicia transicional que garantice la no repetición de los hechos y que la reconciliación y la paz se asienten sobre bases justas.

Objetivos estratégicos y líneas de acción de la reconciliación con justicia

Si la paz es un fin fundamental para nuestra sociedad y si los venezolanos consideramos que la reconciliación es indispensable para lograrla, entonces nuestros liderazgos y las organizaciones civiles tendrán que comprometerse por largo tiempo en la implementación de acciones dirigidas a ella y presionar al Estado para que se coloque efectivamente al servicio de la misma.

Como sugieren los testimonios de las Voces de la Gente que comentamos antes, hay varios procesos sociales y políticos y diversas influencias culturales en la sociedad venezolana que estimulan la división y la confrontación, que propician la violencia y que favorecen un relacionamiento entre el Estado y la sociedad que impide la realización y el respeto de los derechos humanos fundamentales.

Nuestras propuestas sobre la reconciliación con justicia están dirigidas a modificar esos procesos, partiendo del establecimiento de tres objetivos estratégicos y de una serie de lineamientos de acción asociados a cada uno. Los dos primeros objetivos y sus líneas de acción corresponden a la perspectiva sociopolítica, mientras el tercer objetivo y sus propuestas sobre lo que debemos hacer están vinculados con la perspectiva jurídica o de la justicia.

No se trata de tres propuestas, ni de la búsqueda de tres clases de concordia o de logros de la paz en tres ámbitos distintos, sino de apoyar con diversas iniciativas un proceso único de reconciliación que requiere integrar todas las acciones sugeridas para salir adelante.

El primero de los objetivos estratégicos es promover conductas de despolarización política y cooperación social; el segundo es contribuir, desde el Estado y desde las comunidades y familias, a reducir la violencia, tanto la que se da en el interior de las colectividades como la que se origina en la actividad delictiva; y el tercero consiste en hacer efectivo el compromiso del Estado y de todas sus instituciones con los

Tres objetivos estratégicos de la propuesta de reconciliación con justicia

Reducir la violencia de colectividades y de la actividad delictiva

2

Promover conductas de despolarización política y cooperación social en la población

1

Hacer efectivo el compromiso del Estado con la justicia y los Derechos Humanos

3

derechos humanos y la justicia, vertiente que tiene que consolidarse con la debida vigilancia y el apoyo de la sociedad.

Nuestra propuesta contempla que estos tres conjuntos de acciones se acompañen de una línea permanente de comunicación social que sea iniciada desde la transición a la democracia y que se extienda más allá de ella, basada en los acuerdos que establezca el Estado con los partidos políticos, con los comunicadores sociales y los medios. Esta iniciativa comunicacional deberá premiar con reconocimiento ciudadano los esfuerzos y logros que se vayan alcanzando en la recuperación de la convivencia y hará patente ante toda la sociedad que la reconciliación ambicionada es posible, que se encuentra en marcha y que está dando sus frutos.

Promover conductas de despolarización política y cooperación social

La propuesta que hacemos para favorecer el objetivo de despolarización y cooperación implica poner en marcha tres líneas de trabajo fundamentadas en los valores de convivencia y de concurso solidario. En este campo la sociedad civil debe asumir el protagonismo en favor de la reconciliación y realizar una campaña sostenida de comunicación, todo ello para fomentar confianza mutua. Son líneas necesarias para cuya implementación se requiere del compromiso de los liderazgos de las iglesias, las universidades, los colegios profesionales, los partidos políticos y los jóvenes, entre otros muchos grupos. Se trata de líneas de quehacer concreto y no solo de discursos generales sobre una cultura de convivencia.

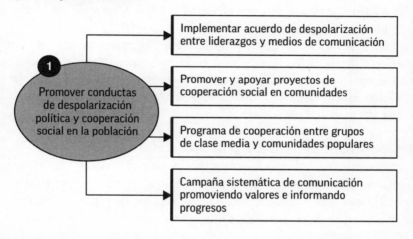

FIGURA 13.2

Cuatro líneas de acción para promover la despolarización y la cooperación social

1. Promover conductas de despolarización política y cooperación social en la población

- Implementar acuerdo de despolarización entre liderazgos y medios de comunicación
- Promover y apoyar proyectos de cooperación social en comunidades
- Programa de cooperación entre grupos de clase media y comunidades populares
- Campaña sistemática de comunicación promoviendo valores e informando progresos

Un acuerdo de despolarización entre los partidos

La primera línea de acción que proponemos en este sentido se basa en un acuerdo de despolarización que debería ser alcanzado principalmente entre los liderazgos partidistas y entre estos y los medios de comunicación. Estas acciones se implementarán a través de tres tipos de prácticas en todo el país: proscripción de las campañas y mensajes partidistas que siembren el odio y la confrontación extrema; promoción de diálogos en las bases partidistas acerca de visiones compartidas del país y de las comunidades; y activación de conductas antisectarias e incluyentes de las organizaciones durante los períodos de transiciones políticas y cambios de Gobierno.

Proyectos de cooperación social interna en las comunidades

La segunda línea se instrumentaría a través de proyectos de cooperación social al interior de las colectividades, concebidos como medios para que las comunidades practiquen la convivencia y como vehículos para la concientización y la discusión respetuosa acerca de las diferencias de enfoque que pueda haber en el tratamiento de sus agendas sociales.

En esta línea los protagonistas de la gestión de los proyectos deben ser los miembros de las comunidades y sus organizaciones, pero las temáticas y los actores que cooperen pueden ser muy variados y abarcar servicios, recreación, salud y seguridad ciudadana, entre otros aspectos necesarios, apoyados por ejemplo en las asesorías y el acompañamiento de ONG, programas de responsabilidad social empresarial, estudiantes universitarios y gobiernos locales.

La implementación de los programas de mejora del hábitat pertenecientes al *Pacto para el progreso de todos y la superación de la pobreza*, que desarrollamos en el capítulo 14, ofrece múltiples oportunidades para la realización de proyectos de cooperación interna de las comunidades como los que aquí proponemos.

La cooperación viva *entre grupos sociales*

La tercera línea ambiciona ser un vehículo para la cooperación entre distintos grupos sociales. Para enfrentar los potenciales focos de violencia asociados a la exclusión, a la percepción de repulsión mutua y al sentimiento de desconfianza que existe entre grupos sociales, parece indispensable que la clase media se active en lo que llamamos los proyectos de *cooperación viva*.

En la *cooperación viva*, distintos grupos de profesionales y de jóvenes estudiantes de la clase media asumirían el protagonismo en los proyectos involucrándose directamente en actividades de cooperación e interacción con miembros de los grupos populares. En estos proyectos la conducta humana trasciende con creces el aporte económico que las personas puedan hacer a alguna iniciativa impersonal dirigida a aliviar la pobreza.

Los campos para la implementación de esta línea comprenden, entre otros: la mejora del ordenamiento, del equipamiento urbano y de los servicios básicos de los barrios; la educación y la capacitación de jóvenes y adultos; la mejora de los cuidados de salud en las comunidades y el apoyo para el emprendimiento económico popular. Donde quiera que se esté implementando el *Pacto para el progreso de todos y la superación de la pobreza* que desarrollamos en el próximo capítulo, habrá oportunidades para proyectos de *cooperación viva*. La diferencia entre estos y los proyectos de la segunda línea de acción que comentamos antes está en los protagonistas de la gestión. Los proyectos de *cooperación viva* son vehículos para la solidaridad activa de la clase media y requieren de su protagonismo.

Con el propósito de destacar los rasgos fundamentales de lo que llamamos *cooperación viva*, comentamos lo que ella puede llegar a ser, usando ejemplos conocidos de institutos privados de educación que intentan llevar oportunidades educativas de calidad a alumnos de familias de escasos recursos[xxxvii].

Hay casos en los cuales los colegios usan sus mismas aulas y profesores, pero en horarios distintos, para impartir clases a niños de familias pobres que viven en comunidades aledañas. También hay casos de *cooperación viva* en donde los colegios imparten clases y desarrollan actividades extracurriculares para los muchachos de hogares pobres y para sus alumnos de clase media, en los mismos horarios y en las mismas aulas o canchas deportivas.

Iniciativas de ese tipo por parte de la educación privada, que integran socialmente a los muchachos, merecen el mayor de los encomios y estímulos y son un camino seguro para desmontar el logro terrible de veinte años de siembra de odios. La cooperación social que necesitamos comienza desde la escuela, cuando los niños y jóvenes aprenden más fácilmente a reconocerse como iguales y desarrollan lazos de empatía como los que teníamos los estudiantes de hace treinta años o más[61].

Hacer de esta clase de proyectos un programa nacional, como sería deseable, implica lograr acuerdos entre universidades, fundaciones de responsabilidad social empresarial, colegios y gremios empresariales y profesionales, para que ellos promuevan la participación activa de jóvenes universitarios, profesionales y empresarios, y para obtener el apoyo logístico de otras organizaciones privadas.

Se trata de una idea ambiciosa, pero ningún esfuerzo supera el efecto reconciliador que resultará de ver los rostros y las manos de la clase media confundidos con los de los pobres, construyendo capacidades para estos y posibilidades reales para todos.

---

61   Las experiencias conocidas incluyen unas pocas escuelas privadas, la Unimet y la UCAB, institutos que mantienen una alta proporción de sus alumnos becados, en el mismo campus y en los mismos horarios, sin diferenciación ninguna.

Una campaña sistemática de comunicación

La cuarta y última línea de acción que proponemos para promover la despolarización y la cooperación social es complementaria a las otras tres líneas y consiste en una campaña sistemática de comunicación social donde trabajen los ejecutores de las tres líneas anteriores en consonancia con el Estado, en resultados que deberán implementar a través de todos los medios. Esta campaña debe promover la reconciliación a través de valores de cooperación y solidaridad, informar a la colectividad de los casos exitosos de reencuentro y cooperación, y difundir el avance y los logros de las otras tres líneas.

Contribuir a la reducción de la violencia

Para contribuir a reducir la violencia proponemos tres líneas de intervención. La primera de ellas consiste en acciones desarrolladas por los poderes nacionales, incluidas las reformas jurídico-institucionales. Las otras dos son actividades en las que participarán las comunidades y los gobiernos locales, incidiendo en la reducción de elementos propiciadores de la violencia cuya modificación está a su alcance.

La línea de intervenciones nacionales comprende la reforma del sistema de justicia que propusimos en el capítulo 9 junto a las acciones fundamentales referidas a los sistemas de prevención, control y represión del delito que están fuera del alcance de las comunidades y los gobiernos locales. Comprende además el desmantelamiento de un nuevo ecosistema criminal que se ha desarrollado al cobijo de conductas permisivas por parte del Estado o de políticas expresas del mismo que emplean la violencia con fines políticos.

La primera línea de acción de las comunidades y los gobiernos locales se refiere al control de factores de riesgo por parte de las familias y las colectividades, y la segunda a la promoción de una cultura ciudadana que afiance el respeto a la ley, la no impunidad y la resolución pacífica de conflictos. Ambas líneas de acción tienen que sustentarse en mejoras que la población pueda apreciar en los cambios de conducta de los cuerpos policiales y en una actuación ética del sistema judicial.

Una vez vayan haciéndose patentes los progresos de las reformas nacionales, irán teniendo efecto los proyectos de comunidades y gobiernos locales que combinen actividades de control sobre factores de riesgo y promoción de la cultura ciudadana.

FIGURA 13.3

Tres líneas de acción para servir al objetivo estratégico de reducción de la violencia

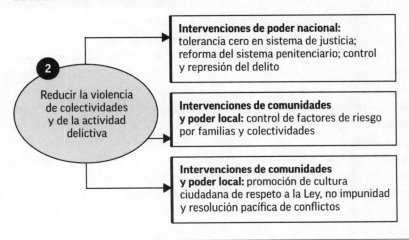

Las reformas nacionales en el sistema judicial y los sistemas generales de prevención, control y represión del delito

En el sistema judicial nuestra propuesta contempla la implantación de una política de "tolerancia cero", que implica que dicho sistema deberá estar en capacidad y en disposición para dar una respuesta sancionatoria contra todo delito o falta cometida, especialmente en los casos donde están implicados funcionarios públicos.

Las reformas necesarias para poder implantar esta política envuelven el restablecimiento de los concursos de oposición para designar jueces, hacer lo propio para fiscales y funcionarios policiales comprometidos con los derechos humanos y realizar por medios independientes un seguimiento riguroso y sistemático de su conducta, profesionalismo y moral. Es apremiante lograr mejoras notables en la celeridad procesal y fortalecer técnica y éticamente la investigación judicial.

Adicionalmente, para que la política de "tolerancia cero" sea justa y sea eficaz en el largo plazo, todo debe ir de la mano con el debido respeto a los derechos humanos. Para ello es necesario revertir la situación anómala de haber convertido los retenes policiales de municipios y prefecturas en cárceles de detención preventiva y hasta de cumplimiento de penas. Es muy importante avanzar a la vista de toda la sociedad en una reforma del sistema penitenciario que humanice la realidad de las cárceles y que plante proyectos serios para la futura reinserción de los exreclusos en la sociedad.

En cuanto a los sistemas generales de prevención, control y represión del delito planteamos como necesario, desde el inicio de la transición a la democracia, alcanzar logros relevantes que la ciudadanía pueda percibir como mejoras reales en su seguridad.

Estas "victorias tempranas" deberán ser perseguidas en varias dimensiones. Por una parte debe optimizarse la selección, la capacitación y la supervisión de los funcionarios policiales y tiene que fortalecerse la inteligencia policial y la investigación penal. En segundo término deben ser concebidos e implementados planes eficientes y realistas para el desarme de colectivos y particulares y para el reinicio del patrullaje policial preventivo en zonas urbanas que fueron dejadas fuera del control de las instituciones. En tercer lugar deberán ser desmanteladas las grandes bandas y redes de narcotráfico, de extorsiones y de secuestros, algunas de las cuales, según estudios de criminólogos venezolanos e imputaciones de organismos internacionales, parecieran gozar del apoyo de jerarcas del Gobierno.

El desmantelamiento del nuevo ecosistema criminal a nivel nacional

En el capítulo 3, cuando comentábamos los oscuros logros del socialismo del siglo XXI, decíamos que la violencia delictual que azota las calles de Venezuela, la cual ha crecido exponencialmente en los últimos veinte años, es una manifestación de las actividades de menudeo de un nuevo y vasto ecosistema criminal que se desarrolló desde los primeros años del presente siglo.

Este sistema opera sobre una red económica a través de la cual circulan considerables flujos de dinero provenientes de los "negocios minoristas" de pranes, colectivos, megabandas y seudosindicatos, buena parte de los cuales va a remunerar el "negocio mayorista" más importante, ordenador de todos los demás negocios, que es el tráfico de drogas y de armas, controlado en la cúspide por grandes capos[xxxviii].

Estudios nacionales y de otros países señalan que el sistema tiene vínculos orgánicos con grupos influyentes que están incrustados en cuerpos policiales y de inteligencia, con los cuales mantiene transacciones regulares para adquirir información, protección, armas y drogas, todos ellos insumos y servicios que le son indispensables para una operación económica eficiente.

Adicionalmente, desde el año 2015 se hicieron públicos los resultados de investigaciones realizadas por organismos internacionales que suman indicios de una amplia interacción entre los procesos de corrupción que se dan en organismos del Estado, el ecosistema criminal comentado y algunos actores de los subsistemas nacionales de comercio y finanzas, dando origen a grandes operaciones internacionales de legitimación de capitales provenientes del nacotráfico y la corrupción. Todo esto pudiese estar configurando una transformación ulterior del nuevo ecosistema criminal, que lo estaría sembrando de manera muy peligrosa en la economía legítima del país.

Para erradicar la violencia de las calles y para evitar que el crimen se incruste definitivamente en la economía genuina del país, se impone desmantelar muy pronto ese nuevo ecosistema criminal, lo que no solo implica remover de los entes del Estado a los actores señalados como capos del ecosistema, sino también desaparecer a las organizaciones paraestatales del tipo "colectivos" y suspender el apoyo oficial que se les otorga a los pranes en las cárceles. Hay que intervenir entre otros a los cuerpos oficiales que arbitran en el combate al tráfico de drogas, a los subsistemas financieros públicos y a los sistemas de contraloría de las grandes empresas del Estado.

Finalmente, para desmantelar la urdimbre que teje todas las actividades delictivas comentadas, es necesario también sacar el control y la represión del tráfico de drogas del ámbito de acción de la Fuerza Armada Nacional y revisar el funcionamiento de sus servicios de inteligencia para que el poder civil pueda efectivamente investigar y controlar unas actividades cuya sombra pareciera haber cobijado el desarrollo del nuevo ecosistema criminal.

La acción de las comunidades y gobiernos locales en el control de factores de riesgo

En cuanto al control de factores de riesgo por familias y colectividades, proponemos combinar tres programas permanentes de las comunidades organizadas y los gobiernos locales, focalizados en colectividades que sufren de alta exposición a la violencia.

El primero de estos programas consiste en apoyar a los grupos familiares y a las comunidades de esas colectividades en la recuperación y el uso comunitario de espacios seguros, ofreciéndoles formación ciudadana, atención y soporte a través de la acción de promotores especializados.

La segunda directriz está dirigida a los jóvenes de esos núcleos colectivos en edades comprendidas entre los 13 y los 19 años. Consiste en el despliegue de programas de extensión escolar recreativos, deportivos y vocacionales, entre otros, dirigidos a prevenir la delincuencia y disuadir la participación en pandillas, todo con el apoyo de docentes y redes de voluntarios entrenados.

El tercer programa consiste en el incremento del patrullaje policial en todas las comunidades, para lo cual es imprescindible la mejora del acceso vial y de los sistemas de iluminación en las vías de los barrios populares de las ciudades.

La promoción de una cultura ciudadana por parte de los gobiernos locales y las comunidades

Nuestra propuesta para la promoción de una cultura ciudadana de respeto a la ley, a la no impunidad y a la resolución pacífica de conflictos persigue cuatro cambios básicos en las valoraciones y actitudes de las comunidades. Ellas son: el rechazo al modelo del individuo violador de reglas que se impone por la violencia; la valoración de que es útil resolver conflictos por medios pacíficos; la apreciación de que es ventajoso respetar la ley y exigir la sanción institucionalizada a los delitos y las faltas; y el desarrollo de una estima mutua entre las comunidades y los agentes del Estado que deben protegerlas.

Implementar esta línea implica un enorme esfuerzo inicial, porque estaríamos partiendo de una realidad actual muy adversa, con un sistema judicial y unos cuerpos policiales degradados que no inspiran reconocimiento ni respeto y sumergidos en una cultura de lo público donde aquellos valores son muy débiles o incluso han sido sustituidos en muchos casos por antivalores.

Los programas y proyectos que pueden implementar las comunidades y los gobiernos locales dentro de esta estrategia se alinean como elementos comunes a procesos educativos, de comunicación social y de fortalecimiento del capital social-relacional en las comunidades.

Entre estos engranajes cabe mencionar los instrumentos de promoción, ampliación y fortalecimiento de la justicia de paz que incorporan a líderes locales como jueces y facilitadores de negociación, mediación y arbitraje ante conflictos de tipo vecinal o doméstico; los de fomento de la figura del "policía amigo de la comunidad" que se involucra con los jóvenes en actividades de esparcimiento; la realización sistemática de contraloría social sobre la violencia y sobre la actuación de la fuerza pública; y todas las iniciativas dirigidas a concientizar y capacitar a los líderes de las comunidades, así como a los facilitadores y promotores que estén involucrados, en la reducción del conflicto y la violencia.

Un compromiso real con los derechos humanos y la justicia

Dos líneas de acción corresponden al tercer objetivo estratégico de la reconciliación con justicia que completa nuestra propuesta en su vertiente jurídica. Nuestros planteamientos sobre ellas se basan en las propuestas que hiciese Fernando M. Fernández sobre el esclarecimiento de la verdad (Fernández, 2016) y las que hiciesen Víctor Rodríguez Cedeño y Milagros Betancourt (Rodríguez Cedeño y Betancourt, 2016), todas ellas presentadas en el Simposio sobre Reconciliación y Justicia realizado por la iniciativa La Venezuela que Queremos Todos en la Universidad Simón Bolívar, en octubre de 2016.

La primera de las dos líneas consiste en promover la información, la educación y la internalización real del respeto a los derechos humanos en la cultura y la conducta pública del venezolano. La segunda atiende al hecho de que la violencia de Estado y muchas violaciones de derechos humanos de años recientes han sido sistemáticas y extremas, tanto en gravedad como en número de víctimas, abriendo heridas que solo podrán restituirse y dejarán el camino abierto para la reconciliación si se hace justicia.

FIGURA 13.4

Dos líneas de acción dentro de la estrategia de compromiso con los DDHH y la justicia

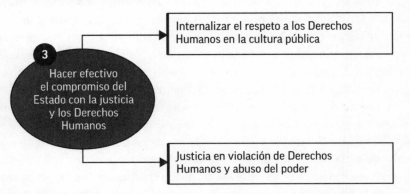

Internalizar el respeto a los derechos humanos en la cultura pública del venezolano

Internalizar el respeto a los derechos humanos en la cultura pública implica en términos prácticos incorporar los valores y las reglas de la institucionalidad existente a la conducta ciudadana, lo que incluye revertir formas inadecuadas de relaciones entre el Estado y la sociedad que se aceptan como "normales" y las cuales han impedido históricamente la realización de estos derechos fundamentales.

Por ello proponemos a tal efecto dos líneas permanentes de acción, la primera de ellas consiste en robustecer el sistema de derechos humanos y sus mecanismos de justicia, tanto en la estructura jurídico-institucional como en el imaginario de las colectividades y en la actuación de los funcionarios; la segunda consiste en el fortalecimiento de las organizaciones de la sociedad civil dedicadas permanentemente a la defensa de tales derechos.

Las acciones de primera línea comienzan por restablecer la plena vigencia de la Convención Americana de Derechos Humanos y el regreso a la jurisdicción de la Corte Interamericana, lo que hemos propuesto en el capítulo 9 como parte de la reforma del sistema de justicia y en el capítulo 11 como parte de la relegitimación de Venezuela ente el mundo. Esto además implica vigorizar y dar a conocer de manera sistemática y permanente todos los mecanismos ordinarios de la justicia, nacional e internacional, así como la exigibilidad ciudadana referida a los derechos humanos.

En este sentido planteamos desarrollar el Estatuto de Roma de la Corte Penal Internacional en la legislación nacional; educar y concientizar de manera constante, metódica e inalterable a las comunidades geográficas, laborales y educacionales –así como a los funcionarios del Estado en todos sus niveles y funciones– sobre el respeto y la protección de los derechos humanos en sus prácticas cotidianas. Es muy importante concientizar a toda la sociedad sobre los dispositivos de la justicia aplicables a los violadores, así como al derecho que la asiste para realizar contraloría social sobre los mismos[xxxix].

La segunda línea de nuestra propuesta está dirigida a internalizar el respeto a los derechos humanos y busca avivar, extender y consolidar la labor de los defensores y las ONG dedicados permanentemente a la salvaguardia de dichos derechos, promoviendo que el poder judicial y los otros órganos del Estado, los partidos políticos y las organizaciones de la sociedad civil les brinden reconocimiento, soporte financiero y protección a sus actividades de monitoreo, educación, denuncia y capacitación.

Hacer justicia en los casos de violación de derechos humanos y de ejercicio abusivo del poder

La reconciliación tiene que estar cimentada sobre bases que aseguren la no impunidad de los gravísimos delitos cometidos desde el Estado, cuyas consecuencias políticas, económicas y sociales ha sufrido toda la sociedad venezolana en las últimas décadas. Ello debe envolver todas las violaciones de derechos humanos, incluidos los crímenes tipificados en el Estatuto de Roma, así como aquellos delitos cometidos desde el ejercicio del poder, los cuales generaron redes delictivas que convirtieron a Venezuela en el país más violento del mundo y saquearon la nación, sumiéndola en la emergencia humanitaria que hemos vivido desde 2016.

Ante la realidad descrita, planteamos como necesario asegurar el acceso efectivo a la justicia, la aplicación de la misma, la no impunidad y la "tolerancia cero" en todos aquellos casos. Es necesario partir de la determinación de la verdad y las circunstancias en que ellos se produjeron y definir un sistema de sanciones y penas a los responsables, que propicie la máxima satisfacción posible de los derechos de las víctimas, a la vez que la transición de la sociedad como conjunto hacia una paz estable y duradera.

La memoria jurídica e histórica de todo lo acontecido durante los últimos años debe comenzar con la reconstrucción de los hechos, previo el abandono de la propaganda y de toda versión interesada o ideologizada, por lo que en esta línea de acción planteamos crear una verdadera Comisión de la Memoria, la Verdad y la Justicia, la cual deberá ser de alto nivel, preferiblemente de tipo híbrido e integrada por instituciones y personalidades respetables de Venezuela y de organismos internacionales de comprobada imparcialidad, ajena a conflictos de intereses de cualquier clase.

El alcance de las indagaciones de esta Comisión podría comenzar desde 1958 hasta el día de hoy, si ello resultase necesario para lograr un primer paso de consenso dentro de la sociedad; de estas investigaciones se deducirá la pertinencia para enjuiciar hechos y establecer responsabilidades en los diferentes casos de cualquier período. Sus conclusiones establecerán cuáles casos tienen mérito de ser investigados judicialmente y enjuiciados penal, administrativa, disciplinaria o civilmente, y cuáles solo ameritan soluciones reparatorias no judiciales.

De proceder así se podrá lograr la justiciabilidad de todos los hechos punibles cometidos en ejercicio abusivo del poder, los cuales deben ser debidamente investigados, documentados, demostrados y castigados según la Constitución, los tratados internacionales y las leyes concordantes.

Más allá de permitir la aplicación de la justicia sobre bases ciertas, la construcción de la memoria jurídica será el mejor aliado de la memoria histórica y de los educadores, pero solo si cada crimen, delito y abuso contra los derechos humanos y el patrimonio de la nación queda debidamente probado ante tribunales justos, idóneos e imparciales. La memoria y la justicia conforman los bordes claros que delimitan el camino recto que permitirá la reconciliación de esta sociedad y de las generaciones del futuro (Fernández, 2016).

Finalmente, más allá de la realización de las investigaciones, la cooperación internacional permitirá recuperar activos que han sido secuestrados a la nación y que tanta falta hacen para iniciar la reconstrucción de Venezuela.

---

xxxvi En palabras de Oscar Vallés, cuyas reflexiones éticas fundamentan esta visión del proceso como secuencia de logros, "*cohabitamos* muy a nuestro pesar en un país donde todas las señales dicen que estamos estancados o detenidos, sin oportunidades civilizadas para elegir otros modos de vida"... "el *modus vivendi* presupone que la situación que vivo no es la mejor que podría vivir, pero al menos hay un marco de reglas públicamente reconocidas y respetadas por todos, y principalmente por el Estado, que ofrecen oportunidades para mejorar mi situación actual de vida, o incluso cambiar el modo de vida que vivo con vista a mejorarla sustancialmente"... Finalmente, el *consenso ciudadano* debe basarse "sobre un conjunto de valores y principios sustanciales de la vida pública, que restaure ese trasfondo de la cultura política democrática que aún pervive entre millones de nosotros, y la extienda sustancialmente al resto de los venezolanos" (Vallés, O., "Sanar corazones: consideraciones éticas sobre la reconciliación social en Venezuela", ponencia presentada al simposio "Paz y futuro a través de la reconciliación y la justicia", Caracas 2016).

xxxvii Otro caso que podría servir de ejemplo es el de los empresarios que apoyan a emprendedores populares. Hay que diferenciar entre actividades de responsabilidad social empresarial que las empresas contratan a consultores y especialistas y aquellas en que el empresario asume personalmente el protagonismo como ciudadano, en las cuales adquiere un rostro y va al taller del emprendedor a encontrarse con él, a discutir la solución a un problema que agobia a este. Aquella clase de proyectos de responsabilidad social genera beneficios y no debe desaparecer, pero solo cuando muchos empresarios y emprendedores populares, representantes de esas dos clases sociales, establezcan una relación directa de cooperación, comenzará a superarse la percepción de distancia y desconfianza que hay entre dos actores tan importantes en la sociedad venezolana, líderes potenciales de la reconciliación. La cooperación humana de esos líderes puede comenzar a cerrar la brecha por donde se cuelan las siembras de odio de la lucha de clases.

xxxviii Según investigaciones realizadas por criminólogos venezolanos, existiría en este *ecosistema* una "reserva de mercados", según la cual, por ejemplo, el mayoreo urbano de droga, los secuestros exprés y los asaltos a cajeros de bancos están reservados a los "pranes" de cada gran ciudad; buena parte del tráfico minorista de drogas en los barrios más populosos a "colectivos", los asaltos a camiones de transporte de valores y los secuestros en ciudades intermedias y carreteras a las "megabandas". Las mismas investigaciones y algunas realizadas por centros de otros países asocian las grandes transacciones internacionales de lavado de dinero de la corrupción y del narcotráfico con los *capos* del *ecosistema*, e identifican a algunos de ellos como altos funcionarios del Estado o de empresas públicas, algunos a cargo de servicios de inteligencia y de organizaciones que teóricamente serían responsables de prevenir, detectar y reprimir el tráfico.

xxxix Restablecer la vigencia de la Convención Americana de Derechos Humanos y volver a la jurisdicción de la Corte Interamericana constituyen un imperativo constitucional y una obligación internacional indiscutible; ya existe una propuesta formal ante la Asamblea Nacional para promulgar un Código de Derecho Penal Internacional donde se tipifican los crímenes internacionales y se integra el país a la justicia universal. Entre las acciones de educación y concientización que proponemos caben: i) formar en las materias de DDHH y Derecho Penal Internacional a todos los funcionarios de Estado que prestan servicios a los ciudadanos o participan en funciones de seguridad y orden público, particularmente militares, milicia, policías y miembros del sistema judicial; ii) informar a las colectividades sobre la exigibilidad de los derechos violados y dar apoyo a las comunidades organizadas y a ONG especializadas en DDHH en la realización de funciones de contraloría social de DDHH; y iii) incorporar la temática en los lineamientos curriculares de educación básica y media, formando también docentes para impartirlos.

Capítulo 14
Un *Pacto para el progreso de todos y la superación de la pobreza*[62]

Hemos querido cerrar este libro discutiendo el desafío más importante que deberemos enfrentar en nuestro futuro como sociedad, que es asegurar que todos los venezolanos tengamos oportunidades para progresar y que nadie sea excluido de los frutos del desarrollo. En capítulos anteriores hemos planteado estrategias y mecanismos para construir nuevamente un país de oportunidades como el que fuimos antes. En este último capítulo retomamos las propuestas que más incidencia tienen para generar progreso general y para resolver la precariedad crónica en que vive la mayoría de los venezolanos, y, siguiendo el mandato del segundo consenso de La Venezuela que Queremos Todos, las integramos en la agenda de un *Pacto para el progreso de todos y la superación de la pobreza*.

Antes de entrar a discutir el *Pacto*, invitamos al lector a que deje entrar en su espíritu las penurias que más de las dos terceras partes de nuestras familias han vivido desde la década de 1980. Queremos que considere cómo la mayoría de los niños de los hogares pobres han estado excluidos de una educación de calidad y por lo tanto están condenados a seguir en la pobreza, a pensar que varias generaciones de sus jóvenes no saben lo que es tener un empleo de calidad, y a imaginar que cada año muchas madres de esas familias pierden sus modestas casas en derrumbes e inundaciones que se producen cuando llega algo tan natural como una temporada de lluvias.

Al intuir por esa reflexión las frustraciones en que debe haber vivido por años la mayoría de los venezolanos, será más fácil entender por qué el proyecto populista que nos hizo perder las libertades tuvo un clamoroso éxito entre los pobres a finales del siglo XX. La aniquilación

---

[62] La Estrategia de Reconstrucción del Tejido Social tiene dos fines específicos, como se explicó en el capítulo 5. El primero de ellos, que se trata en el capítulo 13, es la reconciliación con justicia. El segundo está constituido por el *Pacto para el progreso de todos y la superación de la pobreza*, que se desarrolla en el presente capítulo.

Recuadro 14.1: Frases escogidas de los *verbatim* de talleres de líderes en la etapa de las Voces de la Gente

Si sigue la pobreza que hay actualmente no vamos a poder vivir en paz... Queremos una Venezuela donde convivamos sin resentimientos porque toda la gente se siente tratada igual y logra cubrir sus necesidades y lo que quiere para su familia... Donde empresarios, profesionales, políticos, trabajadores y la Iglesia se comprometan en un pacto para acabar la pobreza.

Queremos un país que facilite a los hijos de todos una educación que los ayude a superarse. Que de verdad lo haga por los pobres... en el que los adultos también puedan estudiar más y prepararse para tener un mejor trabajo y siempre poder progresar.

Queremos un país que tenga puestos de trabajo, donde los trabajadores reciban lo justo... con seguro social amplio que ayude a todos sus ciudadanos, en especial a los más necesitados... Donde no se acabe con las empresas, para frenar el desempleo... que progrese sobre la base del trabajo y el esfuerzo, pero donde también se valore la solidaridad social... donde el pueblo viva en barrios sanos, limpios, seguros y sin desastres, donde uno se pueda mover fácilmente a su trabajo, con luz y agua.

Un país donde la familia sea reforzada como centro de la sociedad y se le dé apoyo especial a la mujer jefa de familia y a las madres solteras.... en el que la gente pobre sea escuchada, participe de verdad y se organice para lograr lo que necesita... en el que los políticos y los gobiernos no maniobren a los pobres y les cumplan las promesas sin pretender que voten por ellos.

de la democracia venezolana comenzó en 1999, explotando la realidad que teníamos entonces, de veinte años de exclusión y tensiones sociales asociadas a la pobreza.

Los venezolanos nos planteamos hoy reconstruir el país y conquistar de nuevo las libertades. Estamos partiendo de una situación inicial en la que nuestras capacidades e instituciones han sido arrasadas y donde los niveles de la población en pobreza de ingresos se han elevado por encima del 80 %. Por un imperativo ético tenemos que resolver de una vez por todas la rémora que tiene cuarenta años con nosotros; por la necesidad de supervivencia de la democracia que volveremos a construir, no podemos de nuevo cometer el error de abandonar a la providencia la solución del problema de la pobreza .

Asegurar que todos progresemos y consolidar una robusta clase media que represente más de las tres cuartas partes de la población son objetivos cruciales que podemos alcanzar con un esfuerzo concertado de todos los sectores de la sociedad en un horizonte comprendido entre 20 y 25 años.

Que todos progresemos y que se superen la pobreza y la exclusión son objetivos realistas, cuyo logro requiere implementar políticas económicas, pero que no pueden alcanzarse con acciones circunscritas solamente al ámbito de la economía. Son falaces algunas frases que se han hecho lugar común entre tecnócratas y políticos, como por ejemplo "si liberamos las fuerzas del mercado creceremos y lo demás se producirá por derrame", o "la mejor política social es una buena política económica" o "para crecer es importante asistir a los pobres para calmar sus demandas y reducir las tensiones sociales".

No. El objetivo de superar la pobreza no se va a alcanzar como consecuencia de "derrames" supuestamente automáticos del crecimiento económico, ni bastará aplacar los reclamos de los pobres para alcanzar los objetivos éticos, sociales y políticos del desarrollo. Lograr el progreso de todos y superar la pobreza requiere de la implementación de reformas, políticas y programas de acción en los ámbitos económicos, sociales y político-institucionales que vayan a las causas y no solo a los síntomas más dramáticos de la exclusión social que viven la mayoría de los venezolanos. Estas líneas de acción deberán ofrecer a todos sin excepción oportunidades para crear capacidades y ponerlas al servicio de su propia realización.

En Venezuela, con la historia concreta que hemos vivido a lo largo de años de pobreza, exclusión, confrontación social e insatisfacción con los liderazgos, solo es posible lograr aquellos dos fines construyendo consensos y generando nuevamente caminos de confianza mutua. Por eso, como dijimos en los primeros párrafos de este capítulo, hemos hecho nuestro el planteamiento surgido de uno de los siete consensos de La Venezuela que Queremos Todos, ese que propone un *Pacto para el progreso de todos y la superación de la pobreza*.

El *Pacto* debe comprometer a todos los sectores de la sociedad con la ejecución de las reformas y políticas que se convengan, debe mantener la atención de los ciudadanos en los logros que se vayan alcanzando y su seguimiento debe señalar los ajustes que serán necesarios para corregir retrasos o desviaciones con respecto a lo que se hubiese acordado. De esa forma las agendas del *Pacto*, fundamentalmente sociales y económicas, adquirirían prioridad política permanente, lo que es una necesidad para que arroje los frutos esperados.

El *Pacto* implica esfuerzos tan ambiciosos como tan grave y amenazadora es la situación de pobreza que debemos superar. Dejar la solución de la pobreza a procesos que no nos comprometan solidariamente sería quimérico, sería cometer nuevamente los errores de omisión en que cayó la sociedad venezolana en las dos últimas décadas del siglo pasado, desviaciones y olvidos que nos llevaron a quebrantar la cohesión social y a perder posteriormente las libertades de todos.

Las partes más políticas de las propuestas que siguen, entre ellas las referidas al realismo que es necesario en la definición de la agenda del *Pacto* y los criterios para su seguimiento, han sido desarrolladas con algún detalle, intentando con ello que los actores que lo negociarán comprendan la importancia de hacerlo sobre bases que aseguren desde el inicio su cumplimiento. Ojalá toda la sociedad esté pendiente de este instrumento porque la salud de la democracia futura dependerá de que logremos el progreso de todos y la superación de la pobreza.

Un pacto relevante y realista

Dibujando con trazos gruesos una agenda mínima del *Pacto*, ella debe contener políticas y reformas económicas que nos lleven a crecer de manera sostenida, con muy baja inflación y generando muchas oportunidades de trabajo decente. Por otra parte, debe incluir políticas sociales y reformas institucionales que provean a todos los venezolanos de acceso a la seguridad social y a la atención de salud; que abran efectivamente oportunidades de educación de calidad para todos los niños y jóvenes; que proporcionen un hábitat mejor para las mayorías a través de un acceso a servicios públicos de alto estándar; y que garanticen a todos el acceso a la justicia y el disfrute efectivo de sus derechos políticos.

Para que el *Pacto* sea relevante, sus objetivos deben reflejar fines que la sociedad considere de gran importancia, su agenda debe ser realista y sus logros deben estar sometidos a un seguimiento constante.

Un conjunto limitado de objetivos y de medios para alcanzarlos

Por lo tanto, el *Pacto* debe señalar en cada temática los objetivos estratégicos a alcanzar, las reformas y políticas a ser usadas como medios para lograrlos y los responsables de su implementación, todo ello para crear horizontes claros de corto, mediano y largo plazo.

En esa misma perspectiva, el *Pacto* debe definir también los mecanismos e indicadores que serían empleados para su seguimiento permanente, así como para la renovación y la actualización de las metas, políticas y programas que deberían ser revisados al comienzo de cada período de Gobierno.

Viendo la variedad de las tareas implicadas, insistimos en que el *Pacto* debe ser concebido con realismo; no puede establecer compromisos y hacer seguimiento sobre todas las reformas y políticas que deben ser implementadas en la reconstrucción de Venezuela, ni siquiera sobre la mayor parte de las políticas que hemos discutido en otros capítulos del libro.

Plantearse un *Pacto* con compromisos en muchos asuntos lo haría irreal por la extrema complejidad de las tareas que se deberían emprender a través de él, lo que podría reducirlo en la práctica a un conjunto de declaraciones retóricas plenas de utopía.

Metas razonables y apreciación de los beneficios y costos

Otra vertiente del realismo necesario tiene que ver con asegurar la factibilidad tecnoeconómica y la viabilidad política de los compromisos que se adquieran en el *Pacto*, lo que nos obliga a convocar tres consideraciones pertinentes.

En primer lugar, hay que tener claro que se negociarán obligaciones de los actores del *Pacto* referidas a la implementación de las reformas, las políticas y los programas en cada área temática. Pero las metas a alcanzar a lo largo del horizonte del *Pacto* tienen que implicar acuerdos de intención consensuados y en el conjunto de ellos.

Por lo tanto, es razonable que las obligaciones de los actores contengan metas sobre la implementación del mismo *Pacto*, como puede ser la fecha de entrada en vigor de un marco regulatorio de la economía que garantizará la protección a los derechos de propiedad de los inversionistas. Pero no sería sensato establecer obligaciones específicas de unos u otros de los actores con respecto a la tasa de crecimiento del PIB per cápita para un lapso determinado, sino acuerdos de intención sobre la misma.

En segundo término, hay que establecer metas razonables, tanto en los compromisos de implementación como en los acuerdos de intención referidos a los objetivos estratégicos. No se gana nada fijando metas cuyo logro sea difícilmente alcanzable por razones técnicas o económicas.

En tercer lugar, es indispensable que las partes cuenten con información certera que les permita juzgar beneficios y costos en cada temática a negociar. En muchos aspectos de las áreas temáticas que hemos propuesto para la agenda del *Pacto,* no existe información confiable actualizada al día de hoy, y por lo tanto habrá que llevar a cabo estudios y formular planes preliminares que la produzcan, antes de iniciar en firme algunas de las negociaciones.

Un seguimiento del Pacto *por la sociedad civil,* *independiente del Gobierno*

Finalmente, para que el *Pacto* mantenga su vigencia política y su legitimidad, debe ser actualizado, sus compromisos deben ser renovados por ciclos razonables y su ejecución debe tener un seguimiento real por parte de la sociedad civil.

En función de ello proponemos que el seguimiento y la preparación de propuestas para la actualización sean asumidos por un Consejo del Pacto, conformado como un cuerpo del más alto nivel político independiente de los organismos encargados de la implementación, el cual deberá estar integrado por representantes del Estado y de la sociedad civil, entre ellos delegados de las organizaciones de trabajadores y empresarios, de las universidades nacionales, de las iglesias y de las organizaciones no gubernamentales.

Para asegurar que las reformas, las políticas y los programas sectoriales del *Pacto* se ejecuten según lo acordado, y que los impactos que ellos vayan produciendo en el tiempo estén alineados con los objetivos estratégicos, al Consejo que proponemos deben corresponder varias responsabilidades políticas: el seguimiento periódico de los resultados; la revisión de las reformas y políticas comprendidas en el *Pacto* después de un tiempo prudencial a la luz de los resultados que se hayan ido alcanzando; y la recomendación de ajustes a los respectivos sectores, para así mejorar la alineación con los objetivos estratégicos planteados, de ser el caso.

Hacer un seguimiento útil durante la ejecución implica que el Consejo del Pacto reciba información relevante, oportuna y confiable sobre los logros que se van alcanzando en los objetivos estratégicos, así como sobre los avances que va teniendo la implementación de las reformas y políticas comprometidas. Como puede deducirse, será necesario recoger datos e informaciones de múltiples variables en muchas áreas y procesarlos para convertirlos en unos pocos indicadores de síntesis que permitan a los miembros del Consejo evaluar logros y avances[xl].

En fin, la producción de indicadores que sean útiles para el seguimiento requerirá de un trabajo inicial de expertos, quienes deberán concebir un conjunto limitado de ellos que sinteticen información relevante por áreas temáticas y demandará el apoyo permanente de una organización técnica, independiente del Gobierno, que actúe como un Observatorio del Pacto.

La sociedad venezolana tendrá que estar dispuesta a mantener en este sentido una estructura técnica, lo cual implica costos adicionales a los de los organismos públicos. No obstante, esta alianza le permitirá evaluar sistemáticamente si la ejecución del *Pacto* está conduciendo a los objetivos planteados en la consecución del progreso de todos y la superación de la pobreza.

Propuesta de agenda y objetivos estratégicos del *Pacto*

En lo que sigue desglosaremos nuestras propuestas sobre los compromisos que debe establecer el *Pacto*. Al introducir cada tema de la agenda hacemos una breve reseña de las reformas y políticas involucradas en él, pero no las desarrollamos allí sino que referimos al lector a los capítulos y secciones anteriores del libro en las cuales ellas fueron desplegadas en detalle.

La agenda que proponemos abarca algunas acciones dirigidas a crear capacidades en todos los venezolanos sin excepción, así como otras que favorecen la superación de las principales limitaciones que tienen los pobres para salir de su precariedad, es decir reformas y políticas que contribuyen a romper las trampas de la pobreza (Miquilena, 2013).

Podemos resumir en cinco los ámbitos de la vida de los venezolanos en los que influyen las reformas y políticas que proponemos incluir en la agenda del *Pacto*: asegurar acceso efectivo a la educación de calidad; propiciar una inserción favorable en la economía; proveer seguridad social y cuidados de salud; mejorar ampliamente la calidad del hábitat de los grupos populares; y elevar el disfrute real de sus derechos civiles.

Los objetivos estratégicos a alcanzar los hemos definido en torno a cada uno de esos cinco ámbitos, pero llamamos la atención sobre el hecho de que algunas de las reformas y políticas influyen en los logros de varias esferas y por eso el lector las encontrará mencionadas en varias ocasiones.

Asegurar un acceso efectivo a la educación de calidad

La educación es la vía más importante para la creación de capacidades humanas, es indispensable para insertarse en la economía y progresar materialmente y es un sustento fundamental para la convivencia ciudadana en paz. Una inmensa mayoría de los ciudadanos comparte la idea de que todos deben tener acceso a oportunidades para una buena educación, como un medio central para su realización en todo sentido.

Pero el sistema educativo venezolano no está cubriendo estas expectativas, ni está ofreciendo oportunidades de educación de excelencia a todos por igual. Existe en general un déficit de calidad en la educación pública, desde el nivel inicial hasta la escuela secundaria, el cual se muestra más grave en los planteles que sirven a las zonas populares. Se trata de dos situaciones que es necesario resolver para que la educación sea un instrumento para el progreso de todos y la superación de la pobreza. Hay que elevar la calidad y hay que superar la desigualdad referida, porque ambas situaciones contribuyen a perpetuar generación tras generación la situación de pobreza en la que vive la mayoría de nuestros hogares.

Los objetivos estratégicos del *Pacto* en el campo educativo deben ser expresados en términos de la cobertura y la calidad en los subsistemas públicos de educación inicial, primaria y secundaria en todo el país, incluyendo los municipios y la población asentada en zonas populares.

Son varias las políticas y reformas en las cuales fijar la atención para lograr estos objetivos, como discutimos en el capítulo 6. Se trata de aquellas líneas dirigidas a elevar la permanencia de los alumnos en el sistema escolar; las que plantean la valorización de los educadores, su excelencia y la calidad del trabajo de aula; las que apoyan el mejoramiento de la gerencia escolar y de los sistemas de supervisión y planificación de redes de escuelas; las referidas a la ampliación y diversificación de la oferta de educación pública a través del funcionamiento de escuelas más autónomas, incluidas aquellas gestionadas por organizaciones no estatales sin fines de lucro; y las de implantación de nuevos currículos y ofertas educativas, incluyendo la formación en valores y la creación de una nueva oferta de educación técnica profesional[xli].

Como puede observarse, son muy variados los programas, las reformas y las políticas sobre los cuales se deberá hacer seguimiento de logros. La educación es uno de los casos, no el único, en que se hace especialmente importante contar con un conjunto limitado de indicadores que sinteticen la información relevante de muy diversas clases, para ser provistos a los representantes de los diversos sectores en el Consejo del Pacto[xlii].

Propiciar una inserción favorable en la economía

Una inserción plenamente favorable en la economía implica gozar de un ingreso estable y suficiente para adquirir los bienes y servicios que requiere la familia para su funcionamiento cotidiano y además para ahorrar[63]. Ello a su vez involucra asegurar empleos o el ejercicio de emprendimientos autónomos que sean duraderos y tengan las condiciones de un trabajo decente. Las condiciones para un trabajo decente a su vez implican estabilidad, recibir remuneraciones reales que crezcan, o que en todo caso no decrezcan, y gozar del apoyo de un sistema de aseguramiento que provea auxilio en situaciones extraordinarias como enfermedades graves o desempleo, tema que tratamos en la próxima sección[64].

La principal causa de la pobreza crónica de muchos hogares venezolanos es que sus miembros no son capaces de lograr el tipo descrito de inserción en la economía. Por más de treinta años apenas un tercio o menos de la población económicamente activa ha mantenido un empleo formal; menos de un 20 % goza de seguro de desempleo, y los salarios reales de los trabajadores tienen cuarenta años disminuyendo sin parar.

Para apuntar a procesos relevantes sobre la inserción estable de los adultos en la economía, proponemos que el *Pacto* incluya en sus objetivos estratégicos elevar la tasa de crecimiento real del producto, el nivel del empleo formal como fracción de la población económicamente activa y el salario real de los trabajadores. En función de ello, el *Pacto* debe hacer seguimiento al PIB per cápita a precios constantes, al índice de inflación en el país y por regiones, al salario medio del total de los

---

63 El objetivo de largo plazo es consolidar la clase media en proporciones superiores al 75% de la población, lo que implica que la mayor parte de los hogares puedan ahorrar y capitalizar en activos.

64 El funcionamiento de un nuevo sistema de seguridad social y cuidados de salud completaría los atributos de la condición de trabajo decente y los objetivos estratégicos de una inserción favorable en la economía.

trabajadores y de los trabajadores formales, y a los niveles de ocupación generados en el país y las regiones por los programas de la economía privada popular (EPP) y la economía solidaria (ES)[xliii].

Elevar y mantener en altos niveles el empleo formal y el salario real dependerá de mejorar los atributos de la mayoría de las personas, para que ellas sean más aptas para desempeñar determinados roles productivos. Pero también dependerá de elevar el dinamismo y la estabilidad de la economía, lo que debe hacerse combinando varios tipos de políticas.

Las políticas que el *Pacto* debe considerar para mejorar los atributos de la fuerza de trabajo son las de capacitación. En el corto plazo el rol más importante entre ellas lo tendrían los programas que implemente el Estado a través de organismos como el INCE, aquellos público-privados dedicados al entrenamiento de jóvenes desempleados, y los asociados a la capacitación dentro de la EPP y la ES comentados en el capítulo 8. Como políticas permanentes, de largo aliento, el rol más relevante lo tendrán todas las políticas dirigidas a elevar la cobertura y la calidad de la educación que fueron discutidas en el capítulo 6, particularmente las referidas a una línea de educación técnico-profesional.

Tal como comentamos en la sección anterior de este capítulo, no bastará monitorear indicadores de la cantidad de personas que han hecho cursos para hacer un seguimiento útil al impacto de las políticas y programas de capacitación. Los especialistas deben definir indicadores que permitan establecer qué influencia han tenido esos programas de capacitación en el aumento de las probabilidades de que sus egresados consigan un empleo estable y bien remunerado.

Como políticas y reformas que elevan el dinamismo y la estabilidad de la economía, planteamos que el *Pacto* considere aquellas que más contribuyen a los siguientes cuatro objetivos: reducir la inflación y mantenerla en niveles bajos; mantener una tasa alta de crecimiento del PIB per cápita de la economía para los horizontes de mediano y largo plazo; dinamizar en el corto plazo los sectores de la economía privada popular y la economía solidaria; y fomentar un comportamiento de los mercados laborales favorable al empleo formal.

Para los representantes de los sectores sociales en el Consejo del Pacto sería muy complicado hacer seguimiento a todas las políticas y reformas referidas a la macroeconomía, por lo que nuevamente será necesario idear indicadores cualitativos que sinteticen el avance de las mismas en unos pocos marcadores de hitos[xliv].

Con respecto a la dinamización de la economía privada popular y la economía solidaria en el corto plazo, proponemos hacer seguimiento a las medidas concretas que sean decididas para asociar el desarrollo de estos sectores al programa de mejoramiento de la calidad del hábitat en las zonas populares, como ya fue propuesto en el capítulo 8.

Finalmente, las negociaciones del *Pacto* relativas al nuevo sistema de seguridad social, que discutiremos en la próxima sección, deben considerar los efectos que podrían tener sus distintas opciones sobre el comportamiento de los mercados laborales, algunas de las cuales pueden ser más favorables que otras al empleo formal de la economía en general.

Un nuevo sistema de seguridad social y atención de salud

La vulnerabilidad ante sucesos inesperados es también un factor importante en el reforzamiento de los círculos viciosos que reproducen la pobreza a nivel familiar. No tener acceso a un sistema de seguridad social que facilite atención de salud de calidad, que ofrezca auxilio en situaciones de desempleo y que provea pensiones cuando se arriba a la edad de retiro o se sufre de incapacidad, es una expresión de esa fragilidad social ante los riesgos.

Los venezolanos, en su inmensa mayoría, no cuentan en la práctica con los apoyos de un sistema de seguridad social, por lo que suplir esa deficiencia debe hacerse prioritario. En consecuencia, proponemos incluir en los objetivos estratégicos aquellos que planteamos en la sección del capítulo 6 dedicada a la seguridad social, referidos a los servicios públicos de salud, a las pensiones de invalidez y vejez y a un seguro de desempleo.

En relación con los servicios públicos de salud, proponemos como objetivos estratégicos elevar los estándares de prestación y simultáneamente ampliar la cobertura hasta universalizar el acceso a los servicios, independientemente de la capacidad de pago, la condición social o la situación laboral de los usuarios. Esos objetivos se lograrán a través de un conjunto de reformas en la organización, en la prestación de servicios y en el financiamiento de los sistemas de seguridad social.

Los indicadores con los cuales se debería hacer seguimiento de los objetivos estratégicos serían los niveles de los estándares de prestación que se irían alcanzando en el tiempo, y la cobertura, que como hemos dicho pretendería alcanzar a toda la población en un horizonte temporal por acordar en las negociaciones. Asociado al programa de mejoras del hábitat que discutiremos en la próxima sección, planteamos monitorear un indicador adicional: la cobertura que iría alcanzando la red primaria de atención en salud a nivel de municipios.

El seguimiento de las reformas en materia de salud debería ser hecho con base en indicadores cualitativos que reflejen la implementación de las mismas, incluyendo la puesta en vigor de nuevas leyes y reglamentos, así como la entrada en funcionamiento de los nuevos roles del ente rector, la coordinación gradual de los subsistemas nacional, estadales y municipales y el logro progresivo de la combinación de las diversas fuentes de financiamiento del sistema[65]. Todos estos asuntos fueron discutidos en los apartes referidos al sistema de salud de los capítulos 6 y 10.

En lo que respecta a las pensiones y el seguro al desempleo, proponemos como objetivo estratégico del *Pacto* el logro de un Subsistema de Pensiones y Auxilio al Desempleo organizado en tres pilares, como fue planteado en el capítulo 6. El Subsistema estaría sujeto a un desarrollo progresivo de la cobertura y las prestaciones, con un primer pilar asistencial y solidario que sería implementado de inmediato al aprobar las reformas, mientras que los otros dos entrarían en operación más adelante y funcionarían fundamentalmente sobre la base de la capitalización individual.

Con respecto a la verificación de logros de este Subsistema, los indicadores deberían reflejar el progreso en la implementación de los dos primeros pilares, en términos de cobertura poblacional y de niveles de prestación o beneficios que reciben los afiliados. El primer pilar debe garantizar a todos los ciudadanos, hayan o no cotizado al Subsistema, unos ingresos mínimos que les permitan vivir después de superar la edad de retiro o de resultar incapacitados para trabajar. El segundo pilar, basado en capitalización individual, pretendería complementar los beneficios del primero acercando los niveles de las pensiones a los ingresos que el afiliado percibía al retirarse.

Dos de los temas más álgidos en las negociaciones del subsistema de pensiones van a ser con toda seguridad los aportes patronales y la decisión acerca de si se acepta la participación de agentes privados en la administración de los fondos de pensiones, asuntos que han enfren-

---

65   Se trata de fondos provenientes del fisco a nivel nacional, recursos del situado constitucional asignado a estados y municipios, y dineros provenientes de los aportes de trabajadores y patronos a través del sistema de seguridad social que sustituiría al Instituto Venezolano de los Seguros Sociales (IVSS).

tado a las partes en todos los países en los que han sido implementadas reformas de este tipo. El seguimiento de la implementación de los fondos deberá hacerse con indicadores que muestren el avance en la capitalización y que califiquen los riesgos probables involucrados.

Mejorar ampliamente la calidad del hábitat de los grupos populares

La calidad y la confiablidad de los servicios públicos en los barrios donde habitan las familias pobres han sido desde siempre muy menguadas, mucho más bajas que en las zonas de desarrollo regulado de las ciudades.

Los barrios urbanos donde habitan las familias populares tienen una conexión vial y de transporte muy precaria con el resto de la ciudad a la que pertenecen, lo que dificulta la prestación de servicios de seguridad ciudadana en su interior, así como el acceso de sus residentes a los lugares de trabajo, a los centros asistenciales, y en general a los servicios especializados urbanos, incluyendo el esparcimiento.

En los barrios, los espacios públicos para los núcleos comunitarios son muy precarios e inseguros; el suministro de agua potable a los hogares está lejos de tener una cobertura universal, donde existe, se interrumpe reiteradamente y no es sanitariamente confiable; en muchos casos no hay redes de recolección de aguas servidas ni servicio domiciliario de aseo urbano; el suministro de electricidad se suspende con alta frecuencia y por períodos que en los últimos tiempos se han hecho cada vez más largos; y el transporte público es de muy bajos estándares y altamente inseguro para la integridad de los todos los usuarios.

Las escuelas primarias de los barrios, y los liceos que sirven a la población que vive en ellos, tienen déficits graves de instalaciones básicas, son frecuentemente azotados por malhechores y sufren índices de repitencia, deserción y violencia mucho más altos que los planteles de la ciudad regulada.

Los comentarios anteriores resumen una situación de marginación espacial que ha afectado por varias décadas a más del 60 % de los hogares venezolanos y que es inexcusable para una sociedad democrática; una situación que constituye en sí misma una trampa de pobreza.

Como respuesta a esa situación, nuestra propuesta para el *Pacto* plantea como meta que las diferencias comentadas entre los barrios y la ciudad formal se reduzcan progresivamente hasta casi desaparecer en un lapso comprendido entre 20 y 25 años, mediante la ejecución de un vasto programa de reordenamiento y de dotación de infraestructuras y equipamientos de los barrios populares de todo el país.

No forma parte de nuestra propuesta incluir en los objetivos del *Pacto* la producción de viviendas para familias de bajos recursos, lo cual puede ser objeto de otros programas distintos a los aquí comentados. Enfrentar a la vez la mejora del hábitat de los barrios populares, la producción de nuevas viviendas y el desarrollo de terrenos urbanos adicionales donde asentarlas podría no ser realista hasta que la economía venezolana haya alcanzado un camino de expansión franco y estable.

En todo caso la producción de esas viviendas y sus terrenos podría ser parte de una adición al *Pacto*, una vez que la recuperación mencionada haya creado condiciones para el funcionamiento de un mercado amplio de viviendas, lo que implica entre otras cosas un nivel estable del empleo formal superior a las dos terceras partes de la ocupación, y niveles de inflación ubicados en el orden de un dígito bajo para que las tasas de interés de los créditos para adquisición de viviendas sean accesibles para todas las familias.

La mejora del ordenamiento de los barrios debe incluir la regularización de la tenencia y el reconocimiento de derechos de propiedad sobre el suelo; una conexión orgánica del barrio a la trama urbana regular. También debe generar una reordenación urbanística interna que proteja a la población ante riesgos de desastres, que mejore los espacios y equipamientos destinados a los servicios públicos y privados –incluidos el comercio y otras actividades económicas– y que retome y dé un nuevo aire a espacios y equipamientos para el disfrute de toda la comunidad.

Por su parte, la dotación de equipamientos y redes debe apuntar a elevar los estándares de los barrios a niveles similares a los que disfruta la ciudad formal y asegurar la prestación regular de los servicios de agua y saneamiento, de telefonía celular e internet de banda ancha, de gas, de electricidad residencial y alumbrado público, de disposición de desechos sólidos, de atención primaria de salud, de educación inicial y primaria y de seguridad ciudadana.

Con relación a los servicios de salud y de educación, el programa de mejora del hábitat plantea construir equipamientos y prestar servicios en las comunidades hasta el nivel primario. En secciones anteriores de este mismo capítulo hemos planteado el mejoramiento de esos servicios en términos más amplios, desbordando el radio de cada comunidad.

En términos prácticos, proponemos que los objetivos estratégicos del programa se expresen como mejoras de la calidad del hábitat en las zonas populares y que el indicador para hacer seguimiento a los logros se produzca con periodicidad para todo el país como promedio, así como para cada región y municipio del país. Ese indicador de mejora en la calidad del hábitat deberá combinar la cobertura poblacional que el programa vaya logrando en el tiempo para la zona específica y un índice ponderado de los estándares de los diversos servicios que se alcancen en los mismos períodos para dichas zonas.

El avance que logre la implementación en cada uno de los diversos rubros del programa también debe ser objeto de supervisión, a través de indicadores parciales que muestren sus respectivos niveles de progreso y las sumas invertidas en cada uno de ellos, por período y por sector institucional.

El programa de mejora del hábitat que proponemos, como todas las políticas y reformas del *Pacto*, merece la mayor prioridad política, porque beneficiará a la mayoría de la población que ha vivido por demasiado tiempo con un acceso muy limitado a los servicios urbanos. Por otra parte, junto a otros programas de inversión en infraestructuras, este programa de mejora del hábitat contribuirá a dinamizar la economía y a elevar los niveles de ocupación en los horizontes de corto y mediano plazo. De hecho, sería de esperar que en los primeros diez años de la recuperación económica de Venezuela, la ejecución de este programa contribuya en una alta proporción a la generación de empleos.

No obstante, un programa ambicioso como el propuesto requerirá invertir sumas muy altas de recursos, que el Estado no podrá financiar en proporciones altas en los primeros años de la citada recuperación. Por esa razón, no pudiendo dejar de lado la ejecución del programa ni estando planteado reducir sus objetivos hasta hacerlo irrelevante, su concepción deberá considerar diversas opciones para el financiamiento, que complementen las inversiones corrientes del Estado.

Evidentemente, se deberá recurrir en alguna proporción a fuentes crediticias nacionales e internacionales para financiar la inversión pública del programa, e incluso será útil explorar la viabilidad de establecer contribuciones parafiscales de la población y las empresas para apoyar exclusivamente el programa. Pero el mayor potencial para el financiamiento no fiscal del programa está en los beneficios que podrían producirse del eventual desarrollo comercial de espacios y edificaciones, que podrá llevarse a cabo como parte del reordenamiento urbanístico de los barrios. En función de ello, se propone explorar opciones de alianzas público-privadas para realizar esos desarrollos.

Las ideas que antes comentamos nos llevan a concluir que las negociaciones relacionadas con el programa de mejora del hábitat solo podrán realizarse cuando los representantes de los actores cuenten con información que les permita estimar costos y evaluar las opciones de financiamento. En función de ello, antes de que comience la transición a la democracia, o tan pronto como ella se inicie, deberán realizarse estudios que permitan dimensionar índices de inversión e imaginar diversas formas para la intervención pública y privada[xlv].

Elevar el disfrute efectivo de los derechos ciudadanos

Las limitaciones en el ejercicio efectivo de los derechos ciudadanos por los pobres constituyen en sí mismas una trampa, porque no solo les impiden influir en decisiones de lo público que podrían dar orígen a mejorías en sus situaciones, sino también porque restringen su acceso a la justicia y por lo tanto imposibilitan la solución de conflictos o la reparación de los perjuicios y las privaciones de los cuales pueden ser víctimas.

Los pobres han estado históricamente excluidos de la participación política y al menos por cuatro décadas han sido víctimas del populismo clientelar que los manipula, pero en la última década del siglo XX, con el proceso de descentralización, se abrieron legalmente mecanismos que prometían elevar el ejercicio real de su derecho a participar. Lamentablemente, a partir de 2002 esos avances fueron cancelados como resultado de un ataque populista a las instituciones, que se expresó en la muerte de la descentralización y en una serie de leyes referidas al Poder Comunal que desconocieron al municipio como base del sistema político.

En cuanto a la falta de acceso a la justicia, hay dos problemas distintos que describen la mayor parte de las situaciones que consideramos más relevantes para los venezolanos pobres, a los cuales planteamos dar respuesta a través del *Pacto*.

Uno de estos problemas se centra en una situación social que es común a los pobres de muchos países. Una persona pobre puede no visualizar el sistema de justicia como posible receptor de sus conflictos, o para ella el contacto con la organización judicial se da con la justicia penal a través de la policía; no acude al sistema, sino que la llevan a él (Salanueva, 2011).

El otro de los temas complejos está en la situación política común en la Venezuela de las últimas décadas, en donde una persona pobre es víctima de violación de derechos humanos por la policía, por un cuerpo militar u otro órgano del Estado; ella identifica al violador con la justicia y desiste del reclamo de sus derechos, o efectivamente el sistema se abstiene de brindar justicia cuando esos cuerpos están involucrados en las violaciones.

Proponemos que el *Pacto* considere dos objetivos estratégicos en relación con el ejercicio efectivo de los derechos ciudadanos. El primero de ellos es maximizar las oportunidades de participación política y el otro es ampliar el acceso real a la justicia. Los mecanismos a considerar en el logro de ambos objetivos son un conjunto de reformas legales, por una parte, y por la otra un programa de apoyo que otorguen organizaciones no gubernamentales (ONG) a todas las comunidades en materia de derechos humanos.

Con relación a los mecanismos legales para maximizar las oportunidades de participación, nuestra propuesta consiste en hacer seguimiento a la revisión de leyes que propusiéramos en el capítulo 9, cuando planteábamos retomar la descentralización, dirigidas a fortalecer el poder municipal y a revertir las desviaciones y limitaciones a la participación que introdujo el régimen socialista desde el año 2003[xlvi]. Este seguimiento debería ser realizado mediante indicadores cualitativos que califiquen el grado de avance de las reformas por grupos afines de leyes.

Algo similar proponemos con respecto a mecanismos legales para alcanzar el objetivo estratégico de ampliar el acceso a la justicia, refiriéndonos a las propuestas que hiciésemos en el mismo capítulo 9 cuando planteamos reinstitucionalizar el sistema de justicia. Nos referimos particularmente a los jueces de paz, a los procesos penales, al sistema penitenciario y al sistema de protección de derechos humanos. También el seguimiento de estas reformas deberá hacerse mediante indicadores cualitativos que califiquen su grado de avance.

Finalmente, y considerando que la puesta en vigor de las reformas legales no es suficiente para que se logren los objetivos planteados, proponemos que se establezca un programa de apoyo a las comunidades a través del cual se las incentive a participar políticamente y a emplear los mecanismos de la justicia dentro de los cauces que sean abiertos por las reformas.

xl El seguimiento del avance de reformas, políticas y programas requerirá en muchos casos de indicadores que superen la visión tradicional que mira los progresos de cualquier ejecución a través del presupuesto de los recursos asignados y gastados. Los indicadores cuantitativos tradicionales son válidos para algunos fines pero es indispensable concebir e implementar indicadores cualitativos que expresen si una reforma realmente se implementó y en qué grado, o si quedó solamente en un texto legal. Adicionalmente, harán falta indicadores de efectividad de las políticas y reformas, que relacionen los indicadores de avance en la implementación y los indicadores de logros.

xli Es de destacar, además, que el éxito que pueda alcanzarse en la cobertura y la calidad de la educación no solo dependerá de políticas y reformas que se desplieguen como programas sectoriales educativos. Dependerá también en alguna medida de los avances que se logren en otras políticas, particularmente de que sea retomado el proceso de descentralización que hace factibles los programas de mejora de la gerencia escolar y la diversificación de la oferta a través de escuelas autónomas, y de que se avance en los programas de mejoramiento del hábitat en las zonas populares, los cuales incluyen dotación de escuelas.

xlii En efecto se requerirá recoger, validar y combinar en unos pocos indicadores datos muy variados que se generan regularmente en el sistema educativo, como son el número de alumnos inscritos y los que superan cada grado, las tasas de repitencia y deserción, y los rendimientos en términos de calificaciones, entre otros. Pero además habrá que diseñar y producir datos directos que hoy no existen, que puedan reflejar la calidad en el aprendizaje y en la formación de los alumnos que egresan de los niveles, así como indicadores cualitativos sobre el avance en la implantación de las reformas.

xliii La Economía Privada Popular (EPP) y la Economía Solidaria (ES) están formadas por actividades que realizan miembros de los grupos populares fuera de relaciones de dependencia laboral con empresas privadas o entes públicos. Atendiendo a generar "victorias tempranas" de la recuperación económica a corto plazo y en favor de los grupos de menores ingresos, en el capítulo 8 hemos propuesto implementar por un primer horizonte de 7 a 10 años un programa que fortalezca la EPP y la ES, combinándolo con un programa de infraestructuras, equipamientos y servicios que se dirija a mejorar la calidad del hábitat de los grupos populares, cuya ejecución se propuso a lo largo de un período no menor a 20 años.

xliv Proponemos considerar como eventuales insumos para los mencionados indicadores de síntesis las reformas legales que apoyarían el control de la inflación, como son la nueva Ley de Administración Financiera del Sector Público y la nueva Ley del Banco Central de Venezuela propuestas en los capítulos 8 y 10, así como expresiones cuantitativas de la implementación de esas reformas como el déficit fiscal, el financiamiento del Banco Central al resto del sector público, y el circulante mantenido por el BCV. En cuanto a las reformas institucionales que generarían un clima propicio a la dinamización de la economía en general, proponemos considerar como eventuales insumos aquellas que promueven la competencia, las que restructuran las empresas del Estado y retiran a este de roles protagónicos empresariales, y las que abren todos los sectores de la economía a la inversión privada nacional e internacional.

xlv Estos estudios deberán ser realizados para un número limitado de barrios en distintas ciudades del país, representativos de diversas tipologías socioeconómicas, geomorfológicas y urbanísticas, con el propósito de generar diversos modelos viables de intervención, sobre la base de los cuales se puedan sustentar las alianzas público-privadas, así como índices unitarios de inversión expresados por ejemplo en términos de dólares por cada mil habitantes para las diversas tipologías iniciales de los barrios a intervenir.

xlvi   Comprende las 26 leyes dictadas bajo el régimen habilitante de 2008 que violan competencias del ámbito municipal; la Ley Orgánica de Planificación, la Ley de Consejos
Estadales de Planificación y Coordinación de Políticas Públicas, la Ley de Consejos Locales
de Planificación, la Ley Orgánica de la Administración Pública, la Ley Orgánica del Poder
Ciudadano; y las relacionadas que entraron en vigor en 2010, entre ellas la reforma de la Ley
Orgánica del Poder Público Municipal, la Ley Orgánica del Consejo Federal de Gobierno,
la Ley de Contraloría Social y la Ley de Participación Ciudadana y del Poder Popular.

Epílogo
Sobre la trama del libro y el desenlace de nuestra crisis

Queremos que, al cerrar este libro, el lector concluya con una imagen clara de la malla sobre la cual él ha sido bordado, y de lo que fue nuestra intención al escribirlo. Ambas, trama e intención, tienen una carga ética y política que es nuestro deber hacer explícita. Por otra parte, en estas palabras finales queremos comunicar también nuestro desasosiego por lo que pudiese estarse gestando como desenlace de la crisis que estamos viviendo. La transición a una nueva democracia que tendremos que vivir pareciera estar sujeta a determinaciones que los venezolanos pudiéramos no dominar totalmente.

Las ideas que contiene el libro fueron hilvanadas en un tejido de tres hebras que constituye nuestra perspectiva de lo que ha sido nuestro desarrollo, y de lo que creemos que él debiera ser en el futuro. Así hemos intentado completar, con propuestas de estrategias y políticas, la Visión Compartida de País cuyos objetivos fueron construidos por consensos en más de 300 talleres de líderes y más de 1.700 diálogos de comunidades que hicieron participar a más de 60.000 ciudadanos.

El primer hilo de la trama trae consigo la idea de que la reconstrucción de nuestro país solo será posible si los venezolanos, en una inmensa mayoría, compartimos una visión de futuro que nos comprometa en los esfuerzos que serán necesarios para llevarla a cabo.

El segundo corresponde a la concepción del desarrollo como libertad, entendiéndolo como un proceso en el cual se expanden las libertades reales de todos los miembros de la sociedad, quienes se hacen agentes de sus propias vidas.

La tercera hebra amarra una lógica política según la cual la adopción de los objetivos de desarrollo corresponde a las bases de la sociedad. A los especialistas o tecnócratas solo nos concierne instrumentar esos acuerdos proponiendo estrategias y políticas para alcanzarlos, y no imponer nuestros propios objetivos.

Todas nuestras propuestas se han basado en esta lógica y persiguen contribuir a la realización de los venezolanos en paz y en libertad una vez que hayamos recuperado la democracia, para lo cual compartimos nuestras ideas intentando inspirar a quienes las lean hacia las acciones que son necesarias para esa reconstrucción.

La trama y sus implicaciones en los objetivos y las estrategias que hemos propuesto

Una sociedad que disfruta de cohesión social y comparte una visión del futuro reúne las condiciones fundamentales para la paz y el progreso de sus gentes y, en última instancia, para que las personas encuentren un sentido concreto a su identidad cultural, a su pertenencia a una nación y a su apego a las reglas e instituciones de la misma. Construir y mantener viva una nueva Visión Compartida de País es una condición necesaria para que los venezolanos logremos de nuevo convivir y progresar en paz como sociedad y para que volvamos a ver el futuro con esperanza.

La Visión que necesitamos es un conjunto de ideas trascendentes para la vida de la gente y el futuro del país, cimentadas en valores en los cuales coincidamos. Un conjunto compartido por muchos ciudadanos de distintas perspectivas políticas, compuesto por las aspiraciones sobre la sociedad que queremos vivir en el porvenir, por una explicación que establezca el por qué nos pasó lo que nos ha pasado, y por un grupo de propuestas creíbles sobre las estrategias de desarrollo que son necesarias para construir ese porvenir.

Ver el futuro con esperanza implica creer en la posibilidad de realizarnos y ser felices en ese mañana; también comprende que experimentemos día a día su logro porque ese porvenir esté al alcance de nuestro esfuerzo. Pero para que el futuro nos brinde frutos tenemos que cosecharlos nosotros mismos, verlo crecer después de haber preparado la tierra, sembrado las semillas y cuidado las plantas. Hacer eso requiere que tengamos capacidades y oportunidades, incluidas las de acceder a recursos para emprender nuestros propios proyectos de vida; implica que seamos agentes de nuestras propias vidas.

La realidad actual de Venezuela dista mucho de esto, porque los venezolanos no son en su mayoría agentes de sus propias vidas, porque el grueso de la población está excluido de muchas oportunidades y porque desde hace casi medio siglo el clientelismo y las prebendas apoyadas en la distribución de la renta petrolera vienen restando autonomía y capacidades a las personas, ahogando su espíritu emprendedor, degradando las instituciones y promoviendo la corrupción. A partir de 1979 Venezuela entró en un proceso de deterioro progresivo del que no ha salido, luego de haber vivido cincuenta años de un progreso continuo, dentro del cual los primeros veinte años de la vida democrática fueron los más brillantes.

Tenemos que conseguir que todos los venezolanos desarrollen capacidades que les permitan realizarse, pero si consideramos que hay fortalezas y debilidades relativas de los grupos sociales, que abren a algunos de ellos más oportunidades que a otros, lograr que todos los venezolanos se vayan convirtiendo en agentes de sus propias vidas requiere que el desarrollo sea activamente promovido por la sociedad. Esa promoción tiene que hacerse con reformas y políticas que propicien la expansión de las capacidades y libertades de todos.

En fin, el logro de los objetivos del desarrollo a través de la implementación exitosa de estrategias y políticas está dominado por dos criterios éticos, la libertad y la equidad, y a su vez demanda de la sociedad una conducta de inspiración también ética, la solidaridad activa, que la mueva a poner en marcha las reformas y políticas sin las cuales no es posible hacer realidad los objetivos.

El enfoque que usamos en el libro no pretende ser neutro, en él hemos asumido los criterios éticos mencionados y hemos abordado dinámicas económicas, sociales, culturales y políticas, empleando como dijimos la perspectiva del *desarrollo como libertad*.

Eso hicimos en el estudio de la historia de nuestro desarrollo y su crisis en los cuatro capítulos que componen la primera parte, arribando a conclusiones sobre las causas de nuestro deterioro de cuarenta años.

Al concebir las propuestas que hicimos en la segunda parte del libro adoptamos como objetivos de desarrollo los siete consensos de La Venezuela que Queremos Todos, porque los consideramos un mandato emanado de las bases de la sociedad venezolana, e hicimos patente nuestra opción ética al proponer un *nuevo estilo de desarrollo* y tres estrategias para hacerlo posible: desarrollo de capacidades, reforma institucional y reconstrucción del tejido social.

¿Se está haciendo imperiosamente internacional la solución a la crisis venezolana?

Al comenzar la segunda parte del libro, cuando introducíamos la idea de nuestro *nuevo estilo de desarrollo*, decíamos que el mundo en el que intentaremos reencaminar a Venezuela estará sujeto a confrontaciones entre grandes bloques de países y a las amenazas del crimen organizado y el terrorismo internacional. Lamentablemente, para el momento en que terminamos de escribirlo, los turbiones de esas tormentas ya parecieran habernos alcanzado para transformarnos en el centro de un conflicto que desborda nuestras fronteras y cuya solución no depende solamente de nosotros.

Por obra de quienes secuestraron el poder en las últimas dos décadas, Venezuela es reconocida hoy como fuente de apoyos a organizaciones terroristas internacionales y como el origen de enormes operaciones de tráfico de drogas y lavado de dinero del crimen y la corrupción, lo que instala en nuestro país una seria amenaza para la seguridad del continente americano. Simultáneamente, el Gobierno chavista ha profundizado su subordinación político-militar respecto a Cuba y su dependencia económica con respecto a China, interesando al coloso oriental en una maniobra de largo alcance para la apropiación de vastas riquezas minerales del país. Todo esto preludia la transformación de Venezuela en un escenario vivo del conflicto geopolítico del siglo XXI.

Habiendo llegado a este punto de nuestra crisis, debemos preguntarnos si su superación puede imaginarse como resultado de los movimientos que emprendamos actores exclusivamente venezolanos, o si, por el contrario, ya somos parte de un conflicto internacional que será tomado por el curso resultante de esas confrontaciones.

¿Qué buscamos lograr con el libro y a quiénes lo dirigimos?
Con este libro ambicionamos incidir en un mejor futuro para Venezuela, distinto a los últimos cuarenta años y que despeje en favor de nuestra gente los ominosos presagios que acabamos de comentar. Queremos que con la lectura de este texto muchos venezolanos reflexionen sobre las iniciativas que deben emprender dentro y fuera del país para resolver la crisis, que comprendan las transformaciones que son necesarias y que les den su apoyo sostenido. Los cambios de rumbo que requiere Venezuela afectarán los intereses y expectativas de todos los grupos sociales y demandarán el soporte continuado de muchos venezolanos de los distintos sectores.

Queremos además influir en las decisiones que deberá tomar el liderazgo sobre las acciones que dispararán la transición y sobre las transformaciones posteriores, que no se realizarán en un día ni corresponderán solamente a quienes asuman las riendas del Estado cuando recuperemos la democracia. Por otra parte, algunas de las más caras transformaciones que debemos lograr, como lo es entre ellas la superación de la pobreza, tomarán bastante tiempo en madurar, por lo que reclamarán el compromiso y la conducción firme de una dirigencia que se irá renovando, que irá surgiendo desde distintas y sucesivas nuevas cohortes del liderazgo social y político del país.

En resumidas cuentas, el propósito que nos planteamos con este libro es motivar a quienes lo lean para que actúen en todos los ámbitos necesarios para poner en marcha la transición a la democracia y para que, una vez iniciada esta, contribuyan a reorientar el desarrollo de Venezuela, haciendo de la superación de la pobreza la guía principal de sus esfuerzos.

Habremos alcanzado nuestro objetivo si las propuestas que el libro trae en sus páginas convencen de que hay una posibilidad de futuro a muchos venezolanos que hoy están preocupados porque no logran ver en Venezuela el porvenir de ellos y el de sus hijos, y también si logramos persuadir con estas reflexiones a los dirigentes más claros y honestos de hoy, quienes tendrán en sus manos la nueva apertura de las puertas de la democracia venezolana.

Pero, sobre todo, consideraremos exitoso este libro si las ideas de progreso y libertad que planteamos en él logran conquistar las mentes y los corazones de los muchachos de hoy que lo lean, para quienes y por quienes deberá construirse ese futuro. Aún más, consideraremos que valió la pena nuestro compromiso y veremos retribuido nuestro esfuerzo si entre los muchachos persuadidos por estos argumentos se encuentran los jóvenes líderes que hoy se están formando con disciplina para conducir los cambios y guiar el desarrollo de la nueva Venezuela. A ellos lo destinamos, de todo corazón.

Bibliografía general

Academias Nacionales de Venezuela (2011). "Propuestas a la nación". Contribución a la celebración del Bicentenario de la Independencia. Caracas, Academias Nacionales de Venezuela.

Academias Nacionales de Venezuela (2012). "Reflexiones y propuestas para la educación universitaria". Caracas, Academias Nacionales de Venezuela.

Adelman, Irma (1999). "Fallacies in Development Theory and Their Implications for Policy"; working paper N.º 887; Department of Agricultural and Resource Economics and Policy; Berkeley University of California.

Adelman, Irma y Cynthia Taft-Morris (1997): "Development History and Its Implications for Development Theory" (World Development, vol. 25, issue 6, pages 831-840). are.berkeley.edu/~adelman/WORLDEV.DOC.

Adriani, Alberto (1998). *Textos escogidos.* Caracas: Biblioteca Ayacucho.

Albornoz, Orlando (2017). "El estado del arte: la universidad venezolana en el año 2030, el futuro es ahora". En Bifano y Bonaldi, editores (2017).

Arenas, Nelly y Luis Gómez C. (2006). *Populismo autoritario: Venezuela 1999-2005.* Caracas: CDCH UCV y Cendes.

Arendt, Hannah (1998). *La condición humana.* Barcelona-Buenos Aires-México: Paidós.

Arráiz Lucca, Rafael (2011). *El Trienio Adeco (1945-1948) y las conquistas de la ciudadanía.* Caracas: Editorial Alfa.

Astorga, Pablo (2000). "Industrialization in Venezuela, 1936-1983: The Problem of Abundance", en E. Cárdenas, J.A. Ocampo, y R. Thorp (eds.): *An Economic History of Twentieth-Century Latin America,* vol. 3. Oxford: Palgrave/St. Antony's College.

Ávalos G., Ignacio (2009). "Análisis de la Ley Orgánica de Ciencia, Tecnología e Innovación (Locti)". Informe preparado para el Centro para la Capacitación, la Innovación, el Desarrollo Tecnológico y del

Conocimiento en Ingeniería" (Citeci). Caracas, Citeci. Disponible en http://www.innovaven.org/quepasa/tecpol1.pdf.

Ávalos G., Ignacio (2017). "¿Qué hacemos con el futuro?". En Bifano y Bonaldi, editores (2017).

Aveledo, Ramón Guillermo (2007). *La 4ta. República: la virtud y el pecado.* Caracas: Ed. Libros Marcados.

Banko, Catalina (2007). "Industrialización y políticas económicas en Venezuela". San Pablo, Brasil: Cuadernos Prolam/USP.

Baptista, Asdrúbal (1985). "Más allá del optimismo y del pesimismo: las transformaciones fundamentales del país"; en Naim y Piñango (1985).

Baptista, Asdrúbal (2005). "El capitalismo rentístico: elementos cuantitativos de la economía venezolana". Caracas, Cuadernos del Cendes. Disponible en http://www.scielo.org.ve/scielo.php?script=sci_arttext&pid=S1012-25082005000300005.

Baptista, Asdrúbal (2006). *Bases cuantitativas de la economía venezolana (1830-2002).* Caracas: Fundación Polar.

Barder, Owen (2012a). "What Are the Results Agenda?". Disponible en http://www.owen.org/blog/5228.

Barder, Owen (2012b). "All That Glisters: The Golden Thread and Complexity". Disponible en http://www.owen.org/blog/5808.

Barder, Owen (2012c). "If Development Is Complex, Is the Results Agenda Bunk?". Disponible en http://www.owen.org/blog/5872.

Bartolotta, Susana A (2017). "Cuarta revolución industrial y educación en el tercer milenio: retos para una escuela de calidad". Buenos Aires. Iberciencia. Disponible en https://www.oei.es/historico/divulgacioncientifica/?Cuarta-revolucion-industrial-y-educacion-en-el-tercer-milenio-retos-para-una.

Berlin, Isaiah (1958). "Two Concepts of Liberty." In Isaiah Berlin (1969): *Four Essays on Liberty.* Oxford: Oxford University Press.

Beinhocker, Eric (2006). *The Origin of Wealth: Evolution, Complexity, and the Radical Remaking of Economics.* Cambridge: Harvard Business Press.

Bello, Omar y Adriana Bermúdez (2008). "The Incidence of Labor Market Reforms on Employment in the Venezuelan Manufacturing Sector 1995-2001". En Hausmann y Rodríguez, eds. (2008).

Belandria, María Teresa (2018). "La Fuerza Armada Nacional y la construcción de la Venezuela democrática". En Corrales, coordinador (2018): "La reforma institucional necesaria" en prensa. Caracas 2018.

Betancourt, Milagros (2018). "La nación en el concierto mundial. Soberanía, gobernanza internacional y desarrollo". En Corrales, coordinador (2018): "La reforma institucional necesaria" en prensa. Caracas 2018.

Bifano, Claudio e Ismardo Bonaldi, editores (2017). "Planteamientos para una nueva visión de Ciencia, Tecnología y Educación Superior en Venezuela". Caracas, Academia de Ciencias Físicas, Matemáticas y Naturales. Disponible en http://saber.ucv.ve/bitstream/123456789/17770/1/Libro %20Final %20 %2829-01-2018 %29.pdf.

Bifano, Claudio y Antonio Machado-Allison (2017). "La patología de las universidades". En Bifano y Bonaldi, editores (2017).

Briceño León, Roberto; Olga Ávila y Alberto Camardiel (2012). *Violencia e institucionalidad*. Caracas: Editorial Alfa.

Bruni Celli, Josefina (2012). "Políticas públicas para el financiamiento de la educación". En Ugalde, coordinador (2012). Caracas. Cerpe-UCAB.

Caballero, Manuel (2003). *Las crisis de la Venezuela contemporánea (1903-1992)*. Caracas, Editorial Alfa.

Carquez, Freddy (2008). *Paludismo, petróleo y desarrollo nacional: Venezuela siglo XX*. Valencia: Universidad de Carabobo. Ediciones Delforn.

Carvajal, Leonardo (2012). "Hacia una Universidad sin mitos". En Ugalde, coordinador (2012).

Castillo, Ocarina (1985). *Agricultura y política en Venezuela 1948-1958*. Caracas: Universidad Central de Venezuela.

Castro Hoyos, Carlos E (2012). "Salud y seguridad social: un breve comparativo de cinco países de América Latina". Fundación Friederich Eberts de Colombia Fescol, Bogotá. Disponible en http://www.academia.edu/23065647/Salud_y_seguridad_social_un_breve_comparativo_de_cinco_pa %C3 %ADses_de_Am %C3 %A9rica_Latina.

Colina Arenas, Belinda; Aquiles Adrianza Colina y Jacqueline Camacho de Adrianza (2015). "La innovación tecnológica en Venezuela: una cuestión de cultura". Revista *Opción*, año 31, N.º 76. Disponible en http://www.redalyc.org/html/310/31037732010/.

Comisión Europea (2015). "Cerrar el círculo: un plan de acción de la UE para la economía circular". Comunicación COM (2015) 614 final. Bruselas 2015. Disponible en https://eur-lex.europa.eu/resource.html?uri=cellar:8a8ef5e8-99a0-11e5-b3b7-01aa75ed71a1.0011.02/DOC_1&format=PDF.

Clark, Burton (1998). "Creating Entrepreneurial Universities. Organizational Pathways of Transformation". Gran Bretaña: IAU Press-Pergamon. Disponible en http://www.finhed.org/media/files/05-Clark_Creating_Entrepreneurial_Universities.pdf.

Clemente, R (2004). "Crecimiento económico y productividad en Venezuela, 1950-2000". *Revista del Banco Central de Venezuela*, vol. XVIII, N.° 1 (enero-junio), Caracas, pp. 13-40.

Conindustria (2017). *Hacia una Venezuela industrializada: la ruta*. Confederación Venezolana de Industriales. Caracas, Edición Príncipe.

Cordiplan (1995). "Un proyecto de país, Venezuela en consenso". Documentos del IX Plan de la Nación. Oficina Central de Coordinación y Planificación de la Presidencia de la República. Caracas, talleres de la Imprenta Nacional y Gaceta Oficial.

Corrales, Werner (1998). "Las reglas internacionales sobre la inversión y los espacios de política para la reestructuración productiva". Ponencia presentada al simposio sobre "Acuerdos de inversión y sus implicaciones para los países andinos". Lima, Perú 4-5 de noviembre de 1998. Comunidad Andina de Naciones.

Corrales, Werner (2003). "Competitiveness Revisited: A Policy Approach for Achieving Development Objectives in the Economic, Social and Environmental Spheres", Ginebra: Unctad. Disponible en http://www.unctad.org/sections/meetings/docs/u11_prep_corrales_en.pdf.

Corrales, Werner (2004). "Los tratados de libre comercio de los países andinos con los EEUU: algunas reflexiones sobre una estrategia para la optimización de las negociaciones desde una perspectiva de desarrollo productivo, empleo e impactos tecnológicos". Ginebra: Unctad. Disponible en www.globalprogramme.com/_energy/tratadoslibrecomercio eeuu.pdf.

Corrales, Werner (2006). "Discusión conceptual y propuestas metodológicas sobre estrategias de desarrollo sostenible apoyadas en el Comercio" (Edsac). Santiago de Chile: Cepal. Disponible en http://www.cepal.org/cap_comercio/documents/corrales_conceptual_edsac.pdf?q=apoyadas.

Corrales, Werner (2007). "Una perspectiva de América Latina y el Caribe sobre los espacios para política en las estrategias de desarrollo sostenible apoyadas en el comercio". Santiago de Chile: Cepal. Disponible en http://www.cepal.org/es/publicaciones/3590-

perspectiva-america-latina-caribe-espacios-politicas-estrategias-desarrollo.

Corrales, Werner (2010). "¿Son confiables las cifras del Gobierno Revolucionario sobre la reducción de la pobreza y el desempleo?". Caracas. Disponible en http://www.observatorio-arendt.org/wp/?p=1330.

Corrales, Werner (2017). "Perspectiva conceptual y sistema de indicadores para evaluar el desarrollo de Venezuela". Trabajo de incorporación como individuo de número de la Academia Nacional de la Ingeniería y el Hábitat. Caracas, disponible en http://www.acading.org.ve/info/publicaciones/TRABAJOS_INCORPORACION/TI_WERNER_CORRALES.pdf.

Corrales, Werner y Marta Rivera (2000). "Algunas ideas sobre el Nuevo Régimen de Promoción y Protección de Inversiones en Venezuela", en *La OMC como espacio normativo: un reto para Venezuela*. Caracas, Ediciones Velea.

Corrales, Werner y Tanya Miquilena (2010a). "Conframe: A Conceptual Framework for Strategising on Countries Development and Vulnerability" (Geneva: UN ISDR). Disponible en https://www.preventionweb.net/english/hyogo/gar/2011/en/bgdocs/Corrales_&_Miquilena_2010.pdf.

Corrales, Werner y Tanya Miquilena (2010b). "Overcoming Trade and Development Limitations Associated to Climate Change and Disaster Risks". International Strategy for Disaster Risk Reduction (UN ISDR), Geneva 2011. Disponible en http://www.preventionweb.net/english/hyogo/gar/2011/en/bgdocs/Corrales_&_Miquilena_2010.pdf.

Corrales, Werner y Tanya Miquilena (2013). "Una Visión Compartida de País: ¿cómo nos serviría para el desarrollo y la superación de la pobreza?". Caracas: *Revista SIC* aniversaria, Centro Gumilla. Diciembre de 2013. Disponible en http://gumilla.org/biblioteca/bases/biblo/texto/SIC2013760_468-473.pdf.

Chan, Serena (2001). "Complex Adaptive Systems". Paper presented to the MIT ESD.83 Research Seminar in Engineering Systems; October 31, 2001/November 6, 2001. Cambridge, Mass.

Chen, Chi Yi (2008). "Distribución especial de la población venezolana: retrospectiva y perspectiva". En *Veinticinco años de pensamiento económico venezolano: 1983-2008*. Caracas: Academia Nacional de las Ciencias Económicas (ANCE).

Delors, Jacques (1997). "Los cuatro pilares de la educación". En: *La educación encierra un tesoro*. México: Correo de la Unesco, 1997.

De Viana, José María (2017). "Infraestructura: un reto costoso pero impostergable". En *Conindustria (2017)*. Caracas.

Di John, Jonathan (2004). "The Political Economy of Liberalization in Venezuela". Working Paper N.º 46. London School of Economics (LSE). Disponible en http://eprints.lse.ac.uk/28218/1/wp46.pdf.

Di John, Jonathan (2008). "The Political Economy of Industrialization in Venezuela", en Hausmann y Rodríguez editores (2008).

Di Tella, Rafael; Javier Donna y Robert MacCulloch (2008). "Oil, Macro Volatility and Crime in the Determination of Beliefs in Venezuela". En Haussmann y Rodríguez editores (2008).

Duque Corredor, Román J. y Alfredo Morles Hernández (2011). "La reconstrucción institucional del país". En Academias Nacionales de Venezuela (2011). Academias Nacionales de Venezuela, Caracas 2011. Italgráfica.

Duque Corredor, Román J. y Cecilia Sosa Gómez (2017). *Proyecto de reinstitucionalización del sistema de justicia de Venezuela*. Bloque Constitucional y Fundación Alberto Adriani. Caracas 2017.

Encovi (2018). "Resultados de la encuesta sobre condiciones de vida en Venezuela 2017". Disponible en https://www.ucab.edu.ve/wp-content/uploads/sites/2/2018/02/Encovi-2017-presentaci %C3 %B3n-para-difundir-.pdf

Escobar, Gustavo (1985). "El laberinto de la economía", en Naim y Piñango (1985).

Fernández, Fernando M. (2016). "La memoria jurídica como condición del hecho histórico y cultural en la reconciliación que todos queremos: ¿qué nos ofrecen los sistemas judiciales nacionales e internacionales?". Ponencia presentada al simposio "Paz y futuro a través de la reconciliación y la justicia". Campus de Sartenejas de la Universidad Simón Bolívar, Caracas, octubre de 2016.

Fossi, Víctor (1985). "Desarrollo urbano y vivienda: la desordenada evolución hacia un país de metrópolis", en Naim y Piñango (1985).

Freije, Samuel (2008). "Income Distribution and Redistribution in Venezuela. En Hausmann y Rodríguez editores (2008).

García G., Ángel O (2007). "La política económica del estado venezolano: 1945-1970" Caracas, Biblioteca de la UCV. Disponible en http://servicio.bc.uc.edu.ve/posgrado/manongo29/art06.pdf.

García Guadilla, Carmen (2001). "Equidad y gratuidad en la educación superior venezolana. Algunos elementos para su discusión". *Revista de la Educación Superior Anuies,* N.º 117.

García Guadilla, Carmen (2010). *Educación superior comparada: el protagonismo de la internacionalización.* Caracas: Iesalc Unesco/ Cendes/bid&co editor.

García Peña, Eduardo (2012). "Una propuesta educativa para los jóvenes". En Ugalde, coordinador (2012). Caracas, Cerpe-UCAB.

Gómez Calcaño, Luis (2006). *La disolución de las fronteras: sociedad civil, representación y política en Venezuela.* Caracas: Cendes UCV.

González, Marino J (2006). "¿Cuáles son los acuerdos que requiere el sistema de salud?", en *Acuerdo Social (2006).* Acuerdo Social UCAB. Caracas 2006.

González, Marino J (2008). "Las políticas de salud en Venezuela: Alternativas para su mejoramiento". Instituto Latinoamericano de Investigaciones Sociales Ildis, Caracas. Disponible en http://ildis. org.ve/website/p_index.php?ids=7&tipo=P&vermas=131.

González Fabre, Raúl (2005). *La cultura pública en Venezuela.* Caracas: UCAB- Centro Gumilla.

Grisanti, Luis Xavier (2008). *Alberto Adriani.* Caracas: Biblioteca Biográfica Venezolana. Fundación Bancaribe y Editorial El Nacional.

Gutiérrez, Alejandro (2016). "La investigación e innovación hoy en Venezuela", *Revista Venezolana de Endocrinología.* Metab. vol. 14, N.º 3, Mérida oct. 2016. Disponible en http://www.scielo.org.ve/scielo. php?script=sci_arttext&pid=S1690-31102016000300001,

Hausmann, Ricardo y Francisco Rodríguez, editores (2008). "Venezuela: Anatomy of a collapse". Disponible en http://frrodri-guez.web.wesleyan.edu/docs/Books/Venezuela_Anatomy_of_a_ Collapse.pdf.

Hausmann, Ricardo y Francisco Rodríguez (2008). "Why did Venezuelan Growth Collapse". En Hausmann y Rodríguez editores (2008).

Hernández, Ángel y Zuleyma Escala (2011). *Enfoques de la capacidad y el desarrollo humano.* PNUD: Caracas.

Herrera, Mariano (2012). "Gerencia escolar y calidad de la educación". En Ugalde, coordinador (2012). Caracas, Cerpe-UCAB.

Hung, Lilian y Ramón Piñango (1985). "¿Crisis de la educación o crisis del optimismo y el igualitarismo?", en Naim y Piñango (1985).

Instituto Nacional de Estadística (INE). "Evolución del índice de desarrollo humano en Venezuela, período 1950, 1960, 1970, 1980, 1990-2002," en http://www.ine.gov.ve/condicionesdevida.

Irwin, Domingo (2005). *Militares y poder en Venezuela. Ensayos históricos vinculados con las relaciones civiles y militares venezolanas.* Caracas: Universidad Católica Andrés Bello y Universidad Pedagógica Experimental Libertador.

Juárez, José F. (2012). "Educación en valores", en Ugalde, coordinador (2012). Caracas, Cerpe-UCAB.

Kornblith, Miriam y Thays Maignon (1985). *Estado y gasto público en Venezuela 1936-1980.* Caracas: Universidad Central de Venezuela.

Lafuente, Marianela y Carlos Genatios (2004). "El Sistema Nacional de Ciencia, Tecnología e Innovación". Red Voltaire Internacional. Disponible en http://www.redalyc.org/html/310/31037732010/.

Lafuente, Marianela y Carlos Genatios (2005). "Ciencia y tecnología para el desarrollo endógeno". Red Voltaire Internacional. Disponible en http://www.voltairenet.org/article125451.html.

Lombardi, John V. (1985). *Venezuela: la búsqueda del orden, el sueño del progreso.* Caracas: Ed. Crítica.

López Maya, Margarita; Luis Gómez y Thais Maignon (1989). "De Punto Fijo al pacto social: desarrollo y hegemonía en Venezuela, 1958-1985". Caracas: Acta Científica Venezolana.

López Maya, Margarita (2005). *Del Viernes Negro al referendo revocatorio.* Caracas: Editorial Alfa.

López Maya, Margarita (ed.) (2009). *Ideas para debatir el socialismo del siglo XXI* (vol. II). Caracas: Editorial Alfa.

Lucas, Gerardo (2006). *Industrialización en Venezuela. Política industrial del Estado venezolano.* Caracas: Ediciones de la UCAB.

Luhmann, Niklas (1998a). *Sistemas sociales: lineamientos para una teoría general.* España: Anthropos-UIA-CEJA.

Luhmann, Niklas (1998b). *Complejidad y modernidad: de la unidad a la diferencia.* Madrid: Trotta.

Luhmann, Niklas (2006). *Organización y decisión: autopoiesis, acción y entendimiento comunicativo.* Barcelona: Anthropos-UIA-Pucch.

Maddison, Angus (2001). *The World Economy. A Millennial Perspective.* Paris: OECD.

Maddison, Angus (2006a). *Economic Growth in the West* (reprint of original edition of 1964). London: Routledge.

Maddison, Angus (2006b). *Economic Progress and Policy in Developing Countries* (reprint of original edition of 1974). London: Routledge.

Maddison, Angus (2011). *Statistics on World Population, GDP and Per Capita GDP, 1-2008 AD.* Groningen Growth and Development Centre. University of Groningen.

Martínez Pichardo, Alexander y Malvi Sarmiento T. (2004). "Capital humano y crecimiento en Venezuela: 1950-2002". Disponible en http://www.monografias.com/trabajos82/capital-humano-crecimiento-economico-venezuela/capital-humano-crecimiento-economico-venezuela.shtml.

Manzano, Osmel (2008). "Venezuela After a Century of Oil Exploitation". En Hausmann y Rodríguez editores (2008).

Mármol García, Fermín (2016). "Crimen y violencia en Venezuela, siglo XXI". Ponencia presentada en el simposio "Paz y futuro a través de la reconciliación y la justicia". Campus de Sartenejas de la Universidad Simón Bolívar, Caracas, octubre de 2016.

Miquilena, Tanya (2011). "Los 7 consensos de la Venezuela que todos queremos". Ponencia presentada en el simposio "Objetivos y estrategias de desarrollo para Venezuela, elementos para la construcción de una visión compartida". Cendes, UCV. Caracas 26-28 de septiembre de 2011.

Miquilena, Tanya (2013). "Las trampas de la pobreza, posibles salidas y visión de país", lecturas del curso Cambio Social y Desarrollo del Diplomado en Liderazgo Social y Político de la Universidad Metropolitana.

Miquilena, Tanya (2015). "Las trampas y las vías para superar la pobreza. Un pacto para superar la pobreza y asegurar el progreso de todos". Presentación en el Diplomado de Liderazgo Social y Político de la Universidad Metropolitana. Caracas, 2015.

Miquilena, Tanya y Werner Corrales (2013). "Conceptos sobre libertad, desarrollo y visión de país". Apuntes del Diplomado de Liderazgo Social y Político. Mimeo Caracas: Universidad Metropolitana.

Miquilena, Tanya y Werner Corrales (2016). "Una nueva economía, proyecto fundamental de una visión compartida de país". En el *Libro Inter Académico 2016.* Caracas: Edición conjunta de las Academias Nacionales (en prensa).

Misión Fox (2006) "Informe técnico-económico". Colección "Memoria de la economía venezolana". Caracas: Banco Central de Venezuela.

Monaldi, Francisco y Michael Penfold (2008). "Institutional Collapse in Venezuela", en Hausmann y Rodriguez editores (2008).

Monaldi, F. (coordinador); R.A. González, R. Obuchi y M. Penfold (2004). "Political Institutions, Policymaking Processes and Policy Outcomes in Venezuela". Paper for the Latin American Research Network of the Inter-American Development Bank. Disponible en http://www.iadb.org/res/laresnetwork/files/pr231finaldraft.pdf.

Moreno, Alejandro (1993). *El aro y la trama. Episteme, modernidad y pueblo*. Caracas-Valencia: CIP-UC.

Moreno, Alejandro (2002). "Superar la exclusión, conquistar la equidad: reformas, políticas y capacidades en el ámbito social". En Edgardo Lander (compilador): *La colonialidad del saber: eurocentrismo y ciencias sociales*. Buenos Aires: Clacso/Unesco.

Morin, Edgar (2014). *La Méthode 1: La nature de la nature*. Paris: Points.

Naim, Moisés y Ramón Piñango (1985). *El caso Venezuela, una ilusión de armonía*. Caracas: Ediciones IESA.

Naim, Moisés y Antonio Francés (1995). "The Venezuelan Private Sector: From Courting the State to Courting the Market". En L. Goodman, J. Forman, M. Naim, J. Tulchin, y G. Bland (eds.): *Lessons from the Venezuelan Experience*. Baltimore: Johns Hopkins University Press.

Ochoa, Orlando (2009). "La institución fiscal y el rentismo en el desempeño económico de Venezuela". *Pensar en Venezuela*. Caracas: Academia Nacional de Ciencias Económicas. Disponible en http://www.pensarenvenezuela.org.ve/publicaciones/orlando %20ochoa/O %20Ochoa-Instituci %F3n %20fiscal %20y %20rentismo-Rev %20N %20Econ-Ver %208-09-54pp.pdf.

Oletta, José Félix; Carlos Walter y Ángel Rafael Orihuela (2009). "El sistema de salud que necesita Venezuela, ideas para reconstruir un sistema de salud sustentado en el desarrollo y protección social para combatir la pobreza y la exclusión en salud". Ponencia presentada ante la LXIV Reunión Ordinaria de la Asamblea de la Federación Médica Venezolana. Barinas, octubre de 2009. Disponible en https://piel-l.org/blog/wp-content/uploads/2009/12/ponencia_central_barinas.pdf.

Organización Internacional del Trabajo, OIT (2012). "Seguridad social para todos, establecimiento de pisos de protección social y de sistemas integrales de seguridad social". Ginebra. Disponible en http://www.ilo.org/secsoc/information-resources/publications-and-tools/books-and-reports/WCMS_SECSOC_34193/lang--es/index.htm.

Organización para la Cooperación y el Desarrollo Económicos, OCDE (2016). "States of Fragility 2016". Paris, 2016. Disponible en https://www.oecd.org/dac/conflict-fragility-resilience/publications/ OECD %20States %20of %20Fragility %202016.pdf.

Ortega, Daniel y Land Pritchet (2008). "Much Higher Schooling, Much Lower Wages: Human Capital and Economic Collapse in Venezuela". En Haussmann y Rodríguez editores (2008).

Pérez, Carlota (2008). "A Vision for Latin America: A Resource-Based Strategy for Technological Dynamism and Social Inclusion". Globelics Working Paper Series 2008-01. Disponible en https:// ideas.repec.org/p/aal/glowps/2008-01.html.

Pérez, Carlota (2015). "Un nuevo rumbo para la revolución tecnológica". En *América Latina en Movimiento*, N.º 507, septiembre de 2015. Disponible en https://www.alainet.org/sites/default/files/alai507w.pdf.

Pineda, José y Francisco Rodríguez (2008). "Public Investment and Productivity Growth in the Venezuelan Manufacturing Industry". En Haussmann y Rodríguez editores (2008).

Pinto Cohen, Gustavo (1985). "La agricultura, revisión de una leyenda negra", en Naim y Piñango (1985).

Programa de Naciones Unidas para el Desarrollo, PNUD (2017). "El índice de desarrollo humano". http://www.undp.org/es/.

Purroy, Miguel Ignacio (1982). *Estado e industrialización en Venezuela*. Valencia: Vadell Hermanos Editores.

Ramírez, Tulio (2012). "Una agenda para la valorización de nuestros educadores". En Ugalde, coordinador (2012). Caracas. Cerpe-UCAB.

Ramírez, Tulio; María Eugenia D'Aubeterre y J.C. Álvarez (2011). "Estresores y trabajo docente en Venezuela. Valoraciones diferenciales y repercusiones educativas". Ponencia presentada en las VII Jornadas Nacionales de Investigación Humanística y Educativa, abril de 2011. San Cristóbal. Universidad Católica del Táchira. Disponible en https://sites.google.com/site/condicionesdetrabajo-deldocente/publicaciones.

Rangel Aldao, Rafael (2017). "El cambio necesario de una ciencia periférica: su integración al desarrollo tecnológico e innovador de una futura Venezuela". En Bifano y Bonaldi, editores (2017).

Rangel, Domingo Alberto (1968). "Una economía parasitaria". En *Ensayos escogidos (1990)*, tomo 1, Caracas: Banco Central de Venezuela.

Ranis, Gustav (2004). "The Evolution of Development Thinking: Theory and Policy". Paper prepared for the Annual World Bank Conference on Development Economics. Washington DC, May 3-4, 2004.

Requena, Jaime y Carlos Caputo (2016). "Pérdida de talento: fuga de investigadores en Venezuela". Caracas, Interciencia. Disponible en http://acal-scientia.org/wp-content/uploads/2016/04/FugaCerebros_interciencia_2016.pdf

Rey, Juan Carlos (1991). "La democracia venezolana y la crisis del sistema populista de conciliación". *Estudios Políticos*, 74, oct-dic.

Rodríguez Cedeño, Víctor (autor) y Milagros Betancourt (comentarista) (2016). "Una justicia transicional en el proceso venezolano de reconciliación: métodos, mecanismos y reformas posibles". Ponencia presentada al simposio "Paz y futuro a través de la reconciliación y la justicia". Campus de Sartenejas de la Universidad Simón Bolívar, Caracas, octubre de 2016.

Rodríguez, M.A. (2002). *El impacto de la política económica en el proceso de desarrollo venezolano*. Caracas: Universidad Santa María.

Rodríguez Matos, Guillermo y Pedro Esté (2012). "Educación técnica y formación profesional", en Ugalde, coordinador (2012). Caracas. Cerpe-UCAB

Rodríguez Trujillo, Nacarid (2012). "Aportes al marco curricular para la educación venezolana". En Ugalde, coordinador (2012). Caracas. Cerpe-UCAB.

Ruiz, Nydia (2008). "Locti, universidades e innovación". *Tribuna del Investigador*. Caracas, UCV. Disponible en https://www.tribunadelinvestigador.com/ediciones/2008/1/art-5/

Sen, Amartya (1985). "Wellbeing, Agency and Freedom". *Journal of Philosophy*, 82.

Sen, Amartya (2000). *Development as Freedom*. New York: Anchor Books.

Sen, Amartya (2006). *El valor de la democracia*. Barcelona: Ediciones de Intervención Cultural.

Sobral de Carvalho, Bruno y Baldur Schubert (2013). "El sistema único de salud del Brasil, público, universal y gratuito". Monitor Estratégico, Ministerio de Salud de Colombia. Bogotá. Disponible en https://www.minsalud.gov.co/sites/rid/Lists/BibliotecaDigital/RIDE/IA/SSA/El-sistema-unico-de-salud-de-Brasil.pdf.

Stambouli, Andrés (2005). *La política extraviada. Una historia de Medina a Chávez*. Caracas: Fundación para la Cultura Urbana.

Stiglitz, John; Amartya Sen y Jean P. Fitoussi (2009). "Report by the Commission on the Measurement of Economic Performance and Social Progress". Informe de la comisión designada por el presidente

Nicolás Sarkozy en febrero de 2008. Disponible en http://ec.europa.eu/eurostat/documents/118025/118123/Fitoussi+Commission+report.

Stoker, Gerry (1998). "Governance as Theory: Five Propositions". *International Social Science Journal*, Unesco, N.º 155.

Straka, Tomás (2003). "Guiados por Bolívar. López Contreras, bolivarianismo y pretorianismo en Venezuela". *Tiempo y Espacio*, N.º 40. Caracas, julio-diciembre.

Swissinfo, sistema de información de la Confederación Helvética (2016). "Aportaciones a la seguridad social". Disponible en https://www.swissinfo.ch/spa/aportaciones-a-la-seguridad-social/29746916.

The Conference Board (2018) "Total Economy Data Base". Disponible en https://www.conference-board.org/search/cludo/index.cfm#?cludoquery=GDP&cludopage=1&cludorefpt=Consumer %20Data %20%7C %20The %20Conference %20Board&cludorefurl=https %3A %2F %2Fwww.conference-board.org %2Fdata %2Fconsumerdata.cfm.

Titelman, Daniel (2000). "Reformas al sistema de salud en Chile: desafíos pendientes". Cepal, Santiago de Chile. Disponible en https://www.cepal.org/es/publicaciones/5081-reformas-al-sistema-salud-chile-desafios-pendientes.

Torres, Ana Teresa (2009). *La herencia de la tribu: del mito de la Independencia a la Revolución Bolivariana*. Caracas: Editorial Alfa.

Ugalde, Luis, coordinador (2012). *Educación para transformar el país*. Caracas: Cerpe-UCAB.

Urbaneja, Diego B. (2013). *La renta y el reclamo*. Caracas: Editorial Alfa.

Urteaga, Eguzki (2008). "La teoría de sistemas de Niklas Luhmann", en revista *Contrastes*. Disponible en http://www.uma.es/contrastes/pdfs/015/contrastesxv-16.pdf.

Uthoff, Andras (2016). "Aspectos institucionales de los sistemas de pensiones en América Latina". Cepal, Santiago de Chile. Disponible en https://www.cepal.org/es/publicaciones/40869-aspectos-institucionales-sistemas-pensiones-america-latina.

Valecillos, Héctor, compilador (1993). *Estadísticas socio-laborales de Venezuela. Series históricas 1936-1990*, Banco Central de Venezuela, tomo II, Caracas, pp. 167-188.

Vallés, Oscar (2016). "Sanar corazones: consideraciones éticas sobre la reconciliación social en Venezuela". Ponencia presentada al simposio "Paz y futuro a través de la reconciliación y la justicia". Campus de Sartenejas de la Universidad Simón Bolívar, Caracas, octubre de 2016.

Van Parijs, Philippe (1996). *Libertad real para todos*. Madrid: Paidos.

Varela, F.G.; R. Maturana y R. Uribe (1974). *Autopoiesis: The Organization of Living Systems, Its Characterization and a Model*. Biosystems. Amsterdam: North Holland Publishing Co.

Velasco, Francisco J. (2009). "Socialismo y ecología: una alternativa emancipadora para el siglo XXI". En López M. (2009) pp. 66-78.

Veloz, Ramón (1984). *Economía y finanzas de Venezuela, 1830-1944*. Caracas: Biblioteca de la Academia Nacional de la Historia.

Vera, Leonardo (2010). "Cambio estructural, desindustrialización y pérdidas de productividad: evidencia para Venezuela". Caracas: Escuela de Economía de la UCV. Disponible en http://www.ucv.ve/fileadmin/user_upload/faces/eeconomia/Cambio_Estructural__desIndustrializaci %C3 %B3n_y_perdida_de_productividad.pdf.

Vera, Leonardo (2018). "Principios de un programa de estabilización para la economía venezolana". Ponencia presentada en el Foro "Hiperinflación, escasez y especulación". Ildis-FES. Caracas, marzo de 2018. Disponible en http://www.ildis.org.ve/website/p_index.php?ids=7&tipo=A&vermas=258

Venezuela (1999). "Special and Differential Treatment and the Spaces for Policies in WTO: Two Elements of the Development Dimension in the Multilateral Trading System", WT/GC/W/279, WTO. Disponible en https://www.wto.org/english/tratop_e/devel_e/...e/w279.doc.

Este libro se terminó de imprimir
el mes de diciembre de 2018 en los
talleres de Gráficas Lauki, C.A.